やわらかアカデミズム・〈わかる〉シリーズ

よくわかる
授業論

田中耕治 編

ミネルヴァ書房

はじめに

■よくわかる授業論

　「授業で勝負する」ということばがあります。その意味するところは，学校の役割は何よりも教師が授業を通じて豊かな文化を子どもたちに伝えていくことであるという確信です。また，授業とは教師の通り一遍な説明や教材解釈で進むのではなく，まさに子どもたちとの格闘，勝負という緊張関係の中で進められなくてはならないという主張でもあります。さらには，授業研究はけっして真空のなかで営まれるのではなく，授業研究をゆがめようとする不合理な力に対する抵抗であるという意味も込められています。まさしく「授業で勝負する」という思想は，私たちの先輩たちが営々として築きあげてきた学校文化や教師文化の中心に位置づくものなのです。そして，今やそれは「授業研究（jugyou kenkyuu と英語表記）」として世界に発信されています。

　本書は，このような豊かな蓄積をもつ授業研究の成果について，授業づくりに苦労している先生たち，教育実践の現場に立ったばかりの若き教師たち，大学で教職課程を履修して教育実習をおこなおうとする未来の教師たちに向かって，その基礎的・基本的な内容をできるだけわかりやすく解説しようとしました。本書は授業づくりの理論書であるばかりか，実践書でもあります。読者は，今直面している授業づくりの課題に対応するパートや章から読み進めて下さい。そして，そのパートや章に関連する項目にも目配りをして下さい。きっと，明日に生きる授業づくりのヒントが見つけられるとともに，それがどのような根拠で提案されたものなのかを知ることになるでしょう。

　最後になりましたが，本書の刊行にあたっては，ミネルヴァ書房と編集担当者の寺内一郎さん，吉岡昌俊さんに大変にお世話になりました。ここに記して，深く感謝申し上げます。

2007年1月

田中　耕治

もくじ

■よくわかる授業論

はじめに

I　授業づくりの基礎理論

1. 授業という世界 …………………2
2. 経験主義の教育：教育と生活の結合 …………………………………4
3. 系統主義の教育：教育と科学の結合 …………………………………6
4. 「わかる授業」と「たのしい授業」 8
5. 授業における学力と人格の問題：教育的教授そして教科指導と生活指導の関係 ……………12
6. 授業における個別化と協同化の問題 ……………………………14
7. 授業を構成する要素 ……………16
8. 授業における技術化と芸術化の問題 ……………………………18
9. 授業づくりを支える教師の技量 …20
10. 学校知のイデオロギー性 ………22

II　学力問題と授業づくりの課題

1. 授業づくりと学力モデル ………24
2. 「基礎学力」と「リテラシー」 ……28
3. 生きて働く学力 …………………30
4. 「新学力観」と「生きる力」 ………32
5. 「確かな学力」の育成 ……………34

III　授業における子どもの学び

1. 認知科学の展開と授業づくり ……36
2. 構成主義の学習観 ………………38
3. 学習の文脈依存性 ………………40
4. 子どもの意欲と授業 ……………42
5. 顕在的カリキュラムと潜在的カリキュラム ……………44

IV　教育目標・教育内容の設定

1. カリキュラムと教育課程をどう考えるか ……………………46
2. 学習指導要領と教育内容の計画 …48
3. 学習活動のまとまりとしての単元 50
4. カリキュラム研究の歩みと教育目標の理論 ………………52
5. 教科教育の目標をいかに具体化していくか ………………54
6. 「主題・探求・表現」の単元設計と「目標・達成・評価」 ……………58
7. 授業の豊かさと到達目標 ………60

もくじ

V 教材開発と授業の構想

1 教育内容と教材・教具 …………62
2 教材解釈と教材開発 …………64
3 教材としての教科書 …………66
4 教室環境のデザイン …………68
5 教育メディアの効果的活用 ………70
6 学習指導案の作成 …………72

VI 学習形態の工夫

1 一斉教授 …………76
2 個に応じた指導 …………78
3 協同学習 …………80
4 子ども同士のやりとりを重視する授業 …………82
5 探究的な学習 …………84
6 問題解決学習 …………86
7 表現活動 …………88
8 体験学習 …………90

VII 授業展開を導く教授行為

1 授業の流れをどうつくるか ………92
2 教師の指導言 …………94
3 深い思考を促す発問の工夫 ………96
4 机間指導 …………98
5 教室における非言語的コミュニケーション …………100
6 板書法 …………102
7 授業時間の弾力的運用 …………104
8 教室と学校を開く …………106

VIII 教育評価を活かした授業づくり

1 授業づくりにおける教育評価の位置づけ …………108
2 診断的評価・形成的評価・総括的評価 …………110
3 子どもの学びの豊かさと「ゴール・フリー評価」 …………112
4 子どもの「つまずき」を生かす授業 …………114
5 「真正の評価」論とパフォーマンス評価 …………116
6 学習の歩みの記録：通知表とポートフォリオ …………118

IX 学級編成・生活指導と授業

1 学級とは，その可能性 …………120
2 学級編成の方法 …………122
3 学級運営と生活指導 …………124
4 学習規律と学習集団の指導 ………126
5 学級崩壊 …………128
6 習熟度別学習編成と授業 …………130

もくじ

X 特別なニーズをもつ子どもへの対応

1 特別なニーズをもつ子どもたちへの対応の諸相 …………132
2 分離と統合をめぐる議論 ………136
3 LDの子どもたちへの対応 ………138
4 ADHDの子どもたちへの対応 …140
5 学力格差と低学力の問題 ………142

XI 各領域における授業づくり

1 国語科の授業づくり ……………144
2 算数・数学科の授業づくり ……146
3 理科の授業づくり ………………148
4 社会科の授業づくり ……………150
5 英語科の授業づくり ……………152
6 図画工作・美術科の授業づくり 154
7 音楽科の授業づくり ……………156
8 体育科の授業づくり ……………158
9 技術・家庭科の授業づくり ……160
10 道徳の授業づくり ………………162
11 生活科の授業づくり ……………164
12 総合的な学習の授業づくり ……166

XII 授業研究の方法

1 授業研究の概念の歴史的展開 …168
2 授業の一般化と個性化 …………170
3 実践記録と授業記録のとり方 …172
4 授業の科学的分析 ………………174
5 授業の理論化と教授学 …………176
6 授業研究と教師教育 ……………178

XIII 授業づくりの遺産に学ぶ（外国編）

1 ペスタロッチの直観教授法 ……180
2 ヘルバルト派の5段階教授論 …182
3 デューイの経験主義学習論 ……184
4 ブルーナーの発見学習 …………186
5 マスタリー・ラーニング（完全習得学習） ………………188
6 フレネ教育 ………………………190

XIV 授業づくりの遺産に学ぶ（日本編）

1 木下竹次の合科学習 ……………192
2 及川平治と「分団式動的教育法」194
3 生活単元学習と問題解決学習 …196
4 生活綴方 …………………………198
5 数学教育協議会と水道方式 ……200
6 仮説実験授業と授業書 …………202
7 全国授業研究協議会の成果 ……204
8 斎藤喜博の授業づくり論 ………206
9 教育技術の法則化運動 …………208

もくじ

XV 授業づくりをめぐる現代的課題

1 日本型高学力の問題と学びからの
  逃走 ……………………… 210

2 学力低下とゆとり教育・新学力観
  ……………………………… 212

3 総合的な学習と「学び」の
  授業づくり ……………… 214

4 教職の揺らぎとバーンアウト … 216

5 生き悩む子どもたち ……………… 218

さくいん ……………………… 220

やわらかアカデミズム・〈わかる〉シリーズ

よくわかる
授　業　論

I　授業づくりの基礎理論

 授業という世界

❶　「教育」としての授業の役割

　ヒトが人間になるための「人づくり」の方法として、「形成」と「教育」が区別されます。「形成」とは、無意図的で、偶発的な「人づくり」の作用であり、場面です。たとえば、私たちは病気になることがあります。そして、病気になることであらためて健康の大切さを知り、病気にならないために日常生活をどのように過ごすべきかを考え、学ぶことになります。

　このように、「形成」とは病気をすることで、その副産物として「健康の大切さ」を学ぶという作用を意味しています。子どもたちは、家族のなかで、地域のなかで、学校のなか（この「形成」の作用を「隠れたカリキュラム」と呼称）で、「形成」によって多くのこと（ときには大人にとっては芳しくない内容も）を学んでいます。

　他方、「教育」とは意図的、計画的な「人づくり」の作用であって、近代の学校はもっとも洗練された「教育」が実施される場所であり、わけても「授業」はその典型的な役割を担っています。近代以前では、親方が保持している手技文化に埋め込まれた「こつ」や「かん」を見よう見まねで覚える、ぬすむという形や、伝統文化の「型」を体得する「稽古」という形で文化が伝承されていました。

　それに対して、近代科学の成立によって、従来の「かん」や「こつ」の対象とされた文化内容から、認識内容が相対的に独立して、誰にでも分かち伝えることが可能になったのです。そして、近代科学が生み出した認識内容は、職業の区別、男女の区別、地域の区別を超えたユニバーサルな性格をもっていることから、この公共の社会を生き抜くためには誰にでも獲得が保障されなくてはならないと考えられるようになります。「授業」はまさにこのような歴史的な役割を担って登場してきました。

❷　授業の全体像と論点

　きわめてシンプルないい方をすれば、授業はある文化内容を示して、子どもたちがそれを獲得する営みです。この規定のなかには、授業について基礎的・基本的に考えなくてはならない論点が含まれています。それぞれの論点についての詳しい解説は、この I を通じて順番におこないます。「授業の全体像」

▷1　なお、「教育」概念をさらに近代の産物として限定して使用し、「その社会をよりよく生きる力の育成」と捉え、ある社会に一方的に同化するための人づくりとしての「教化」と区別する考え方もある。『中内敏夫著作集』第 I 巻、藤原書店、1998年参照。

▷2　大田堯『教育とは何か』岩波新書、1990年参照。

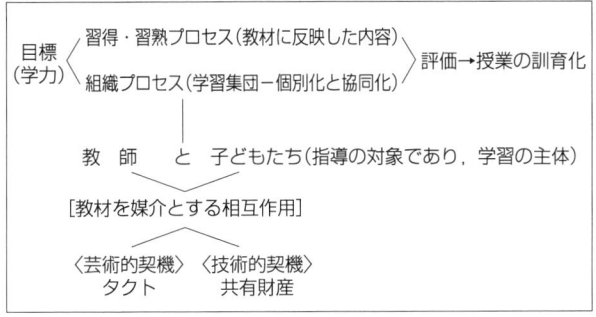

図1 授業の全体像

を見ながら、論点を列挙していきましょう。

①まずは子どもたちにとって必要な文化とは何か、それはどのように組織すべきかをめぐる論点です。授業の理論では、目標や学力をどのように設定するのかという課題です。そこには、子どもたちの生活経験に依拠して文化内容を構想する経験主義の立場と、学問や文化に依拠して文化内容を選択する系統主義の立場があり、ながく論争を繰り広げてきました。「わかる授業」と「たのしい授業」との論争は、系統主義の授業観を問い直すものとなりました。

②次に、授業はある文化内容の獲得（学力の形成）を通じて、それが生きる力としての人格の形成（授業の訓育化）につながるものでなくてはなりません。この点を強調した概念として「教育的教授」があります。その場合に、授業は子どもたちの集団を対象とすることから、授業における個別化と協同化をどのように組織するのかを考えなくてはなりません。

③授業とは文化内容を担う「教材」を媒介として、「教師」と「子どもたち」が相互作用しつつ、文化内容を獲得していくダイナミックな営みです（「授業の三角モデル」と呼称）。今日、このダイナミックな営みをより精緻に把握するために、従来は「教材」とのみ捉えられていた要素を、「教育目標」「教材・教具」「教授行為・学習形態」「教育評価」の四つの要素として分節化するようになりました。

④授業場面では教師たちはさまざまな教育技術を駆使しています。そのような教育技術のうちで共有の可能なもの（技術化）とその教師の判断力によるもの（芸術化）との二つの種類があります。そのことは教師の技量の形成をどのように図るのかという課題につながります。

⑤授業は社会的な状況と分断された中立的な空洞の中で実施されているわけではありません。近年、近代学校への批判が高まるなかで、学校での知のあり方、知のイデオロギー性に対する鋭い指摘が現れるようになりました。この課題へのリアルな把握も必要でしょう。

（田中耕治）

▶3 I-2、I-3、I-4参照。

▶4 I-5、I-6参照。

▶5 I-7参照。

▶6 I-8、I-9参照。

▶7 I-10参照。

参考文献

日本教育方法学会編『日本の授業研究』上・下、学文社、2009年。

I 授業づくりの基礎理論

 経験主義の教育：教育と生活の結合

広義の教育方法の立場を示す概念として、「経験主義」と「系統主義」という二つの用語が使われてきました。「経験主義」とは、子どもたちの生活から出発して、その生活の改善をめざして組織された経験の系列とそれを獲得する方法を意味します。他方、「系統主義」とは、教科を構成している基礎科学（学問）の論理によって組織された知識・概念の系列とそれを獲得する方法を意味します。そして、教育方法において「生活」と「科学」のどちらを重視するのかをめぐってながく対立してきました。ここでは、まずは「経験主義」の考え方を整理しておきましょう。

1 思想的な基盤としてのデューイ

経験主義の考え方を代表する人物として、**デューイ**（Dewey, J.）[1]の名前をあげることに異論をはさむ人は少ないでしょう。日本においても、彼の考え方は大正自由教育の時代に、続いて第二次世界大戦直後の「新教育」の時代に影響を与えるとともに、今日では「生活科」や「総合的な学習の時間」の思想的な根拠を提供しています。

教育の世界においてデューイの名前を有名にしたのは、シカゴ大学の附属実験学校の創立とその実践を紹介した『学校と社会』（1899年）[2]の出版でした。「（新教育は）子どもが太陽になり、その周囲を教育の諸装置が回転する」とした教育におけるコペルニクス的な転回を宣言した本書は、当時勃興しつつあった世界の新教育運動に強いインパクトを与えました。

その後に出版された『民主主義と教育』（1916年）[3]は、デューイの教育哲学を宣言した著作として、アメリカにおけるカリキュラム研究者にもっとも大きな影響を与えたものです。また、1938年に出版された『経験と教育』は、当時デューイの名において実践されることが多かった「進歩主義」教育のあり方について、その反知性的な行き過ぎに対して苦言を呈したもので、デューイの教育・学校観を明確にしています。[4]

2 教育と生活の結合

さて、『学校と社会』で描かれた近代学校の問題点はきわめてシャープなものです。デューイは、19世紀後半の産業革命の進展によって、従来機能していた家庭や地域の教育力が衰弱したという問題意識の下に、学校に家庭や地域の

▷1 デューイ
⇒ⅩⅢ-3 参照。
デューイの評伝として、ダイキューゼン, G. 著、三浦典郎・石田理訳『ジョン・デューイの生涯と思想』清水弘文堂、1977年参照。

▷2 宮原誠一訳、岩波文庫、1957年。

▷3 松野安男訳、岩波文庫、1975年。

▷4 河村望訳、人間の科学社、2000年。

教育力を導入すること（たとえば作業教育など）によって、経験の再構成としての学校教育の活性化を試みようとしています。

したがって、デューイにあっては「教育は、生活の過程であって将来の生活に対する準備ではない」（生活準備説批判）のであって、「学習は生活することを通してまた生活することとの連関において行われる」（「なすことによって学ぶ（learning by doing）」）と主張されるのです。今を生きる子どもたちに大人の判断で将来必要になるからとの理由で砂をかむような文字通り「勉強」をさせるのではなく、今ここに生起している問題に実際にとりくむことによってこそ、ほんものの学習すなわち「問題解決学習」は成立すると考えられたのです。

しかし、ここで注意しなくてはならないのは、「なすことによって学ぶ」とはたんに体験を豊かにするという意味ではないということです。「実験的経験主義」を主張するデューイにあっては、このような問題解決のとりくみを実験的・科学的方法で行うことによって、実験的知性の習得を目標にしようとしました。

それは、よく知られているように「問題意識の発生―ばくぜんと、問題の明確化―知性的に、仮説構成―解決のための暗示と観察・情報、推理作用による仮説の吟味―観念作用、仮説のテスト」と進行すると定式化されます。ここでは、「情報（information）」はそれ自体としては意味がなく、この問題解決に生きることによってはじめて「知識（knowledge）」となるのです。

3　経験主義への批判

このような経験主義にもとづいて、1948年に**コア・カリキュラム連盟**が発足して活発な活動を展開すると、それに対する批判も起こってきました。その一つは系統主義からの批判であって、問題解決の必要に応じて事実や知識が選択されるとすれば、結果的に「断片的経験に断片的知識をかぶせたもの」であり「はいまわる経験主義」になると批判されます（**問題解決学習論争**）。問題解決をおこなうためには、まず何よりも知識の系統的な教授が優先されるべきであって、それこそが子どもたちの将来の生活にとって必要なものと主張されます。

もう一つの批判は、『山びこ学校』（1951年）に代表される**生活綴方**の立場からなされました。経験主義で想定されている「生活」が敗戦直後の日本の現実からみて、あまりにも「牧歌的」との批判を受けたのです。生活綴方の立場も、同じく「教育と生活の結合」を主張する立場ですが、経験主義と区別するために自らの立場を「教育と実生活の結合」を宣言するようになり、戦後日本の大きな教育思潮となっていきます。

（田中耕治）

▷5　現代の問題解決学習論については、藤井千春『問題解決学習のストラテジー』明治図書、1996年参照。

▷6　コア・カリキュラム連盟
⇒XIV-3 参照。

▷7　問題解決学習論争
⇒XIV-3 参照。

▷8　無着成恭編、百合出版、1956年。
なお、佐野眞一『遠い「山びこ」』文春文庫、1996年も参照。

▷9　生活綴方
⇒XIV-4 参照。
久野収・鶴見俊輔『現代日本の思想』岩波新書、1956年のⅢ章参照。

Ⅰ　授業づくりの基礎理論

系統主義の教育：
教育と科学の結合

「系統主義」の考え方を典型的に示すものとして，1960年を前後して主張された，いわゆる「現代化」と総称される動向があります。その共通する特徴は，飛躍的に進展する現代の科学技術（「知識爆発の時代」）に比して，学校で教えている教育内容は時代後れになっているという認識のもとに，現代科学の内容と方法でもって教育内容をドラスチックに再編成することを要求し，かつそのことは子どもたちにとっても学習可能であるという主張でした。とくに，アメリカや日本においては，進歩主義や経験主義にたいする批判意識とそれに代わる知的卓越性（excellence）をめざす教育方法の確立ということが強く自覚されました。

 思想的な基盤としてのブルーナー

この科学を重視する系統主義に対して，その思想的な根拠を与えるのに影響力をもったのは**ブルーナー**（Bruner, J. S.）でした。ブルーナーの名が歴史の舞台に登場するのは，1959年に開催されたウッズ・ホール会議の議長を務め，その会議の内容をまとめた『教育の過程』（1960年）を出版したときです。ウッズ・ホール会議とは，1957年に当時のソビエトが宇宙衛星の打ち上げに成功し，そのことがアメリカにおける科学技術教育の立ち後れを自覚させ（「スプートニク・ショック」），全米科学アカデミーによって当代一流の科学者や心理学者をウッズ・ホールに召集して，科学技術教育のカリキュラム開発について論議したものです。『教育の過程』は学問中心カリキュラム（discipline-centered curriculum）の福音書として世界で読まれていくことになります。ブルーナーは，『教育の過程』の続編として，1962年に『直観・創造・学習』，1966年には『教授理論の建設』を出版して，教授理論の探究をおこなっています。

 教育と科学の結合

当時のブルーナーが厳しく批判したのは，生活適応教育であって，「デューイの後に来るもの」（1962年，前掲書『直観・創造・学習』に所収）はデューイの「私の教育信条」（1897年）を逐次批判することによって，系統主義の立場を鮮明に宣言しています。そのもっとも重要な主張として，学校固有の役割を強調して，「学校はただ外部の広い社会との連続性，あるいは日常経験との連続性を準備するだけでもって足れりとしてはならない。学校というところは，人間

▷1　ブルーナー
⇒Ⅷ-4参照。
　ブルーナーの自伝『心を探して』田中一彦訳，みすず書房，1993年参照。

▷2　鈴木祥蔵・佐藤三郎訳，岩波書店，1963年。

▷3　橋爪貞雄訳，黎明書房，1969年。

▷4　田浦武雄・水越敏行訳，黎明書房，1966年。

▷5　1963年に出版されたリチャード・ホーフスタッター（Hofstadter, R.）の『アメリカの反知性主義』（みすず書房，2003年）の第13章「生活適応への道」も参照。

が知性を駆使して新たなものを発見したり，想像だにしなかった新たな経験の世界へと飛躍するための，特殊な社会なのだ」と述べています。

ブルーナーは，学問のもつ基本的な観念である「構造（structure）」を重視します。そして，「どのような教科であっても，どの発達段階のどの子どもであっても，知的性格をそのままに保って，効果的に教えることができる」（ブルーナー仮説）と主張して，発達段階に即して「構造」を繰り返し教える螺旋型教育課程を提起します。

そして，「知的活動は，知識の最前線であろうと，第三学年の教室であろうと，どこにおいても同じである」と述べられているように，子どもたちは「構造」を学者がおこなうのと同じプロセスで，発見的，探究的に学ぶ必要があるとします。以上の考え方にもとづいて，UICSM 数学（1952年），PSSC 物理（1956年），SMSG 数学（1958年），BSCS 生物（1959年），CHEMS 化学（1960年）といった学問中心カリキュラムが陸続と提案され，わが国においても1968年改訂の学習指導要領に大きな影響を与えることになりました。

▷6 XI-3 参照。

3 系統主義への批判ともう一つの「現代化」

しかしながら，学問中心カリキュラムに対しては，アメリカにおいて「（その学問や科学が）社会にとって適切であるかどうか，あるいは実際にその授業を受ける子どもたちに適しているかとか，役立つものであるか」という視点が欠落していたとして批判を浴びます。ブルーナーその人も，後に社会や子どもたちにとってのカリキュラムの「適切性（relevance）」に関心を向けていきました。日本においても，教育課程が高度化するなかで大量の「落ちこぼれ」が生じていることが1970年代の初めに問題視されて，いわゆる「ゆとり」政策に転換していきます。

▷7 ブルーナー，J. S. 著，平光昭久訳『教育の適切性』明治図書，1972年（原著：1971年）。

ところで，日本では1950年代に発足した民間教育研究団体によって，もう一つの「現代化」が主張されます。そのなかでも，遠山啓をリーダーとする**数学教育協議会**（1951年）が提唱した「水道方式」と「量の数学」は代表的なものです。そこでは，「量とシェーマ」のように，子どもたちの学習過程と実生活を結合するという志向があり，そのことを通じて「科学」や「学問」のあり方を問い直そうとしていたと分析されています。少し敷衍すると，「教育と生活の結合」と「教育と科学の結合」は相反するものではなく，「科学」を軽視する「生活」の脆弱さや「生活」を無視する「科学」の歪みを考えるならば，教育方法における「生活」と「科学」は二者択一ではなく，いかに統一して理解すべきかが問われているといえるでしょう。

▷8 数学教育協議会 ⇒ XIV-5 参照。

▷9 佐藤興文「現代化における主体的契機の問題」『学力・評価・教育内容』青木書店，1978年。

（田中耕治）

I　授業づくりの基礎理論

「わかる授業」と「たのしい授業」

　良い授業の条件として，「わかる授業」や「たのしい授業」ということばがよく使われます。そして，この「わかる」と「たのしい」は調和することで，よい授業が生み出されると一般には理解されています。しかしながら，戦後の授業研究の歴史をひもとくと，1970年代の初頭に「わかる授業」に対する批判として登場したのが，「たのしい授業」の主張であったことがわかります。ここでは，その論点を紹介することで，授業のあり方を深めていきましょう。

1　「わかる授業」への批判

　1970年代の初頭とは，1960年代を通じて進展する「学歴社会」を背景として，「学力問題」が社会問題化する時期にあたります。それは，たとえば「落ちこぼれ・落ちこぼし」ということばに象徴される「学力格差」問題として，また**「四本足のにわとり」**問題として論争をよぶことになった「病める学力」問題として，自覚されていくのです。

　このいわば「受験体制・競争」の激化にともなう「学力問題」に直面して，授業研究の新しい展開を印象づけた一つの重要な提案が，「たのしい授業」という主張でした。その代表的な論者は，板倉聖宣（「**仮説実験授業研究会**」）と遠山啓（「**数学教育協議会**」）であり，その後，安井俊夫（「歴史教育者協議会」）が続きます。そして，彼らの主張は，彼らの属する研究団体のなかにおいて，さらには広くこの時期の授業研究の動向にも影響を及ぼしていくのです。

　この「たのしい授業」の主張に対して，当然のごとく「授業はたのしいだけでよいのか」という反論が起こってきます。これに対して，その主張の急先鋒に立った板倉は，「もちろんたのしいだけでいいのだ」と切り返します。そして，「たのしい」と「わかる」の四つの組み合わせ（「たのしくてわかる」「たのしいがわからない」「たのしくないがわかる」「たのしくなくてわからない」）を示して，その最悪の組み合わせは，「たのしくないがわかる」であると言います。なぜならば，このケースは，子どもたちの「生きる喜び」とは無縁の「教育内容」を「たのしくなくともわからせてしまう授業」であり，それこそ人権侵害であると断罪するのです。「たのしい授業」とは，したがって「わからせるためにたのしくする」のではなく，「たのしさそのものが目的」となる授業のあり方を示そうとしたのです。

　遠山も，「たのしさ」に懐疑的な意見に対して，その根底に「儀式的授業観」

▷1　「四本足のにわとり」問題
子どもたちが四本足のにわとりの絵を描くようになった問題。

▷2　仮説実験授業
⇒XIV-6参照。

▷3　数学教育協議会
⇒XIV-5参照。

▷4　以下，板倉の主張は，板倉聖宣『科学と教育のために』季節社，1979年参照。

▷5　以下，遠山の主張は，遠山啓『たのしい数学・たのしい授業』遠山啓著作集数学教育論シリーズ10，太郎次郎社，1981年参照。

が存在しているとして批判します。それは，授業とは制服を着て儀式に参列し，命令者である教師の号令に従い，教師の言葉を一語一語忠実に暗記し，いささかの疑問も起こしてはならないという授業観なのです。これに対して，授業における「たのしさ」とは，手段（薬にかぶせた糖衣）ではなく目的そのものであると主張します。同じく安井も，この「たのしさ」に対する慎重論に対して，「わからなければたのしくない」のではなく，「たのしくなければわからない」と反論します。

▷6　以下，安井の主張は，安井俊夫『子どもが動く社会科』地歴社，1982年参照。

以上のように，「たのしい授業」の主張は，「わかる授業」と連続性があるとか，相補関係にあるとかというのではなく，明らかに「わかる授業」の否定の上に提起された，きわめてラディカルな性格をもつものなのです。この一見すると極論に見える主張の背景には，直面する「学力問題」を打開するのには，1960年代の「現代化」運動によって確立された「わかる授業」では不充分であるどころか，かえって事態を悪化させるという強い危機感があったものと思われます。

それでは次に，この「たのしい授業」における「たのしさ」の根拠や意義を具体例をまじえて見てみたいと思います。

❷ 「たのしい授業」の主張

「たのしい授業」が主張する「たのしさ」の根拠は，二つあると考えてよいでしょう。その一つは，学習対象である「科学」や「数学」における研究活動それ自体が，「たのしい」ことに求められます。

◯ 研究の「たのしさ」

板倉は，この点を解説して，科学者とは利己的ではなく「自分の働きで他人をたのしくさせたい」という社会的な動機づけに促されながら，「問題―予想―討論―実験」（仮説実験授業）という「たのしい科学の仕方」を駆使する存在であるといいます。したがって，科学者が研究しているように教えればたのしくなるはずであり，「たのしくやらなきゃ科学に対してバチあたり」ということになります。遠山も，数学という学問は出題者と解答者からなる「全世界の数学者の参加する大きなゲーム」であり，研究するとは「学びと遊び」が不可分に進行する行為であると述べ，数学教育に「ゲーム」を積極的に導入しようとします。

このような根拠づけは，「わかる」と対比して語られる「たのしさ」の質をおのずから規定していると考えてよいでしょう。つまり，「たのしい授業」における「たのしさ」とは，「気まぐれ（fancy）」ではなく科学的概念や法則に裏打ちされた「知的関心（interest）」にもとづくものであり，したがってその「たのしさ」には知的緊張や努力も当然ともなうものとみなされていたのです。「たのしいだけでよいのか」という反論は，この点についての理解不足があり

ました。

◯主体となる「たのしさ」

「たのしさ」のもうひとつの根拠は、文字通り子どもたち（とりわけ低学力の子どもたち）を学習の主体として立ち上がらせようとするところにあります。それでは、子どもたちにとっての「たのしさ」とは、具体的にどのように考えられていたのでしょうか。

たとえば、数学教育に「ゲーム」（「トランプ・ゲーム」で正負の数の加減乗除を指導したり、「数あてゲーム」で方程式の初歩を指導するなど）を導入した遠山は、その意義を、「ゲーム」のなかで子どもたちが、はじめて受身の「解答者」から仲間に問いを発する「出題者」に転化するところに見いだしています。この子どもたちによる作問法は、「教師が問い、子どもが答える」という関係を、「教師も子どもたちもともに問い、ともに探究する」という関係に組み替えていく際の重要な契機になると考えられたのです。「仮説実験授業」において「討論」場面を重視する板倉が、その場面での教師の「押しつけ」を極力排除しようとするのも、この点と関連しています。

「子どもが動く社会科」を主張する安井も、「たのしさ」とは子どもたちが授業のなかで主体的に活動して、その活動を通して何かをつかむことであると述べています。たとえば、ある社会事象をとらえさせるときに、それを「統計資料」のみで提示したり、間接的な聞き取りで間に合わせるのではなく、その事象を生み出している現場に子どもたちを立たせ、まさに五感を働かせて「生の事実」をつかませることこそが、重要なのです。「統計資料」の提示のみでは、「わからせる授業」にはなっても、「子どもが主体的にわかる授業」にはならないと考えたのです。

さらに、安井は、このようにして子どもたちが主体的に学習を展開することによって、それらの学習対象に対して「ひとごと」ではなく自分の問題として考えるようになることを重視します。それは、「地域に生きる人間」や「歴史のなかの人間」に対する切実性のある共感的理解を促すことです。たとえばローマ奴隷の反乱として有名なスパルタクスを取りあげる場合にも、スパルタクスたち奴隷の立場や彼らのとった行動に寄り添いながら、子どもたちを歴史創造の現場に立ち会わせようとするのです。

以上のように、子どもたちの「たのしさ」を授業評価の規準にするのは、たとえ学問的成果にもとづいて系統的な教授が意図されても、子どもたちの学習活動がともなわないかぎり授業が成立したことにはならないということ、別の角度からいえば教師の教授意図と子どもたちのそれらに対する解釈内容とは相対的に次元の異なる行為として検討されるべきであるということを強調しようとするからです。そして、繰り返すまでもなく、このような主張の歴史的背景には、1960年代に展開された「系統学習」＝「わかる授業」への強い批判意識

▷7 安井俊夫の実践としては、『学びあう歴史の授業』青木書店、1985年も参照。なお、安井の「スパルタクスの反乱」の授業については、歴史学者も参加した論争が起こった。歴史学研究会編『歴史学と歴史教育のあいだ』三省堂、1993年参照。

が存在していたのです。

したがって、「たのしい授業」の主張を検討するためには、系統的なカリキュラムの不備を指摘することでも、「わかる」ことの質を不問にして、または認知と情意の二項対立を前提として「たのしいだけでよいのか」と反論することでもなく、まさに「たのしさ」によって評価されようとした子どもたちの認識の質、学習の質そのものを主要な研究の対象にしなくてはなりません。たとえば、安井が提起した「五感でわかる」とか「共感的理解」の認識論上の意味内容、数学教育での「ゲーム」の場面、「仮説実験授業」での「問題」や「討論」の場面における子どもたちの学習の質などが、問われなくてはならないのです。以下、この点に関する論議とその意義について説明しましょう。

❸ 「たのしい授業」の検討

まず、安井の提起した「共感的理解」に対して、藤岡信勝はその意義を認めつつ、視点移動した人物の「みえ」の世界に視野が限定されるとともに、何よりも社会現象に働く法則を認識すること（分析的理解）ができないことを限界として指摘します。その上で、「分析と共感」が同時に働かなくてはならないと主張しました。

数学教育に「ゲーム」を導入することに対しては、岡部進が「ゲーム」におけるルールと数学的概念とが子どもたちによって混同されることから、数学が実在的根拠から遊離するとともに、数学的認識の深化・発展をも停滞させる危険があると批判します。しかし、岡部も「ゲーム」を全面的に批判しているのではなく、数学的認識の発展場面での活用を提起しています。「ゲーム」の内容と活用場面を子どもたちの認識発展に即して解明していくことが今後の課題となっているのです。

「仮説実験授業」に対しては、伏見陽児たちがその心理学的な実験を通して「問題」のもつ認識転換の二つの方略（ドヒャー型とじわじわ型）を示し、「仮説実験授業」が採用する「ドヒャー型」の意義と限界を興味深く解明しています。すなわち、「ドヒャー型」とは子どもたちの認識と提示される教材との「落差」が大きく、そのために授業には緊張感や集中力が働くとされます。しかし、「ドヒャー型」を多用すると、子どもたちは授業をある種の演技・演出のようにみなして、認識の変容には結びつかないという危険があるとされます。他方、「じわじわ型」とは地味な授業ではあるが着実に子どもたちの認識を変容させる授業のことです。どのような概念の習得にはどちらの方略が必要なのか、その場合具体的な授業設計はどのようになるのか、など今後の授業研究に対して示唆に富む提案となっています。

以上、「たのしい授業」のドラスチックな提案は、戦後授業研究の新たな展開を呼び起こすことになったのです。

（田中耕治）

▷8　藤岡信勝『社会認識教育論』日本書籍、1991年参照。

▷9　岡部進『算数・数学教育はこれでよいのか』教育研究社、1987年参照。

▷10　伏見陽児・麻柄啓一『授業づくりの心理学』国土社、1993年参照。

参考文献
木原健太郎編著『戦後授業研究論争史』明治図書、1992年。
グループ・ディダクティカ編『学びのための授業論』勁草書房、1994年。

I　授業づくりの基礎理論

5 授業における学力と人格の問題：
教育的教授そして教科指導と生活指導の関係

　現代の「学力問題」を引き起こしている大きな原因として，いわゆる「受験学力」の問題があります。そこでは，限られた時間内で大量のテストを正確に速く効率的に解くために，解法のテクニックをできるだけ多く暗記することが要求されます。しかし，このようにして膨大なエネルギーを費やして獲得した「受験学力」も，たとえば大学に進学してしばらくすると，糊で貼りつけたものが糊が乾くとともに剥がれ落ちていくように脱落していきます。このような「剥落現象」に象徴されるように，受験勉強で学んだこと（学力形成）が生きる力（人格発達）に転化することになりにくい現状があります。

1　教育的教授の意義

▷1　上野浩道『知育とは何か』勁草書房，1990年参照。

　ところで，このような現状を批判する論調として，「知育偏重・徳育軽視」という主張がよくおこなわれます。つまり，学校では「頭」の教育ばかりで，「心」の教育が疎かにされているという批判です。たしかに，それは現状の問題点を指摘して，説得力があるように思われます。しかし，本当に学力形成を担う知育が十全になされていたのでしょうか。むしろ，そのことが「受験体制」の下で頓挫させられていたのではないでしょうか。また，「何が正しいか」を教えること（知育）をしないで，「何を大切にするか」を教えること（徳育）は可能なのでしょうか。残念ながら，歴史のなかの「知育偏重・徳育軽視」という論調は，知育と徳育を分離することによって，両者ともに衰弱させるという方向に作用しました。

▷2　ヘルバルト，J. F.著，三枝孝弘訳『一般教授学』明治図書，1960年（原著：1806年）。XIII-2 参照。

　かつてヘルバルト（Herbart, J. F.）は，教授のない教育というものの存在を認めないし，教育しないいかなる教授も認めないと語りました。この「教育的教授（Erziehender Unterricht）」とは，彼によれば「思想圏」の形成としての「教授」は，道徳性の陶冶としての「教育」に資することによって，また，「教育」は「教授」に支えられることによってはじめて，それぞれ本来の意味での教授となり，教育となるという意味です。現代のことばで言い直せば，わかる力としての学力が生きる力としての人格に結びつくことが大切であり，このような学力は「生きて働く学力」と称されます。まさに「生きて働く学力」とは，説明・予想・検証などをおこなうことによって自分たちの生きている世界を開く働きをもつものであって，したがって，その形成過程は子どもたちにとって単なる苦役の連続ではなくなり，生活意欲に裏打ちされた本当の学習意欲に支

えられるようになります。

2 教科指導と生活指導の関係

さて、学校教育の「機能」である学力と人格の形成を、教育課程としてどのように組織(領域化)するのかに関して、かつて論争がありました。それは、「生活指導は領域概念か機能概念か」という論点で、小川太郎と宮坂哲文との間で交わされたものです。宮坂は、生活指導は機能概念であって、教科と教科外の両方の領域を貫くものと考えました。たしかに、教科を指導する授業においても、仲間づくりを指導する教科外の活動においても、生活指導(人格の指導)は働いており、とくに前者は「教育的教授」の意味であり、当時は「教科を通しての生活指導」と呼称されていました。

これに対して、小川は宮坂のように規定すると、主として学力を形成する(＝陶冶機能)ために教科内容の教育的系統性を追求しなくてはならない教科指導と、主として人格を形成する(＝訓育機能)ために集団づくりの系統化を進めなくてはならない生活指導の、それぞれの固有性を希薄にすると考えました。そこで、生活指導は教科外の領域において主として人格の指導をおこなうことと規定するようになります。もちろん、小川においても教科指導において学力の形成を通じての人格の形成は展望されていましたが、それはあくまでも学力形成の固有性を通じて達成されると考えられていました。

この点については、1964年に広岡亮蔵の「学力モデル」に対してなされた論争において、学力形成における態度主義(科学や芸術のもつ陶冶力を過小に評価して、科学や芸術にとって外在的で、したがって非合理的な「態度」をもちこむこと)が問題となり、教科内容の教育的系統性を通じて態度やモラルが形成されなくてはならないことが強調されます。また、小川のように生活指導は教科外の領域において主としてモラルの指導を行うことと規定することによって、宮坂が想定していた生活綴方的生活指導(「仲間づくり」)に代わって、全国生活指導研究協議会(略称「全生研」)によって「学級集団づくり」(「班・核・討議づくり」)という自治能力の形成をめざす生活指導固有の方法が提起され、特別教育活動論にも大きな影響を与えることになりました。

ところで、学習指導要領の領域として位置付けられている特設「道徳」をどのように考えればよいでしょうか。かつて、特設の「道徳」の時間を設定することに関して、激しい論争が起こりました。そして、この論争を通じて、第一は、あくまでも憲法に基づく民主主義的なモラルを追求すること、第二は、ある道徳の命題を子どもたちの実態を無視して押しつける徳目主義に陥ってはならないこと、第三は、形成されるモラルが民主主義的な性格をもつためには、学力形成との関係を常に意識することが確認されました。

(田中耕治)

▷3 久木幸男・鈴木英一・今野喜清編『日本教育論争史録』第4巻現代編(下)、第一法規、1980年所収。この問題を深めるためには、宮坂哲文『生活指導の基礎理論』誠信書房、1962年と、小川太郎『教育と陶冶の理論』明治図書、1963年を参照のこと。

▷4 別冊『現代教育科学』1964年2月参照。

▷5 竹内常一『生活指導の理論』明治図書、1969年参照。

▷6 船山謙次『戦後道徳教育論史』(上)(下)青木書店、1981年参照。XI-10参照。

I 授業づくりの基礎理論

 授業における個別化と協同化の問題

① 等級制と学級制

　近代の学校教育は，基本的には学級組織を基盤にして運営されています。しかし，その学級をどのような原理で編成するかによって，その様相はかなり違ったものになります。わが国の場合には，明治のはじめころには，「課程主義」にもとづく「等級制」がとられていました。すなわち，一定の課程を習得したことを「試験」によって認定されれば進級を認める制度であり，したがって原級留置も飛び級も起こりえたのです。そうすると，その学級は同程度の学力水準の生徒によって編成されますが，進級のための個人主義的な競争が常態化することになります。しかも生活経験がかなり異なる異年齢の生徒によって編成されることから，協力共同して学習することはますます困難になりました。

　この「等級制」の弊害に対してとられた措置が，「年齢主義」にもとづく「学級制」でした。この制度は，今日まで継続されているもので，学年進行にともなって自動的に進級を認定するものです。この場合には，その学級は同年齢の生徒集団によって継続的に編成されることになり，学習を協同化する条件は生まれたことになります。しかし，学級内の生徒間の能力差・学力差は存在することになり，しかも自動的な進級のために当該の学年で習得すべき学力水準がたとえ未習得でも「考査」によって容認されることから，学力格差がますます拡大する傾向をもつことになりました。このような事態への対応の一つが，授業における「個別化」の実践でした。

▷1　江戸時代の寺子屋教育では，子どもたちの進度に応じた「個別化」の指導がなされていた。明治時代になって，一斉指導が始まる。佐藤秀夫『学校ことはじめ事典』小学館，1987年参照。

② 二つの「個別化」と「学習の個性化」

　しかしながら，授業における「個別化」には二つの相反する立場があることに注意する必要があります。一つの立場は，学力差イコール能力差と捉え，子どもたち一人ひとりのペースや適性に合わせて，到達すべき目標レベルも「個別化」していこうとするものです。しかし，これでは子どもたちのなかにある学力格差を固定化し拡大するおそれがあり，国民的教養の基礎を形成すべき義務制諸学校の教育方法にはなじみません。これに対して，もう一つの立場は，学力差はあくまで授業方法の改善によって克服できるということを前提として，つまずきをもつ子どもたちに対しては指導上の「個別化」を実践することによって，共通の目標に到達させようとするものです。このように，同じく「個別

▷2　個別化，個性化
⇒ⅥI-2 参照。

化」と呼称されていても，前者のような「目標の個別化」までも主張するのか，後者のように「教授の個別化」に限定して主張するのかでは，決定的な相違が生まれます。そして，この後者の立場を現代において代表するのが，**マスタリー・ラーニング**です。この立場は，教育課程を「履修主義」から「習得主義」に変換し，いわば「課程主義」と「年齢主義」に秘められていた積極的な可能性（学力と学習集団の保障）を統一しようとするものです。

　ところで，ここではさらに「学習の個性化」についても言及しておきましょう。「学習の個性化」として，たとえば子どもたちのなかにある学習ペースや認知スタイルまたは関心や意欲のありようの差について語られる場合が多くあります。そして，この場合には往々にしてこれらの個人差は固定して捉えられ，「学習の個性化」が「目標の個別化」の根拠となる場合があります。しかし，「学習の個性化」の本来の意味は，価値ある文化内容で構成される目標内容に子どもたちが充分に習熟した状態つまり学力の発展性の段階をさすものと考えてよいでしょう。すなわち，「個性」とは素質的能力ではなく，それを必要条件としつつも「個性」の内容と質を規定するのは何よりも学習活動によって習得・習熟される人間の文化的富の存在だからです。

❸ 学習集団による協同学習

　さて，現代の学級は，同一年齢集団の持続的な組織化によって，学習集団による協同学習を実践する可能性をもっています。しかし，その実践は単なる学習形態の選択という問題ではなく，人間が創造してきた文化内容を学習する，その活動の本質に根ざしたものです。すなわち，学習するという行為は，ある知識や概念を単に受容するという消極的なものではなく，知識や概念の再構成・再創造の過程です。そこでは，同化（内容の反映）と調節（内容の構成）が同時に進行する能動的でダイナミックな過程です。その過程で，子どもたちは，自分との対話を通じて，また他者との対話を通じて，知識や概念の理解を深めていくのです。

　したがって，教師は，発問や資料提示などをおこなうことで，学習集団による集団思考を組織しようとします。話し合い，討論，論争などの方法を通じて，子どもたちのなかで他者との意見の同意点や相違点が明らかになってきます。それは，同時に自分との対話を深める過程であり，過去の学習や生活経験から形成されていた既有の認識内容を問い直し，創り直していくことにつながるのです。また，教え合いの活動においても，「教える」という行為に含まれる，ある観念を別の角度から概観したり，例示を考慮するなどの認識活動をおこなうことによって，教える方もより理解が深まっていくのです。以上，教師は，授業において個別化と協同化を統合しつつ，子どもたちの学力形成をはかろうとしています。

（田中耕治）

▷3　マスタリー・ラーニング
⇒XIII-5 参照。

▷4　学習集団論については，吉本均『吉本均著作選集1　授業と学習集団』明治図書，2006年参照。

Ⅰ　授業づくりの基礎理論

 # 授業を構成する要素

　授業はさまざまな要素が絡み合って成立しています。しかし，これがなければ授業という単位が成立しないという要素（全体性），また一貫したひとまとまりの授業を保証する要素（整合性），さらには授業のどこに問題があるのかを確定し改善の方途を探ることのできる要素（実践性）という条件を満たすとなると，現在のところ次の四つの要素があがってくるでしょう。

　それは，「教育目標（何を教え，どのような学力を形成するのか）」「教材・教具（どういう素材を使うか）」「教授行為・学習形態（子どもたちにどのように働きかけるか）」「教育評価（授業行為を的確に把握できる信頼性と妥当性をもっているか）」です。この「四要素」は，授業の構造を示す「単位」であり，授業という事実が現象しているところでは，その教師がどの程度意識しているかどうかは別として，必ず存在するものです。そうであれば，教師たちはむしろこの「四要素」を自分たちの授業づくりに自覚的に適用することによって，自分の授業の長所や弱点を知ることができるし，進んで「よい授業」を合理的に創造するためのさまざまな方略を総合的な見地から選択・構成できるようになるのです。

教育目標と教材・教具

　まず，教育目標と教材とを区別するということは，いわゆる戦後初期の「新教育」に対する批判のなかで自覚されました。たとえば，理科の生活単元学習で「自転車」が扱われる場合，はたして「自転車に上手に乗れるようになる」ことが目標なのか，それとも「走っているとき倒れにくいわけを考える」ことが目標なのか，不分明でした。つまり，「自転車」そのものを教えるのか（教育目標としての「自転車」），「自転車」を通じて科学的な概念（この場合は「慣性」）を教えるのか（教材としての「自転車」）が明瞭でなかったのです。

　そこで，「何を（目標・内容）」と「何によって（教材）」の区別が自覚されてきます。

　このように教育目標と教材が区別されると，教育目標の真実性や系統性をそれ自体として追究することが可能になります。換言すれば，カリキュラム研究が，狭義の授業研究に解消されることなく，たとえば教科の存在意義とか義務教育におけるミニマム・エッセンシャルズのレベルとかを研究対象にすることができるようになります。他方，教育目標を実現する媒体として教材を位置づ

▷1　このような要素については，中内敏夫『指導過程と学習形態の理論』明治図書，1985年，吉本均『授業成立入門』明治図書，1985年，藤岡信勝『授業づくりの発想』日本書籍，1989年を参照。

▷2　「何を（目標・内容）」と「何によって（教材）」の区別
⇒ Ⅴ-1 参照。
　なお，柴田義松『柴田義松教育著作集1　現代の教授学』学文社，2010年参照。

けることによって，多種多様な教材を開発または選択できる可能性を拓くことができます。たとえば，分数の意味を指導する場合，教材として「時計」か「液量」か「面積図」かの選択肢が生まれ，そのいずれを選択するのかまたはどう配列すればよいのかが教材研究の興味あるテーマとなります。

　次に，教材と教具を区別することに言及しておきましょう。教材とは，直接に学習する対象となる具体的・特殊的な事実・事物・事件・現象です。それに対して，教具とはその教材の物的手段または物化された部分です。たとえば，分数の教材として「液量」が選択された場合，それをたとえば黒板や模造紙で図示するのかそれとも実際のジュースで操作させるのかといった具体的な提示方法などにかかわるのが，教具の世界です。このように，教材と教具を区別して概念を明確に規定することによって，さらに授業実践がより豊かな可能性をもつようになります。

2　教授行為・学習形態と教育評価

　それでは教育目標，教材・教具と教授行為・学習形態との関係はどうでしょうか。これについては，狭義の教育技術を扱う教授行為・学習形態の世界が，教育目標，教材・教具の世界と隔絶される場合には，「技術主義」との批判を受けることになります。あくまで，教育目標，教材・教具の研究が，教授行為・学習形態のあり方を規定するのです。しかし，「規定」するとは，教育目標，教材・教具の研究から自動的に教授行為・学習形態のあり方が導き出されるというものではなく，そこには相対的に独自な課題があります。たとえば，文学教育において，どのような発問をおこなうのかというテーマに対しては，たしかに深い教材研究が求められますが，具体的な発問内容をどうするのかというレベルでは子どもたちの認識活動や学習集団の質に対する配慮がきわめて大切になります。

　ところで，**教育評価**が授業要素として着目されるようになるのは最近のことです。たとえば分数の意味の指導をていねいにおこなっても，テストでは分数の計算技能のみを問うとしたら，子どもたちは結局計算技能のみのドリルに走るということは避けられません。そのことを克服するには，一つの方略として「3/5＋1/5となる問題文を作ってみよう」といった作問をさせることによって，指導と評価の整合性をはかることが考えられます。このように，一般にテスト問題の作成を軽視する背景には，教師はどのように指導するのかには関心を示しても，はたして子どもたちはどのように学んだのかについては軽視しがちであったことがあげられるでしょう。しかし，教師はロマンチストであるとともにリアリストにならなければ，その指導は改善されずにマンネリズムに陥る危険性をもちます。教育評価への着目は，この授業におけるリアリズムの覚醒を促すものなのです。

　　　　　　　　　　　　　　　　　　　　　　　　　　　（田中耕治）

▷3　教材・教具論については，有田和正『教材発掘の基礎技術』明治図書，1987年，中内敏夫『新版教材と教具の理論』あゆみ出版，1990年，藤岡信勝『教材づくりの発想』日本書籍，1991年参照。

▷4　この点については，向山洋一「『教材研究と発問づくり』は同じか」『授業研究』1988年4月と西郷竹彦「教材研究は発問を内包する」『授業研究』1988年10月の論争参照。

▷5　教育評価
⇒Ⅷ参照。

Ⅰ 授業づくりの基礎理論

 授業における技術化と芸術化の問題

1 技術化の要件

　授業のうまい教師をさして「名人芸」であると称する場合があります。ただし，この呼称には，その教師ならではのもので学び難いものといった幾分否定的なニュアンスも含まれています。しかし，授業に関する研究は，いわばこの「名人芸」に含まれている万人に共有できる広義の教育技術を析出するところから出発しました。どの教師でもそれを活用すればある程度の成果を得ることができるという，この教育技術の共有化を進める志向をここでは授業の「技術化」と称します。

　授業の「技術化」を実現するためには，およそ三つの要件が必要とされます。それは，「伝達可能性」「再現可能性」「検証可能性」であり，具体的には指導案や授業記録の書き方の条件となるものです。まず，「伝達可能性」とは，「うまく指導したら子どもたちが変化した」という程度の情報ではなく，その「うまく指導」の内容を微細に明示することです。たとえば，発問・指示・説明などの教師の発話行為を具体的に記述する必要があります。そうすることによって，教師の授業の事実が伝わることになるのです。もちろん授業の事実を伝えても，そのままでは他の教師が自分の授業でその教育技術を再現することは困難です。「再現可能性」とは，「どうやればいいか」（knowing how＝方法知）だけでなく，「なぜそれでいいのか」（knowing that＝命題知）をもあわせて提示することを要求する条件です。この記述を読むことによって，教師は伝えられた授業の事実の意味を把握し，何に焦点化して実践すればよいのかが理解できるのです。

　「検証可能性」とは，授業に対する評価をおこなうことを要求する条件です。授業記録は，往々にして教師の指導記録のみの記述となり，子どもたちの学習活動の経過と結果の事実を記載することが弱くなります。たとえ記載されていても，「そのとき子どもの表情が明るくなった」式の主観的な記述であったり，いわゆる優等生の感想で代表させるものとなっています。その授業を成立させている諸条件（たとえば，地域・学校の特徴や教師・学級の特性など）を明らかにするとともに，子どもたちの学習活動を正確に評価した記録（少なくとも学級全員の成績記録など）を提示すべきでしょう。このようにすることによって，そこで使用された教育技術の適用範囲と限界を知ることができ，「万能薬（cure-

▷1　伝達可能性・再現可能性については，藤岡信勝「授業研究と実践記録の要件」『歴史地理教育』1982年12月号参照。

▷2　評価
⇒Ⅷ参照。

all)」になることを避けることができるのです。

2 技術化の留意点

　次に，このようにして共有財産となった教育技術を活用する際に留意しなくてはならない点を明らかにしておきましょう。その一つは，教育技術を使う場合には，「何のために（目的）何を教えるために（目標内容）」使用するのかという問いをもつこと，換言すればこの教育技術にこめられている「子どもたちへの願いは何か」という問いを忘れないことです。もし，この問いが弱くなったり欠落すると，その教育技術はやがて子どもたちの実態と離れて形骸化するだけでなく，子どもたちを管理する便利な手段にも転化する危険が生じます。「技術主義」とはこのような事態を指して言われるものです。

　二つめに留意すべきことは，使用される教育技術は子どもたちの学習集団の質や教師の教育力量によって，異なるとともに発展もするということです。たとえば，一般的には「一問一答式より討議方式が良い」といわれますが，学級の様子や教師の力量からまず一問一答式を採用することもあり得ます。また，「4月のクラスと10月のクラス」では，使用される教育技術はおのずから発展していくものです。「検証可能性」の必要な所以です。最後に留意すべきことは，教育技術を体得（技能化）するには，やはり練習が必要とされるということです。教師は，授業記録を読み，授業を観察するだけではなく，自らも授業を公開し，技能化の程度を客観化する努力が求められるのです。

3 芸術化の様相

　ところで，アイスナー（Eisner, E. W.）は，「仕事をしている子どもたちのさわぎと単なるさわぎとを区別できない教師は，まだ教育的鑑識眼（educational connoisseurship）の基本的レベルが発達していない」と指摘しました。このことは，「技術化」が授業実践の共通性を志向するのに対して，その授業実践を成立させている特有の質（たとえば，その学級に浸透している雰囲気とかリズムとか）に着目しようとするものです。ここでは，この志向を授業の「芸術化」と考えましょう。一般に，人間の認識活動は，分析と直観，科学的認識と形象的認識という二つの働きによって成立しています。したがって，教師と子どもというともに個性をもった存在がぶつかり合う活動である授業実践を認識する場合にも，科学的方法（技術化）だけでなく芸術的方法（芸術化）が要求されるのです。たとえば**教育的タクト**といわれてきた行為などは，この方法論によって解明される可能性があります。このような教育的タクトが，芸術的方法としての「教育的鑑識眼」や「教育的批評（educational criticism）」の対象として形象的に記述されるならば，その具体相がより明確になるでしょう。

（田中耕治）

▷3　城丸章夫監修『新しい教育技術』日本標準，1977年参照。

▷4　技能化については，向山洋一『教育技術入門』明治図書，1991年参照。

▷5　Eisner, E. W., *The Educational Imagination*, Macmillan, 1979.

▷6　**教育的タクト**
計画された授業の経過のなかで，子どもたちの思いがけない反応や不測のできごとに直面して，教師が教育的に適切な臨機応変の対応をおこなうこと。

▷7　秋田喜代美「実践記録と教師の専門性」『教育』2005年12月号参照。

I　授業づくりの基礎理論

9　授業づくりを支える教師の技量

1　開放制と閉鎖制

　教員養成の制度的な枠組みとして，開放制と閉鎖制という区別があります。まず，閉鎖制とはもっぱら教員養成を目的とする機関によって教員の養成をおこなおうとするもので，第二次世界大戦前の師範学校がその典型であるとされます。そこでは，おもにどのように教えるのかという教授法の伝授が中心におこなわれました。しかし，あくまでも国定教科書を絶対視することを前提とした教授法は，後に「技術主義」であったと批判されることになります。

　第二次世界大戦後に採用された開放制は，教員養成を一般の大学機関にまで拡大し，その学問的な知見に裏づけられた（つまりは何を教えるのかに相対的な重心を移して）教員の養成をおこなおうとしました。しかし，一般の大学機関の努力にもかかわらず，そのスタッフの制約もあって，授業実践を支える教育技術の育成となると課題を残すことになっています。もとより，「何を教えるのか」と「どのように教えるのか」は二律背反してはならず，教師は教育内容研究と教育技術研究を同時に追求しなくてはならないのです。

2　工学的アプローチと羅生門的アプローチ

　広義の教育方法のあり方を示した工学的アプローチと羅生門的アプローチをみると，そこで求められる教師の技量は，前者が教材の開発や選択に裏づけられた合理的な授業づくりに，後者は創造的な授業実践での臨機応変な対応に焦点化されています。まさしく，授業づくりにおける「技術化」と「芸術化」の問題です。

　日本では，この問題は授業の名人と評された斎藤喜博に対する二つの異なる批判として顕在化しました。一つは，教育技術法則化運動がおこった，斎藤が提起した授業技術は明示性に乏しく，したがって教師たちの共有財産になりにくいというものです。他方，林竹二は，斎藤の授業論に対しては，それは余りにも授業技術に拘泥していて，子どもの全体に質的に働きかけるという授業の本質を見失う危険があると批判しました。つまり，「技術性」を重視する立場からは「芸術性」のもつ不透明さが批判され，逆に「芸術性」を重視する立場からは「技術性」のもつ効率性が批判の的になりました。授業における「技術化」と「芸術化」を考える際に参考になるでしょう。

（田中耕治）

▷1　教員養成については，横須賀薫『授業における教師の技量』国土社，1978年と佐藤学『教師というアポリア』世織書房，1997年参照。

▷2　工学的アプローチ，羅生門的アプローチという用語は，「カリキュラム開発に関する国際セミナー」（1974年）において，アトキン（Atkin, J. M）が提案したもの。

▷3　向山洋一『教師修業十年』明治図書，1986年，林竹二『林竹二著作集』第Ⅶ巻，筑摩書房，1983年，横須賀薫『斎藤喜博　人と仕事』国土社，1997年参照。

（一般的手続き）	
工学的アプローチ 　一般的目標 　（general objectives） 　　↓ 　特殊目標 　（specific objectives） 　　↓ 　行動的目標 　（behavioral objectives） 　　↓ 　教材 　（teaching materials） 　　↓ 　教授・学習過程 　（teaching-learning processes） 　　↓ 　行動的目標に照らした評価 　（evaluation based on behavioral objectives）	羅生門的アプローチ　▷4 　一般的目標 　（general objectives） 　　↓ 　創造的教授・学習活動 　（creative teaching-learning activities） 　　↓ 　記述 　（description） 　　↓ 　一般的目標に照らした判断評価 　（judgement against general objectives）
（評価と研究）	
工学的アプローチ 　目標に準拠した評価 　（goal-reference evaluation） 　　↓ 　一般的な評価枠組 　（general schema） 　　↓ 　心理測定的テスト 　（psychometric tests） 　　↓ 　標本抽出法 　（sampling method）	羅生門的アプローチ 　目標にとらわれない評価 　（goal-free evaluation） 　　↓ 　さまざまな視点 　（various perspectives） 　　↓ 　常識的記述 　（common sense description） 　　↓ 　事例法　▷5 　（case method）
（目標，教材，教授・学習過程）	
工学的アプローチ 　目標： 　　「行動的目標を」 　　「特殊的であれ」 　教材： 　　教材のプールからサンプルし，計画的に配置せよ。 　教授学習過程： 　　既定のコースをたどる。 　　（predecided） 　強調点： 　　教材の精選，配列（design of teaching materials）	羅生門的アプローチ 　目標： 　　「非行動的目標を」 　　「一般的であれ」 　教材： 　　教授学習過程の中で教材の価値を発見せよ。 　教授学習過程： 　　即興を重視する。 　　（impromptu） 　強調点： 　　教員養成（teacher training, in-service training）

図2　工学的アプローチと羅生門的アプローチの対比

▷4　「羅生門」
黒澤明監督が，芥川龍之介の小説「藪の中」に材をとって，1950年に映画化したもので，世界的に激賞された。

▷5　事例法
実際の事例に即して，さまざまな立場から検討を加えて，理解を深める方法。

参考文献
　佐藤学『教育方法学』岩波書店，1996年。

Ⅰ 授業づくりの基礎理論

 学校知のイデオロギー性

近代の公的に組織された学校は，民主主義と人道主義の産物であり，社会の啓蒙と平等化を推進する牽引車としての機能を有するものとの期待を担って登場しました。しかし，今日の学校は「学力格差」，「校内暴力」，「いじめ，不登校問題」，「大量の中途退学」さらには学校と保護者との反目などが顕在化して，その「期待」を裏切ろうとしています。このような近代の学校が抱えている問題点を社会的・政治的な視点から解明しようとした代表的な人物に，ボウルズとギンタス（Bowles, S. & Gintis, H.）とアップル（Apple, M. W.）がいます。そして，彼らによって「学校知のイデオロギー性」が照射されることになりました。

 対応理論

▷1 ボウルズ, S.・ギンタス, H. 著, 宇沢弘文訳『アメリカ資本主義と学校教育』岩波書店, Ⅰ巻（1986年）, Ⅱ巻（1987年）（原著：1976年）。なお, 小玉重夫『教育改革と公共性』東京大学出版会, 1999年も参照のこと。

ボウルズとギンタスは，学校とは社会の民主化や平等化を担う装置であると考える主張を疑うことから出発します。そして，学校とはむしろ逆に社会経済的な条件や要因との対応（この点を強調するので「対応理論 correspondence theory」と呼称）を通じて，経済的不平等を再生産し，人格的発達を歪める役割を果していると指摘します。

具体的にみると，態度・人格特性面における企業と学校との「対応」に着目して，企業のエリートに要求される指導者的性格と動機管理（創造性重視）と一般スタッフに要求される追随的性格と行動管理（外面的基準の遵守）とは，教育制度のレベル（エリートカレッジとコミュニティカレッジ）に対応していると述べています。また，高校レベルで高く評価される態度としての「我慢強さ」「秩序を重んじる」「目先の満足を求めない」などの特質（逆に「創造的」「独立」は評価が低い）は，企業の監督者の評価規準にみごとに対応しているとも指摘しています。企業が学校に期待する役割とは，認識能力の形成よりも，企業に有利な態度・人格特性の育成に比重を置いていると捉えるのです。したがって，学校で教えられていることは，けっして中立的な性格をもつものではなく，社会の経済的な利害（イデオロギー）を反映しているのです。

 教育課程のポリティックス

アップルの問題意識は，「ヘゲモニー」（階級・人種・ジェンダーにおいて支配的な集団が被支配的な集団に対して積極的な合意をうまく得ようとするプロセス）

が学校内部の論理を媒介としていかに作用しているのかを解明することにあり，さらにその「ヘゲモニー」に対抗する教育実践の可能性を見極めることにあります。この媒介項としての学校内部の論理を課題化するとは，学校を文化・知識の分配機構として考察することであり，社会システムの規定によって「文化」的再生産がおこなわれる場として学校を捉えることです。したがって，アップルによる「学校知のイデオロギー」分析とは，とりわけ文化・知識の分配とそれをめぐる教育課程のポリティックス（権力の諸関係及び権力行使の諸過程）問題に向けられることになります。

アップルによれば，学校は教育課程を編成する過程において文化・知識の選択・構成に積極的に関与し，いわば「優先的知識」または「公的な知識」を抽出します。したがって，この過程ならびに結果はけっして「中立」的な性格をもつものではありません。教育課程のポリティックス問題とは，誰の文化が価値をもつものとされるのか，誰の文化が正当化されるのか，誰の文化が保証されるのかといった問題をめぐる権力の諸関係及び権力行使の諸過程を考察することなのです。

ちなみに，アップルによれば，現代の教育課程における「優先的知識」または「公的な知識」とは，秩序と合意をルールとする「技術的知識」（そこでは，科学の発展の契機である「対立」の歴史は排除される）であると断定しています。そこでは，学校をあたかも加工工場に見立てて，インプットとアウトプットの関係で子どもたちの学習行為を捉えているとされます。したがって，まさにこの過程こそ子どもたちをたんなる操作と管理の対象とみなすことであり，子どもたちから社会への批判意識を奪っていくことであると厳しく指弾するのです。

このように教育課程のポリティックスを解明するアップルは，それに対抗する教育実践のあり方として，「民主的な学校（democratic school）」を提示しています。そこでは，学校教育にかかわるあらゆる人々が，「学習コミュニティー」への参加者として，学校の運営や方針決定に意見を表明することができます。その場合，参加者の多様性を尊重しつつも，それが矮小な利害対立の場に陥らないためには，民主主義の本質である「共通の善」を追求することが求められています。

他方，「民主的な学校」における教育課程とは，子どもたちが広範な情報にアクセスできることであり，多種多様な意見を表現する権利を尊重することです。たとえば所与の教材に対して「この教材は世界を誰の観点からみているのか」という問いを子どもたちと共有することであり，現実の生活で生じている問題を批判的に探究することを保障することであるとされます。このようなとりくみを通して，「学校知のイデオロギー」を対象化しようとするのです。

（田中耕治）

▷2　アップルの所論については，アップル，M. W. 著，門倉正美訳『学校幻想とカリキュラム』日本エディタースクール出版部，1988年（原著：1979年），アップル，M. W. 著，浅沼茂他訳『教育と権力』日本エディタースクール出版部，1992年（原著：1982年），アップル，M. W. 他編『学校文化への挑戦』東信堂，1993年参照。

▷3　アップル，M. W.・ビーン，J. A. 編，澤田稔訳『デモクラティックスクール』アドバンテージサーバー，1996年（原著：1995年）参照。

II 学力問題と授業づくりの課題

授業づくりと学力モデル

1 「学力」とはなにか？

　授業は，なにより子どもたちに「たしかな学力」を身につけさせることを課題とするということに異論がある人はまずいないでしょう。でも，「たしかな学力」の中身はいったいなにかときかれると，その答えはさまざまです。「学力▷1」ということばは，社会のなかで日常語として使われてきたこともあって，たとえば受験に勝ちぬくための力にすぎないというものから，生活のなかで生きて働く力こそほんとうの学力だというものまで，その内容は広くあいまいです。そのこともあって，「学力」とはなにかという議論が，これまでも繰り返されてきました。

　「学力」とはなにかという問いは，いいかえれば学校でどのような知的能力を子どもたちに身につけさせたいかという教育の目標や内容を問うことです。ですから当然，授業づくりと密接にかかわってきます。それだけではなく，なにを「学力」の内容として重視すべきかということは，それぞれの時期の学校がかかえる課題のみならず，社会的課題とも深くかかわっています。その意味で「学力」は，歴史的・社会的な概念ともいえるのです。

2 「学力」問題と「学力」研究

　「学力」ということばが広く使われだしたのは，比較的最近のことです。それが研究の対象として扱われるようになったのは，第二次世界大戦後です。広く「学力」ということばが使われるようになった背景には，学校で子どもたちがどんな力を身につけてくるかということに対して一部のエリート層だけでなく，より広く国民的な関心が集まるようになったことや，学校でなにをどのように教えるかという課題を意識した教師たちの実践の広がりがありました。

　終戦直後の1940年代の終わりから50年代初めにかけて，子どもたちの生活経験を重視した，いわゆる戦後「**新教育**▷2」がはなばなしく展開されました。その一方で，「新教育」は子どもたちの「学力」を低下させているのではないかという疑問・批判が起こりました。これ以降，いつの時期も「学力」問題は，子どもたちの「学力低下」を憂う声とともに生まれてきます。「学力」が研究対象として意識されるようになったのも，この時期の「学力低下」問題がきっかけとなりました。

▷1　学力
江戸時代からガクリキとして，日常生活で使われる能力とは別に学問の力という意味で使われていた。今日では，学校での学習を通じて獲得される認識能力を指すことが多い。

▷2　新教育
子どもの活動や自発性を中心にすえた教育改革運動を広く「新教育」とよぶ。19世紀後半からヨーロッパやアメリカで展開されたが，その影響を受け日本でも大正期，戦後初期に多くの実践がおこなわれた。XIV-1 も参照。

「学力低下」といわれるとき，まず課題となるのは，どんな力がどの程度低くなったのかという実態を正確に知ることです。そのために，子どもたちの「学力」の実態を組織的・系統的に把握し，実証的なデータを得ようとする方法が学力調査です。これまでにも，「学力」が社会問題化した時期を中心にさまざまな学力調査がおこなわれてきました。戦後初期に「学力低下」が問題になったときには，10以上にのぼる学力調査がおこなわれ，たとえば久保舜一らによる国立教育研究所の調査（1951年）では，戦前の学力のピークといわれる1928年～29年の調査で使われたのと同一問題を使って比較することで，「読み・書き・計算」の正答率が著しく低下し，しかもその格差が拡大しているという結果が明らかになりました。また，最近では，OECD（経済開発協力機構）の生徒の学習到達度調査（PISA）やIEA（国際教育到達度評価学会）の国際数学・理科教育動向調査（TIMSS）など国際的な学力調査や文部（科学）省の全国学力・学習状況調査（教育課程実施状況調査）などを根拠にした議論がよく見られます。学力調査は，どれも調査に使用する項目・問題の背景にある学力観や調査方法に違いがあることに留意しなければなりませんが，子どもたちの学力の実態を明らかにする上で有力な資料を提供してくれます。

③ 学力調査を見る視点

学力調査によって学力の実態を分析する際に，①学力水準の問題，②学力格差の問題，③学力構造の問題，④学習意欲の問題という四つの視点が必要だとされています。

「学力水準」というのは，ある集団の学力の平均値を算出したものです。日本の子どもたちの学力水準は，PISAやTIMSSの結果によれば，国際的には比較的高い水準にあります。PISAやTIMSSの結果は，日本の子どもたちの「学力低下」を示す根拠としてよくとりあげられ，特に2003年のPISAで読解力が大幅に低下したことは，大きなインパクトとなってその後の教育課程政策に影響を与えました。しかし，それぞれの調査の学力観には違いがありますし，国際的な順位にのみ目を奪われると重要な問題を見過ごす危険性があります。学力水準はあくまで平均値に過ぎないからです。日本教職員組合・国民教育研究所調査（1976年）ですでに指摘されていたように，「おちこぼれ」（おちこぼし）をどうなくすかというのは，教師の授業づくりにとって切実な課題となってきました。とくに小学校高学年くらいから子どもたちの学力が「M字型」「ふたこぶラクダ型」といわれるように「できる子」と「授業についていけない子」に分化していくという傾向があることはいくつかの学力調査によっても示されています。学力水準のみに着目すると，「学力格差」という重大な問題を見失ってしまうことになりかねません。

では，学力が高いといわれる子どもたちには問題はないのでしょうか？　大

▷3　PISA
Programme for International Student Assessmentの略称。OECDが，義務教育修了段階の15歳児を対象に各国の子どもたちが将来生活していくうえで必要とされる知識や技能をどの程度獲得しているかを測定しようとしたものである。「読解力」「数学的リテラシー」「科学的リテラシー」について3年ごとに実施されている。2012年に実施された調査（PISA 2012）では，参加国中における日本の順位は，読解力が4位，数学的リテラシーが7位，科学的リテラシーが4位だった。

▷4　TIMSS
Trends in International Mathematics and Science Studyの略称。各国が教育情報を交換することで自国の教育の水準を向上させることを目的とし，学校のカリキュラムがどれだけ習得されているかを測定するために数学と理科の分野について実施されている。2011年に実施された調査（TIMSS2011）では，参加国中の日本の順位は，小学4年の算数が5位，理科が4位，中学2年の数学が5位，理科が4位だった。また，算数（数学，理科）の勉強が楽しいかについて「強くそう思う」「そう思う」と答えた児童・生徒の割合は，小学4年の算数：73.3%（国際平均：84.2%），理科：90.1%（国際平均：88.0%），中学2年の数学：47.6%（国際平均：70.7%），理科：62.7%（国際平均：80.1%）であった。

▷5　田中耕治『教育評価』岩波書店，2008年。

事なのは、「学力構造」という視点から見ることです。これは、「できる」けれども「わからない」子どもたち、「学力」と「生きて働く力」の分離、あるいは「病める学力」などという形で指摘されてきた問題です。意味を理解することを抜きにして、ひたすら解法のパターンを覚えれば受験には有利かもしれませんが、生活のなかで使われなければ、いつの間にか忘れさられてしまいます。

PISAやTIMSS、そして全国学力・学習状況調査によると、日本の子どもたちは、基礎的な知識・技能は身についているものの、知識・技能を実生活の状況に応じて活用し、問題解決をする能力や推論する能力など高次の能力が十分に身についていないという結果が出ています。また、TIMSSの意識調査では、日本の子どもたちは「勉強は楽しい」という回答の比率が国際平均に比べておおむね低く、小学生から中学生になるとさらに低下するという傾向が見られます。

1999年の**中央教育審議会**答申でも「我が国の小・中学生は算数・理科が好きという子どもの割合は国際的に見て低いレベルであり、また、中学生は、これらの教科の学習が生活にとって大切であるとか、将来数学や科学に関する職業に就きたいと考える子どもの割合も低いレベルであるという問題点も明らかになった」として子どもたちの学習意欲の低さを問題としています。いわゆる「**新学力観**」や「**生きる力**」、そして「**総合的な学習の時間**」なども、このような認識から出された方策だと考えられますが、日本の子どもたちの学力の特徴は依然として根本的には変わっていません。

④ 学力モデルの意味

テストの点数が悪いと「学力がついていない」といわれる一方で、「本当の学力はまた別にある」といわれるように、「学力」ということばは、常に二重性をもって使われます。つまり、「学力」は量的側面とともに質的側面からとらえる必要があるということを示しています。「学力」の質的側面、すなわち「学力」の構造をとらえようとしてきたのが学力モデルの研究です。学力モデルは、たんに「学力」についての多様な解釈をまとめるというのではなく、授業づくりをはじめ具体的実践の手がかりとなるものでなければなりません。

▷6 **中央教育審議会**
文部科学大臣の諮問機関で、教育にかんする基本的な諸施策について調査審議する委員会。中教審と略称される。

▷7 **新学力観**
⇒ Ⅱ-4 参照。

▷8 **総合的な学習の時間**
1998年版学習指導要領から新設された時間。「横断的・総合的な学習や探究的な学習を通して、自ら課題を見付け、自ら学び、自ら考え、主体的に判断し、よりよく問題を解決する資質や能力を育成するとともに、学び方やものの考え方を身に付け、問題の解決や探究活動に主体的、創造的、協同的に取り組む態度を育て、自己の生き方を考えることができるようにする。」（2008年版学習指導要領）とされている。Ⅺ-12 参照。

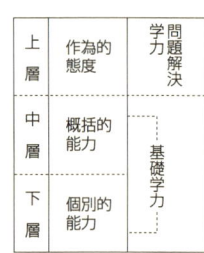

出所：広岡亮蔵『基礎学力』金子書房，1953年。

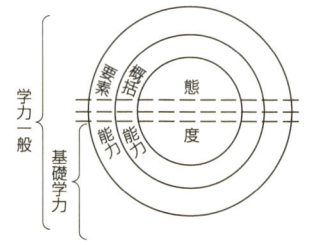

出所：広岡亮蔵『現代学力大系・1』明治図書，1958年。

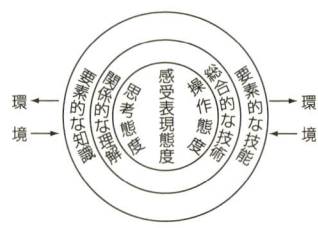

出所：広岡，1964年。

図3　広岡亮蔵の学力モデル

学力モデル研究の先がけとなったのは，広岡亮蔵による学力モデルです（図3）。広岡の学力モデルは，学力を三層構造でとらえ，外側に知識的なものを，中心に態度的なものを置くのが特徴です。広岡は「高い科学的な学力を，しかも発展的な学力を」といっていますが，広岡モデルは，戦後初期の経験主義に基づく問題解決学習が，知識の客観性・体系性を軽視しすぎ，一方で科学主義に基づく系統学習は知識の主体化・内面化の側面を軽視しすぎたということを念頭に置きながら，それを整理したものでした。

しかし，広岡のいう「高い科学的な学力」と「生きた発展的な学力」との関係，つまり知識層と態度層の関係は，「**態度主義**」に陥るのではないかという批判が加えられるようになりました。つまり，広岡モデルは，知識層から態度層へという一元的なとらえかたではなく，知識層と態度層を二元的に分けてとらえているために，結局は知識（科学・芸術）を軽視し，単なる心がまえとしての態度を子どもに要求する危険性があるのではないかというものでした。

広岡モデルと対照的なのが勝田守一の学力モデルです（図4）。勝田は，学力を「成果が計測可能なように組織された教育内容を学習して到達した能力」と規定しました。勝田は，認識能力を重視しながら，「計測可能」なものに学力を限定しようとしました。これに対しては，計測できない部分こそ重要だという反論が当然ありましたが，勝田には，態度的なものを軽視したというより，計測の対象であり，認識能力の内実となる教育内容の構造化，系統化こそが重要だという実践的な課題意識があったのです。

ただ，勝田も，広岡が課題とした知識と態度の関係自体を論じているわけではありません。学力モデルの研究において，態度のような人格的価値を含むものをどのように位置づけるかは残されたままになり，その後今日まで続く論争的課題となってきたのです。

（柏木　正）

▷9　広岡亮蔵「学力，基礎学力とはなにか——高い学力，生きた学力」『現代教育科学』2月臨時増刊号，明治図書，1964年。

▷10　態度主義
知識・科学などによる知的な能力と関心・意欲・態度など主体的・心情的傾向を対立的にとらえ，後者をより重視する立場。1960年代の大槻健と上田薫の論争，1970年代の藤岡信勝と坂元忠芳の論争も「態度主義」にかかわる論争である。

▷11　勝田守一『能力と発達と学習』国土社，1964年。

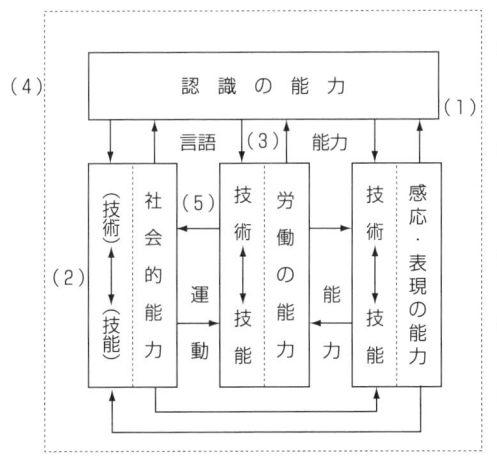

図4　勝田守一の学力モデル

出所：勝田，1964年。

II 学力問題と授業づくりの課題

2 「基礎学力」と「リテラシー」

1 「基礎・基本」―「基礎学力」―「リテラシー」

授業では，学力の「**基礎・基本**」を徹底して指導すべきだとよくいわれますが，なにを学力の「基礎・基本」ととらえるかは，必ずしも明確ではありません。学力の「基礎・基本」は，「基礎学力」と呼ばれることもあり，ほとんどの場合，同じ意味で使われています。英語でもほぼ同様の意味を表すリテラシー（literacy）ということばがあります。リテラシーは「識字能力」と訳されるため誤解されがちですが，単に「読み・書き・計算」ができることにとどまらず，社会人として共通に必要な必要最低限の能力を意味するものとして使われています。いずれにせよ，多様な意味をもたされてきた学力の「基礎・基本」や「基礎学力」について，田中耕治はおよそ四つの意味で使われてきたと整理しています。

①すべての学習の基礎・基本となる 3 R's（読み，書き，計算）

②それぞれの教科の学習にとって基礎・基本となる教育内容（たとえば数学における「乗法」概念や「関数」概念など）

③少なくとも義務教育段階までに共通に獲得してほしい教育内容（ミニマム・エッセンシャルズ）

④学力構造（知識・理解，応用力，関心・態度など）における基礎・基本部分

このなかで，①②③は，いずれも学力の「基礎・基本」を客体的・実体的な側面からとらえているという点で共通しています。ここからは，現代を生きていくために習得しなければならない教育内容とは何かということ，つまり，教育内容を「精選」するとともに，これからの時代に求められる新しい教育内容をつくりだすことが，実践的課題として提起されてきます。

④は学力モデルの研究において問題とされてきた「知識・理解」と「関心・意欲・態度」の関係に見られるように，「基礎・基本」を主体的・機能的な側面からとらえようとしたものです。「基礎・基本」をこのようにとらえるならば，ただ必要な教育内容を並べるだけでは意味はありません。そこから，「精選」され創造された教育内容，つまり「知識・理解」が子どもたちのなかで「生きて働く学力」に転化するプロセスを解明すること，そしてそのための授業をつくることが課題として浮かびあがってきます。

▷1 **基礎・基本**
1976年の教育課程審議会「審議のまとめ」から文部（科学）省の政策文書の中に見られるようになったことば。「基礎」と「基本」は厳密には区別されるべきだが，一体のものとして使われることが多い。

▷2 田中耕治『指導要録の改訂と学力問題』三学出版，2002年。

▷3 **3 R's**
英語の Reading, Writing, Arithmetic を略したもので，「読み・書き・計算」にあたる能力を指す。

② 「基礎学力論争」から学ぶ

　学力の「基礎・基本」とはなにかということは、戦後「**新教育**」をめぐって行われた「**基礎学力論争**」の中心的なテーマでした。

　基礎学力論争は、「問題解決能力」こそが学力であり、学力はなにより「生きて働く学力」であるべきだという主張に対し、基礎学力としての「読み・書き・計算」の能力や国民的教養の最低必要量の重要性を主張する立場との対立でした。たとえば、「新教育」を擁護する立場は、「読み・書き・計算」は「用具」にすぎず、それらを強調する考え方は知識主義による古い学力観であり、「生活の理解力」「生活態度」の向上こそが重要であると主張しました。「新教育」批判の立場は、「基礎学力」としての「読み・書き・計算」は「人類文化の宝庫をひらくようなすばらしい鍵」であり「基礎学力の防衛」こそ重要だと主張しました。

　基礎学力論争の論点、たとえば、基礎学力とは読・書・算のみなのか各教科の基礎なのか、基礎学力は知識なのか関心・態度などを含むのかというような問題は、学力の「基礎・基本」を考える上で今なお重要な論点として引き継がれています。

③ 学力の「基礎・基本」とは

　学力の「基礎・基本」とか「基礎学力」といわれる場合、それを土台にしながら下から上に学力を積みあげていくというイメージ、つまり、できるだけ早い段階で「基礎・基本」を詰めこむことが応用的・発展的な学力につながると考えがちです。

　子どもたちの学力を向上させるために「読み・書き・計算」の能力をドリルや反復練習によって徹底して習得させる実践は広く行われていますが、「学力研」(「学力の基礎を鍛えどの子も伸ばす研究会」)が取り組んできた「**100マス計算**」もその一つです。「100マス計算」は反復練習によって計算力をつける方法ですが、計算力だけではなく子どもの集中力や持続力を育て、そして「できた」という達成感を味わうことができるという点でたしかに有効です。しかし、そこで習得した計算力は、その計算の意味を理解していることとは別ですし、ただちに応用的・発展的な学力につながるわけではないということに留意しておく必要があります。

　「読み・書き・計算」を習得したとしても、その後使う機会がなければ忘れてしまいます。その後の学習のなかで立ちかえってその意味を確認し直すこともあるように、学力は「基礎」から順番に積みあげていくものとは限らないのです。何のための「基礎・基本」かということを常に忘れないことが大切です。

(柏木　正)

▷4　新教育
⇒ Ⅱ-1 参照。

▷5　基礎学力論争
1940年代後半から50年代前半にかけて青木誠四郎ほか『新教育と学力低下』(原書房、1949年)、国分一太郎『現代教育の探求』(未来社、1954年)など、その他にも多くの論者によって「基礎学力」とはなにかが論じられた。

▷6　100マス計算
マス目になった100問の計算問題を、タイムを競いながら解くもので1960年代に考案された。基礎学力向上に有効な方法として脚光を浴びる一方で、訓練主義ではないかという批判もある。

II　学力問題と授業づくりの課題

3　生きて働く学力

1　知識の「習得」から「習熟」へ

「精選」された教育内容を，いかにして「生きて働く学力」に転化していくかという構造を明らかにすることが，知識層と態度層の関係として学力モデルを構想した広岡亮蔵の問題意識でした。この広岡の問題意識を引き継ぎながら，態度を重視することと「態度主義」は区別すべきであると主張したのが中内敏夫です。彼は次のように説明しています。

「独創力は『認識精度』と逆方向をむいているのではなく，むしろそれを同方向につきぬけたところにあらわれる。そうだとすると，この創造的思考をとらえるのに一種の心情や心の持ち方を意味する『態度』概念をもってくるのはまちがっている」あるいは「生き方，思考力，態度など，人格的価値に属するものの到達目標論的な形態とはなにか。わたくしは科学的概念や各種の芸術的形象，そして方法や知識など到達目標の内容をなしているものが学習主体によって十分にこなされた形態，つまりその習熟レベルがそれであると考える。このように，人格価値を認識価値と並置させず後者の側から一元的にとらえていくと，人格価値に属するものを到達目標のかたち（その一種）であらわすことができるようになるからだ。」

つまり，中内は「態度」という主観性の強い言葉ではなく，文化内容に裏づけられた教育内容が学習主体である子どもによって十分にこなされた認識の段階を「習熟」という概念でとらえ，認識価値から人格価値へ，知識的なものから態度的なものへ一元的に把握しようとしたのです（図5）。

2　認知と情意の統一としての学力

知識と態度の関係を明らかにするという課題に別の方向から取り組もうとしたのが京都を中心とする**到達度評価**の研究でした。それは，ブルーム（Bloom, B. S.）らの理論から学ぶとともに，到達度評価に基づく実践を踏まえながら，認知領域と情意領域を区分した上でそれらの関連性の上に学力形成を構想するものでした（図6）。

到達度評価研究の代表的理論家の稲場宏雄は，「態度を含まぬ学力概念は，平板で，内容のない不毛なものとならざるをえない。学力は『認知

▷1　中内敏夫『増補　学力と評価の理論』国土社，1976年。

▷2　到達度評価
到達目標によって指導の結果を判断する教育評価の方法だが，それを授業づくりに結びつけようとする実践・研究が1970年代から展開されてきた。

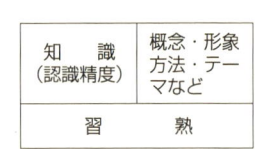

知　識 （認識精度）	概念・形象 方法・テーマなど
習　　熟	

出所：中内, 1976年（初出：1967年）。

出所：中内敏夫「習熟についての考察」『教育目標・評価学会紀要』第2号, 1992年。

図5　中内敏夫の学力モデル

能力』（cognitive competence）と『情意的性向』（affective disposition）の統一として追求されなければならぬ」と述べ、学力は計測可能な認知的要素と計測不可能な情意的要素を含むものであり、学習が深まるにつれて幅と厚みが加わっていくものだととらえました。

到達度評価の実践と理論から生まれたこのモデルは、教育内容が「生きて働く学力」として深まっていく上で、認知的要素と情意的要素が不可欠の契機であるととらえることによって、授業と学習の深化の過程を解明しようという実践的意図に基づくものだったのです。

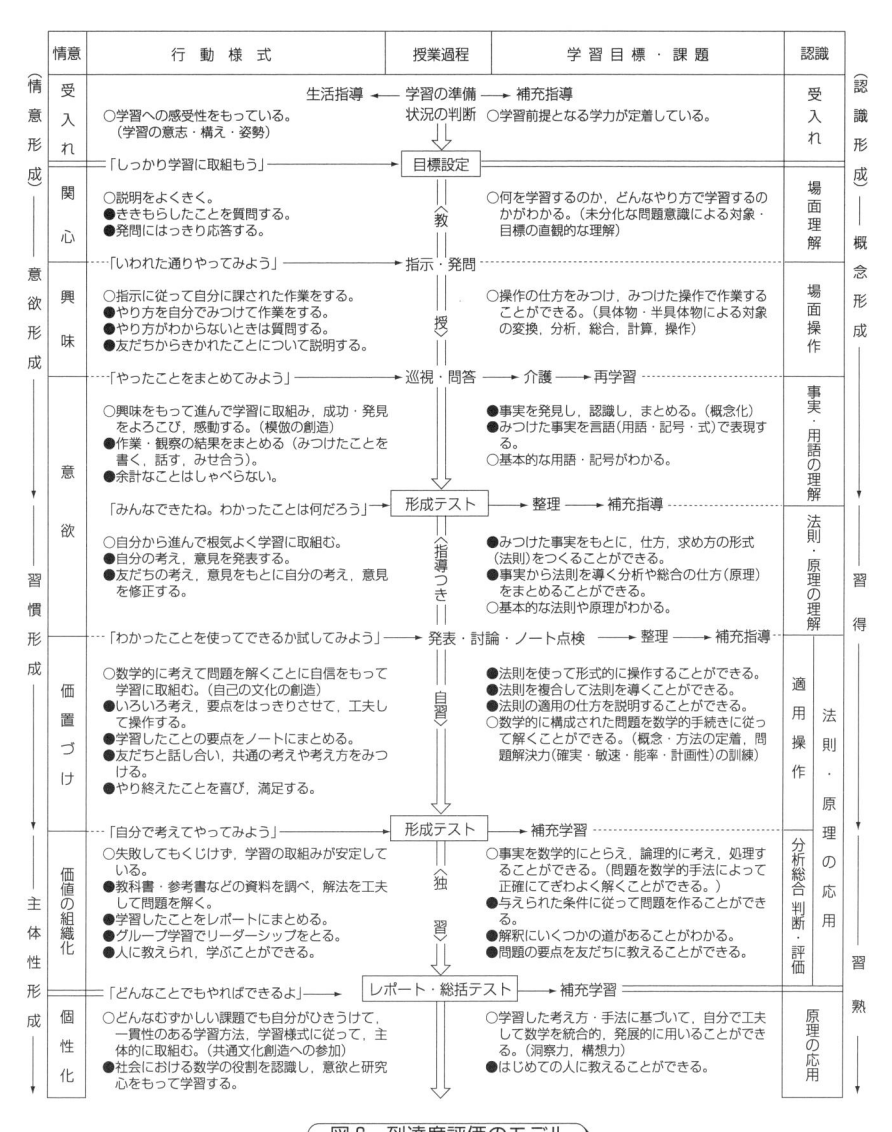

情意		行動様式	授業過程	学習目標・課題	認識
情意形成 / 意欲形成 / 習慣形成 / 主体性形成	受入れ	○学習への感受性をもっている。（学習の意志・構え・姿勢）	生活指導 — 学習の準備 — 補充指導 状況の判断	○学習前提となる学力が定着している。	受入れ	認識形成 / 概念形成 / 習得 / 習熟
		「しっかり学習に取組もう」	目標設定			
	関心	○説明をよくきく。 ●ききもらしたことを質問する。 ●発問にはっきり応答する。	教	○何を学習するのか、どんなやり方で学習するのかがわかる。（未分化な問題意識による対象・目標の直観的な理解）	場面理解	
		「いわれた通りやってみよう」	指示・発問			
	興味	○指示に従って自分に課された作業をする。 ●やり方を自分でみつけて作業をする。 ●やり方がわからないときは質問する。 ●友だちからきかれたことについて説明する。	授	○操作の仕方をみつけ、みつけた操作で作業することができる。（具体物・半具体物による対象の変換、分析、総合、計算、操作）	場面操作	
		「やったことをまとめてみよう」	巡視・問答 — 介護 — 再学習			
	意欲	○興味をもって進んで学習に取組み、成功・発見をよろこび、感動する。（模倣の創造） ●作業、観察の結果をまとめる（みつけたことを書く、話す、みせ合う） ●余計なことはしゃべらない。		●事実を発見し、認識し、まとめる。（概念化） ●みつけた事実を言語（用語・記号・式）で表現する。 ○基本的な用語・記号がわかる。	事実・用語の理解	
		「みんなできたね。わかったことは何だろう」	形成テスト — 整理 — 補充指導			
		○自分から進んで根気よく学習に取組む。 ●自分の考え、意見を発表する。 ●友だちの考え、意見をもとに自分の考え、意見を修正する。	指導つき	●みつけた事実をもとに、仕方、求め方の形式（法則）をつくることができる。 ●事実から法則を導く分析や総合の仕方（原理）をまとめることができる。 ○基本的な法則や原理がわかる。	法則・原理の理解	
		「わかったことを使ってできるか試してみよう」	発表・討論・ノート点検 — 整理 — 補充指導			
	価値づけ	○数学的に考えて問題を解くことに自信をもって学習に取組む。（自己の文化の創造） ●いろいろな考え、要点をはっきりさせて、工夫して操作する。 ●学習したことの要点をノートにまとめる。 ●友だちと話し合い、共通の考えや考え方をみつける。 ●やり終えたことを喜び、満足する。	自習	●法則を使って形式的に操作することができる。 ●法則を複合して法則を導くことができる。 ●法則の適用の仕方を説明することができる。 ○数学的に構成された問題を数学的手続きに従って解くことができる。（概念・方法の定着、問題解決力（確実・敏速・能率・計画性）の訓練）	適用操作	法則・原理の応用
		「自分で考えてやってみよう」	形成テスト — 補充学習			
	価値の組織化	○失敗してもくじけず、学習の取組みが安定している。 ●教科書・参考書などの資料を調べ、解法を工夫して問題を解く。 ●学習したことをレポートにまとめる。 ●グループ学習でリーダーシップをとる。 ●人に教えられ、学ぶことができる。	独習	○事実を数学的にとらえ、論理的に考え、処理することができる。（問題を数学的手法によって正確にてぎわよく解くことができる。） ●与えられた条件に従って問題を作ることができる。 ●解釈にいくつかの道があることがわかる。 ●問題の要点を友だちに教えることができる。	分析総合判断・評価	
		「どんなことでもやればできるよ」	レポート・総括テスト — 補充学習			
	個性化	○どんなむずかしい課題でも自分がひきうけて、一貫性のある学習方法、学習様式に従って、主体的に取組む。（共通文化創造への参加） ●社会における数学の役割を認識し、意欲と研究心をもって学習する。		○学習した考え方・手法に基づいて、自分で工夫して数学を統合的、発展的に用いることができる。（洞察力、構想力） ●はじめての人に教えることができる。	原理の応用	

図6 到達度評価のモデル

出所：全国到達度評価研究会編著『だれでもできる到達度評価入門』あゆみ出版、1989年。

3 「学力」と「習熟」

中内の立場は「**段階説**」、到達度評価や稲葉の立場は「**並行説**」といわれますが、そのいずれも、「生きて働く学力」、つまり人格的な価値をも含みこんだ高次の学力を「習熟」ということばでとらえています。そこには、学校は子どもたちの人格形成を課題にしているとしても、あくまで学力の形成を通じて人格の形成をめざす場だという基本的立場があるということを見ておく必要があります。しかしながら、「習熟度別指導」とか「計算力の習熟」というように「習熟」ということばは、繰り返し練習して速く、正確にできるようになるという意味で使われることが多く、学力を考える上で「習熟」をどうとらえるかという問題は、なお課題となっています。

（柏木　正）

▷3　稲葉宏雄『学力問題と到達度評価（下）』あゆみ出版、1984年。

▷4　「段階説」「並行説」　この整理は、田中耕治『学力評価論入門』法政出版、1996年による。田中は、この著作の中で戦後の学力と評価にかんする研究を詳細に検討し、整理している。

II　学力問題と授業づくりの課題

4 「新学力観」と「生きる力」

1 「学力よりも人格・人間性」か？

「人を導きて善良ならしむるは多識ならしむるに比すれば更に緊要なりとす」（「小学校教員心得」1881（明治14）年）という表現に見られるように，学力と人格や人間性を対立してとらえ，学力よりも人格・人間性のほうが大事だとする主張は，日本の学校教育の成立期からあり，今もなお存在しています。

「いろんな知識をたくさん知っていることが学力」という考え方はかなり根深いものがあります。そこから「知識ばかりをつめこんでも意味はない」という「知育偏重」論が，いつでも容易に叫ばれることになり，またその裏返しとして，「分数もできない大学生がいる」といわれると「学力低下」論にも容易に流されることになります。このように「知育偏重」論と「学力低下」論は表裏一体のものであり，そこには共通して「学力」を要素的な知識の集まりとしてしかとらえられないイメージの貧しさがあります。

かつて佐藤興文は，「知恵ぶくれの徳やせ」という表現で「知育偏重」論が展開されたとき，それを批判して「知育偏重」どころではなく，知育が「まっとうな形で重んじられていない」ことこそが問題だと主張しました。佐藤は知的教育と他の徳育・情操教育との「つがい目」が肝心だとし，次のように述べています。「知識を軸とし，知的陶冶を主とするといっても，そこにはおのずからモノゴトの意味に感じ反応する，またモノやコトバを味わう，あるいはまた，論理や概念をすらも，その構造や意味や力を味わうという面が多かれ少なかれ含まれていなければならない，すなわち，知識内容を客観的なものとして知るというだけではなくて，それの含む意味に主体的に感応する，持ち味に触れるという面が同時にともなわねばならないはずのものだと考えられます。」

子どもたちにとって学習がおもしろく，やりがいのあるものと感じられるかどうかは，このように，「知る」ことと同時に「味わう」ことができるかどうかにかかっているといってもいいでしょう。ほんとうに学ぶに値する大切なことをじっくり味わいながら学ぶことこそが「生きて働く学力」につながるのです。

2 「新学力観」とはなにか

1989年の**学習指導要領**，それに対応した1991年の**指導要録**の改訂をきっかけ

▷1　佐藤興文『学力・評価・教育内容』青木書店，1978年。

▷2　**学習指導要領**
学校の教育課程の基準を示すとされている文部（科学）省の告示文書。IV-2参照。

▷3　**指導要録**
学校に備えなければならない表簿の一つで，校長が作成する児童等の学習及び健康の状態を記録した書類の原本である。学校教育法施行規則第24条の規定による。

にして「新学力観」ということばが登場してきました。1989年版学習指導要領では，総則に「学校の教育活動を進めるに当たっては，自ら学ぶ意欲と社会の変化に主体的に対応できる能力の育成を図るとともに，基礎的・基本的な内容の指導を徹底し，個性を生かす教育の充実に努めなければならない」という文言が加えられました。当時の文部省は，「これからの教育においては，これまでの知識や技能を共通的に身につけさせることを重視して進められてきた学習指導の在り方を根本的に見直し，子供たちが進んで課題を見つけ，自ら考え，主体的に判断したり，表現したりして，解決することができる資質や能力の育成を重視する学習指導へと転換を図る必要がある」と説明しています。このように，「自ら学ぶ意欲と社会の変化に主体的に対応できる能力の育成」を強調し，「基礎・基本」は，知識・技能ではなく子どもたちが主体的に生きていくために必要な資質・能力を中心にとらえるべきだとし，みんなに共通なものではなく，一人ひとりの子どもによって違うのだといっています。そして，学習指導においては「指導」を「支援」に転換し，学力の評価においては「知識・理解」よりも「関心・意欲・態度」を上位に置く**観点別学習状況の評価**を導入しました。

子どもたちの「個性」を強調し，「知識・理解」よりも「関心・意欲・態度」を重視する「新学力観」は，1998年に改訂された学習指導要領にも基本的に引き継がれることになりました。それだけでなく，1998年版学習指導要領の総則では，学校教育の目標として「個性を生かす教育」に加え，「生きる力をはぐくむ」ことがその先に目指されるべきものとして掲げられました。

しかしながら，「新学力観」には，依然として日本の学校教育に根強い考え方が残っているとみざるをえません。これまでの研究および実践の蓄積から見れば，「自ら学ぶ意欲と社会の変化に主体的に対応できる能力の育成」と「基礎的・基本的な内容の指導」は別々のものではありません。また，「知識や技能を共通的に身につけさせることを重視して進められてきた学習指導」と「子供たちが進んで課題を見つけ，自ら考え，主体的に判断したり，表現したりして，解決することができる資質や能力の育成を重視する学習指導」も本来矛盾するものではありません。

これまでの学力に関する研究は，「知識・理解」と「関心・意欲・態度」の関係こそが，その焦点であり，それらの密接な関係を明らかにしてきました。しかし，「新学力観」には，やはり「知識・理解」と「関心・意欲・態度」を二元的にとらえているために「態度主義」におちいる危険性がありました。そして実際，「知識の習得や理解は不十分でも，授業に関心をもって意欲的にとりくんでいればいい」というような実践をも生み出すこととなったのです。

（柏木　正）

▷4　文部省『新しい学力観に立つ教育課程の創造と展開』東洋館出版社，1993年。

▷5　観点別学習状況の評価
1991年の指導要録改訂から「観点別学習状況」が評価の基本とされ，「関心・意欲・態度」「思考・判断」「技能・表現」「知識・理解」の順に設定された観点にしたがって目標に準拠した評価で評価することとなった。

参考文献
鈴木秀一『「態度評価の学力論」どこが問題か』明治図書，1993年。
安彦忠彦『新学力観と基礎学力』明治図書，1996年。

II　学力問題と授業づくりの課題

5　「確かな学力」の育成

▷1　岡部恒治・戸瀬信之・西村和夫編『分数ができない大学生』東洋経済新報社，1999年。

▷2　大学生の「学力低下」
大学生の学力問題については大野晋・上野健爾『学力があぶない』（岩波新書，2001年），最近の「学力低下」問題については中央公論編集部・中井浩一編『論争・学力崩壊』（中公新書ラクレ，2001年）などがコンパクトに代表的な主張がまとめられていて参考になる。

▷3　教育課程審議会
文部（科学）大臣の諮問機関で，幼稚園から高校までの教育課程に関する事項を調査審議する機関。その答申の方向に沿って学習指導要領が作成される。

▷4　「学びのすすめ」アピール
文部科学大臣が2002年1月に発表した「確かな学力の向上のための2002アピール・学びのすすめ」は，学習指導要領を「最低基準」とすることで，教科書の内容を越えた授業を「できる子」にはおこなうとする一方で，朝の読書，放課後の補習，宿題などを学校に求めた。この方向は，2003年の学習指導要領の一部改正にも引き継がれている。

1　「学力低下」批判と「生きる力」

　1998年版学習指導要領は，教育内容と授業時数の大幅な削減と「総合的学習の時間」の新設を主な特徴としていました。ところが，その公表とほぼ同じ時期，子どもたちの「学力低下」をめぐる問題が，社会問題として再燃することになりました。その火つけ役となった『分数ができない大学生』▷1は，「大学生10人のうち2人は小学校の算数ができない」という衝撃的な調査結果を明らかにしました。また，全国学長アンケート（493大学が回答）でも83.6％の学長が最近の大学生の「学力」低下を懸念していると答えています。さらに，子どもたちの学校外での勉強時間が減ってきており，それは親の所属階層と相関しているという学力の階層的な格差の拡大を問題にする教育社会学者からの指摘もありました。このように，**大学生の「学力低下」**▷2という問題から始まった議論は，その後，入試制度や学習指導要領の問題にまで広がりを見せることになったのです。

　当初，文部（科学）省は「わが国の子どもたちの学習状況はおおむね良好であるといえる」（**教育課程審議会**▷3答申　1998年）と述べ，問題は，学習への意欲や判断力，表現力が不十分なところにあるという立場に立っていましたが，「学力低下」批判を意識して，その後，微妙に重点を変化させます。1998年版学習指導要領では，「生きる力」とそれを実現するための「自ら学び考える力」をまず強調し，次いで「基礎・基本」をとらえるという構造になっていたのが，2002年1月の**「学びのすすめ」アピール**▷4では，まず「基礎・基本」を確実に習得し「それを基に」自ら考える力を身につけ，「生きる力」を育成するというように重点を変化させています。そして，文部科学省は，2008年改訂の学習指導要領において，従来の「新学力観」から「確かな学力観」へと方針を転換することになります。

2　「確かな学力」の提起

　2008年改訂の学習指導要領では，「確かな学力観」という学力モデルが提起されました。学力モデルとは，望ましい学力の姿であって，授業実践を規定している構成概念です。今回は，改正学校教育法（2007年6月）の第30条（教育の目標）2項が，学力モデルの根拠とされています。すなわち，「生涯にわた

り学習する基盤が培われるよう，基礎的な知識及び技能を習得させるとともに，これらを活用して課題を解決するために必要な思考力，判断力，表現力その他の能力をはぐくみ，主体的に学習に取り組む態度を養うことに，特に意を用いなければならない」と制定されました。これを受けて，中央教育審議会答申「幼稚園，小学校，中学校，高等学校及び特別支援学校の学習指導要領等の改善について」(2008年1月17日)では，「確かな学力」の要素として，「①基礎的・基本的な知識・技能の習得，②知識・技能を活用して課題を解決するために必要な思考力・判断力・表現力等，③学習意欲」と明記されています。

　教育課程行政の文書を遡ると，「確かな学力」のあり方として，「習得，探究」(中央教育審議会答申「新しい時代の義務教育を創造する」2005年10月26日)，「習得，活用，探究」(中央教育審議会「審議経過報告」2006年2月13日)として模索されていました。そして，最終のまとめとして「①基礎的・基本的な知識・技能の習得，②知識・技能を活用して課題を解決するために必要な思考力・判断力・表現力等，③学習意欲」(中央教育審議会「教育課程部会におけるこれまでの審議のまとめ」2007年9月28日)と提起されるに至っています。この「確かな学力観」には，この間の学力低下問題や「PISAショック」の影響が映し出されています。なお，文部科学省の説明では，「習得，活用，探究」は学習活動の類型を指す言葉とされ，確かな学力の要素は上述の①②③であるとされています。

3　子どもの学習権と学力

　ユネスコ「学習権」宣言(1985年)は「学習権とは，読み書きの権利であり，問い続け，深く考える権利であり，自分自身の世界を読みとり，歴史をつづる権利であり，あらゆる教育の手だてを得る権利であり，個人的・集団的力量を発達させる権利である」とうたっています。すべての子どもたちにたしかな「学力」を保障することを学校教育の基本的課題として確認することが，あらためて重要です。

　「学力」の中身となる子どもたちが学校で学ぶ文化は，歴史のなかで共同でつくりあげられてきたものです。それは多様性をもちながらも，国民・民族・人類の文化としての共通性をもっています。これから求められている課題は，なによりも平和・人権・環境など人類的課題と国民的課題・地域的課題をつなぎながら，現代そして未来を生きるのに必要とされる学力の具体的な内容を実践をベースにしながら共通のものとしてつくりあげていくことです。それは，なにか出来合いのものではなく，実践を通じて不断につくり変えられるべきものであり，教師が「教えたいもの」と子どもが「学びたいもの」のすり合わせが必要になってくることもあります。

（柏木　正）

▷5　『学習指導要領はこう変わる！』時事通信社，2008年参照。

▷6　PISAショック
PISA2003において「読解力」の結果が悪かったため，日本においてPISAへの注目が集まった。Ⅳ-1参照。

▷7　ユネスコ「学習権」宣言
1985年の第4回成人教育国際会議で採択された宣言。人類が直面している諸課題の解決のためには，その前提として「学習権」の保障が不可欠であるという考え方にもとづいている。

参考文献
田中耕治・水原克敏・三石初雄・西岡加名恵『改訂版　新しい時代の教育課程』有斐閣，2009年。
佐貫浩『学力と新自由主義』大月書店，2009年。

Ⅲ　授業における子どもの学び

1　認知科学の展開と授業づくり

1　認知科学の誕生

　認知科学は心（mind）の働きについて研究する学際的な科学です。日本語の「心」にあたる英語には，"mind"と"heart"があります。"heart"が感情の中心としての「心」をさすのに対し，"mind"は知覚・思考・判断などの「心」を意味します。「知」に近い意味をもった言葉です。

　認知科学に関連している研究分野として，ガードナー（Gardner, H.）はかつて哲学，心理学，人工知能，言語学，人類学，神経科学をあげましたが，最近では，工学，生物学，社会学との結びつきも強くなっています。一口に「認知科学」といっても，どの研究分野を親学問としているかによって用いられる概念も方法論も大きく異なります。この多様性が認知科学の特徴でもあります。

　認知科学の歴史は，1950年代の半ばに始まります。認知科学以前には，「行動主義」が支配的でした。行動主義とは，人間の心理を観察可能な行動からのみ説明しようとする考え方です。それに対し，認知科学では，内部の心的プロセスそのものを説明することをめざしました。そのために採られたのが，コンピュータを人間の心のメタファやシミュレーションの道具として用いるという方法です。つまり，認知科学は，人間を，〈環境から入力を受け取り，その情報を処理し，判断結果を実行する情報処理システム〉とみなすことによって，新しい学として誕生したのです。この情報処理的アプローチは，物理・生物学的な実体のあり方とは独立に心の働き（機能）を説明する「機能主義」，心の働きを頭の中の表象の処理（計算）とみなす「表象主義」「計算主義」という特徴をもっていました。そしてこうした考え方が，その後20年近くの間，認知科学に集う諸分野を結びつける役割を果たしてきました。

2　認知科学の進展

　しかし今日，認知科学は大きく変わりつつあります。それは，80年代半ばごろから情報処理的アプローチには限界があることが気づかれるようになったためです。新たに登場してきたアプローチとして以下のようなものがあります。
　(a) 心と脳
　　認知が脳神経系においてどのように実現されているかを明らかにしようとする（近年の脳画像記録分析技術の進歩により，生きて働くヒトの脳の活動が観

▷1　ガードナー，H. 著，佐伯胖・海保博之監訳『認知革命』産業図書，1987年。

察可能になったことにもとづく)。

(b) 身体性

認知にもとづく行動を，ヒトの身体的・物理的基盤を考慮して定式化する（たとえば，コンピュータのかわりに，ロボットでシミュレーションする身体性認知科学など)。

(c) 状況論

認知を，個人の頭の中で生じるものではなく，状況（道具や他者などとの相互作用を含む）に埋め込まれたものとしてとらえる（たとえば，状況的認知，正統的周辺参加論，分散認知など)。

3 授業づくりへの影響

認知科学は学校教育に一定のインパクトを与えてきました。まず，70年代半ばからは，情報処理的アプローチにもとづく認知科学・認知心理学の成果を教科学習に応用しようとする研究が数多く現れました。たとえば，スキーマ理論を用いた文章理解研究，コンピュータのバグになぞらえた算数・数学の誤答研究，理科での素朴概念研究などです。

80年代後半からは，(c)の状況論的アプローチによって，学校や教室の文化の批判的検討や，それに代わる学習の見方や学習環境のデザインの提案がなされるようになりました。たとえば，正統的周辺参加論にもとづく学習共同体論などです。また，(a)の脳科学の知見も，読み書き計算の効果の科学的根拠として用いられたりしています。

さらに，90年代末には，認知科学を教育実践に応用する「学習科学」という新たな分野も生まれました。学習科学は(c)の見方を取り入れることによって情報処理的アプローチを拡張しようとするものであり，テクノロジーを用いて実効性のある教育システムをつくり出そうとする点では，(b)の方法論とも共通しています。たとえば，ブランスフォード（Bransford, J. D.）らによるJasperプロジェクトでは，主人公ジャスパーが出会う困難に対して，子どもたちが問題を発見・定義し，方略を探索し，計画を実行し，結果を検討するという問題解決をおこなうよう仕組まれています。算数・数学の概念と問題解決プロセスを学ぶための学習環境です。ほかに，中高生が課題として与えられた物をつくることで物理や地学を学んでいくLearning by Designプロジェクト，Web上で科学者も巻き込んだ学習共同体を形成・拡張しながら生徒が科学的な思考法を学習していくWISEプロジェクトなどが知られています。

それ自体多様性をはらみながら変貌する認知科学は，今後も教育にインパクトを与え続けることでしょう。

(松下佳代)

▷2 レイヴ, J.・ウェンガー, E. 著, 佐伯胖訳『状況に埋め込まれた学習』産業図書，1993年。なお，Ⅲ-3 も参照。

▷3 バグ（bug）というのはコンピュータ・プログラムの中の虫食い（間違い）のこと。スキーマ，素朴概念については，Ⅲ-2 参照。鈴木宏昭・鈴木高士・村山功・杉本卓『教科理解の認知心理学』新曜社，1987年も参考になる。

▷4 美馬のゆり・山内祐一『「未来の学び」をデザインする』東京大学出版会，2005年など。

▷5 陰山英男『本当の学力をつける本』文藝春秋，2002年。

▷6 波多野誼余夫・大浦容子・大島純編著『学習科学』放送大学教育振興会，2004年は学習科学についての格好の教科書である。

III 授業における子どもの学び

2 構成主義の学習観

▷1 翻訳語の場合は、必ず原語を確かめる必要がある。翻訳語は同じなのに原語は異なる場合や、その逆の場合があり、概念の混乱の原因になりやすい。

▷2 たとえば「セクハラ」という言葉が使われるようになる前と後では、ある出来事の見え方（現実の構成の仕方）は違ってくる。構築主義については、上野千鶴子編『構築主義とは何か』勁草書房、2001年を参照。

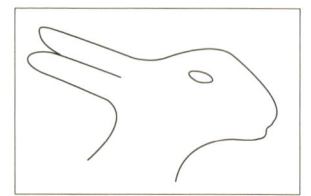

出所：波多野誼余夫・大浦容子・大島純編著『学習科学』放送大学教育振興会、2004年、112頁。

1 構成主義とは？

そもそも「構成主義」って何なのでしょう。ここで話題になっている「構成主義」の原語はconstructivismです。これと似た言葉にconstructionismがあります。そちらの方は、「構築主義」と訳されることが多いですが、でも「構成主義」と訳されることもあるので注意が必要です。

構成主義（constrctivism）とは、「現実は主体の認知メカニズムを通して構成されるという考え方」です。一方、構築主義（constructionism）というのは、「現実は人々の言語を用いた相互行為によって構成されるという考え方」です。両者とも、現実は客観的に存在していて人はそれを写し取るだけだという考え方を否定して現実は構成されると考えるところは共通しているのですが、その構成の仕方についてのとらえ方が異なるのです。

さて、構成主義に話をしぼりましょう。左の絵を見てください。何に見えますか。ウサギ？　それともアヒル？　同じ絵を目にしたはずなのにどうして違っているのでしょう。それは、私たちが、自分のもっている知識構造にてらしてこの絵を見るからです（この知識構造を「スキーマ」といいます）。「認知メカニズム」のとらえ方は研究者によってさまざまですが、外界を何らかの知識構造にてらして認知し意味づけている、とみなす点は一致しています。

2 知識の構成──素朴概念

ところで、上の説明からもわかるように、構成主義では、現実を構成する際に使われる知識構造そのものも「構成」されると考えます。ですから、構成主義は「人が知識を受動的に受け取るのでなく能動的に構成するとみる考え方」と定義される場合もあります。これと前の定義をあわせると、構成主義とは、「人が自ら構成した知識（知識構造）によって現実を構成するという考え方」と言い直すことができます。

知識は日常経験や学校教育を通じて構成されますが、日常経験のなかで構成される知識は、学校で教えられる科学的な知識と相反するものであることがあります。それを「素朴概念」とよんでいます。たとえば、真上にボールを投げ上げたとしましょう。このとき、ボールにはどんな力が働いているでしょうか。

▷3　素朴概念
⇒ VIII-4 も参照。

大学生でもかなりの人が,「上向きの力と重力」と答えます(本当は重力だけです)。このような「物が運動しているときには,運動の方向に必ず力が働いている」という考えは典型的な素朴概念で,多くの人に共有されています。日常生活では,摩擦や空気抵抗のせいで,物が運動し続けるにはその方向に力を与え続ける必要がありますから,この素朴概念は日常生活では有効な考えなのです。

したがって,学校教育で必要なことは,素朴概念を無視したり排除したりすることではなく,それを改変していくことです。たとえば,上のような素朴概念を変化させることをめざして,シンカー・ツール(Thinker Tools)という物理教育のプログラムがつくられています。これは,コンピュータ上で運動する物体を操作することによって子どもたちが物理法則を学べるようにしたものです。子どもたちが日常経験を通じて素朴概念を形成したのであれば,それに対抗するために,今度はコンピュータ上のマイクロワールドでの経験を通じて科学的な概念を形成しようというわけです。

3 メタ認知

構成主義の学習観において,知識構造の構成という見方と並んで重要なのが,メタ認知という概念です。「メタ認知」とは認知についての認知,いいかえれば自分の認知過程をモニタしてコントロールすることです。たとえば,「どこがわからないかがわかる」というのはメタ認知の働きです。メタ認知の能力は年齢とともに発達していきますが,人がすぐれた思考者になるにはメタ認知技能とその使用方法を学習する必要があります。そのために,たとえば,子どもの思考について批判的に見る役割を最初は教師が担い,やがては子どもが自ら担えるように手助けするといった教育方法がとられています。

経験を通じて構成した知識をもとに現実を構成(認知)する,さらにその認知そのものも認知する,そのようにして人は学習していくという見方。これが構成主義の学習観です。

4 社会的構成主義へ

従来の構成主義では,知識や現実の構成を主として個人的な営みとみなしてきました。それに対して,近年,**状況論的アプローチ**やヴィゴツキー学派を中心に,知識や現実の構成は社会的・歴史的・文化的な状況のもとでの人々の相互行為を通じておこなわれるとする考え方が主張されるようになりました。この考え方は「社会的構成主義」とよばれています。こうなると,最初に述べた構成主義と構築主義の違いはかなり小さくなるといってよいでしょう。

(松下佳代)

▷4 メタ認知と教育については,ブルーアー,J. T. 著,松田文子・森敏昭監訳『授業が変わる』北大路書房,1997年が参考になる。

▷5 状況論的アプローチ ⇒III-1 参照。

III 授業における子どもの学び

3 学習の文脈依存性

① 路上算数

ブラジルの路上で物売りをしている子どもたちは，合計やおつりを独特のやり方で計算します。たとえば，1個35クルゼーロのココナッツ10個の値段を出すとき，彼らは35×10ではなく，〈まず3個で105，それをもう2回繰り返して（つまり，105＋105＋105），最後に残り1個分の35を足す〉というやり方で計算するのです。ところが，紙と鉛筆を与えて筆算を解かせると，これとはまったく別のやり方でやろうとして間違ってしまいます。

彼らのほとんどは小学校を中退していました。彼らは，学校で学ぶ算数（学校算数）とは異なる，路上での物売りのための算数（路上算数）を自分たちで生み出していたのです。

▷1 この研究は，キャラハー（Carraher, T. N.）らによってなされたものである。稲垣佳世子・波多野誼余夫『人はいかに学ぶか』中公新書，1989年などにも紹介されている。

② 学習の文脈

路上算数は，「学習の文脈依存性」を表す一例です。「文脈」というのはもともとは〈文の続き具合〉を意味することばですが，心理学や教育学ではもっと広く〈行為にかかわる多様なものごとの間の諸関係〉というくらいの意味で使います。路上の計算は暗算でやらないといけないので，計算しやすくて，しかも計算の正しさがお客にも納得できるものでなければなりません。路上算数は，この文脈のなかで編み出された算数です。つまり，路上での学習は「文脈に依存している」のです。

◯ 道具・対象と他者

ところで，いま文脈を〈行為にかかわる多様なものごとの間の諸関係〉と説明しましたが，具体的に文脈をどういう枠組みでとらえるかは研究者によってさまざまです。文脈にモノ（道具や対象）や人（他者）が含まれるというのは共通しています。たとえば路上算数の場合だと，お金とココナッツというモノがあって（逆に，紙と鉛筆というモノはなくて），売り手と買い手という人がいました。しかし，モノや人を要素として取り出すだけでは，学習の文脈を十分記述できたとはいえません。

◯ 実践共同体

認知科学者のレイヴ（Lave, J.）とウェンガー（Wenger, E.）は，リベリアの仕立屋の徒弟制などの観察を通して，「正統的周辺参加」論という新しい学習

の理論を創り出しました。そこで学習の文脈とされているのは「実践共同体」です。新入りの徒弟は，最初はボタンつけのような仕事から入ります。これは，本物の生産工程の一部を担っているという意味で「正統的」だけれど「周辺的」な（単純で失敗してもやり直しがきく）参加の仕方です。徒弟はそこから次第に，十全的参加（多くの技能を要し責任も重い）へと移行していきます。この過程で，仕立ての仕事を学習するだけでなく，仕立屋としてのアイデンティティも形成していくのです。

▷2 レイヴ，J.・ウェンガー，E. 著，佐伯胖訳『状況に埋め込まれた学習』産業図書，1993年。Ⅲ-1参照。

○ 活動システム

しかし，正統的周辺参加論では，実践共同体という学習の文脈はすでにできあがったものとしてみなされ，そもそもそれがどう創られるのかがよくわかりません。この問題に答えているのが，エンゲストローム（Engeström, Y.）の活動理論です。

この理論では，学習の文脈を，図7のような「活動システム」としてとらえます。これを使って路上算数の文脈を説明してみましょう。子ども（＝主体）は，路上の物売りの仲間に入り（＝共同体），仲間と持ち場を分け合いながら客に対して売り手としてかかわっています（＝分業）。彼の扱っている商品はココナッツ（＝対象）でそれを売ってできるだけ多くの利益（＝結果）を得るのが目的です。けれども，合計やおつりの計算はきちんとやってお客からの信用は失わないようにしなければなりません（＝ルール）。紙や鉛筆はないけれど，これまでの経験から，〈3個で105クルゼーロになる〉〈3個と3個と3個と1個で10個になる〉といった知識はもっています（＝道具）。そこで10個の値段を求めるという場面であのような計算をやったというわけです。こういう行為を繰り返すなかで，彼はますます計算に長けて，物売りとしての腕前を上げていくことでしょう。これが文脈のなかでの学習なのです。

図7 活動システムモデル

出所：エンゲストローム，Y. 著，山住勝広他訳『拡張による学習』新曜社，1999年，79頁より一部改変して引用。

3 文脈への依存から文脈の再構成へ

活動システムモデルを使うと，学習の文脈をかなり可視化することができます。しかし，エンゲストロームの意図は実はその先にあります。学習の文脈を記述・分析するだけでなく，文脈を創り変えるためにこそ，このモデルは使われるのです。それは，単に学習を文脈依存的なものとして見るにとどまらず，文脈を再構成することをより重要な学習活動として彼が考えているからです。

学習の文脈依存性の考え方は，90年代以降，学校知批判や学習環境のデザインなどの形で，学校教育に影響を与えてきました。さらに最近では，このような学習の文脈の再構成という考え方が，学校改革を理論的に支える考え方として注目されつつあります。

▷3 そのような学習活動をエンゲストロームは「拡張的学習」とよんでいる。

（松下佳代）

III 授業における子どもの学び

4 子どもの意欲と授業

1 学習への動機

　人がある行動を起こすとき，そこにはどんな要因が働き，どんなプロセスが見られるのでしょうか。心理学では，それを「動機づけ（motivation）」という概念で表しています。

　動機づけについてはさまざまな理論がありますが，次のようなとらえ方は，だいたい共通しているといってよいでしょう。つまり，〈人間の欲求が，その欲求を差し向ける対象と出会うことによって，行動を生起させる動機が生じる〉というとらえ方です（図8）。

　もちろん，どんな欲求をもち，どんな対象に出会い，そこからどんな動機が生じるのか，それは人と状況によってさまざまです。ある研究者は，子どもたちに，「何のために勉強しているのか」を尋ねた結果から，「学習動機の2要因モデル」というものを提案しています（図9）。上の三つ（充実志向，訓練志向，実用志向），下の三つ（関係志向，自尊志向，報酬志向）は，互いに相関が高いので，上の三つは「内容関与的動機」，下の三つは「内容分離的動機」と呼ばれています。

　これらの学習動機のうち，授業をつくる側に立ったとき，子どもたちにもってほしいと思うのは「内容関与的動機」，なかでも，「充実志向」の学習動機でしょう。「学習自体が楽しい」「学習している内容をもっと深く知りたい」——こうした学習動機はどのようにして生じるのでしょうか。

```
欲求
  ＋  → 動機 → 行動
対象
```
図8　動機づけの要因とプロセス

▶1　従来は，学習動機を「外発的動機づけ」（賞罰を与えることで外から動機を引き起こす）と「内発的動機づけ」（学ぶこと自体から得られる達成感・有能感などが動機になる）の二つに分けてとらえる考え方が主流だったが，それをより精緻化したのがこのモデルである。

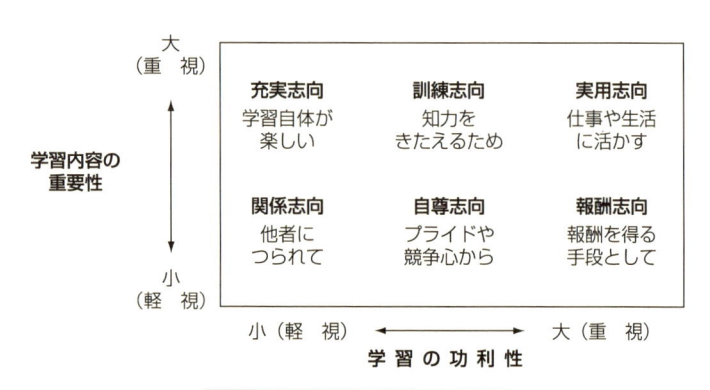

充実志向 学習自体が 楽しい	訓練志向 知力を きたえるため	実用志向 仕事や生活 に活かす
関係志向 他者に つられて	自尊志向 プライドや 競争心から	報酬志向 報酬を得る 手段として

縦軸：学習内容の重要性　大（重視）⇔小（軽視）
横軸：学習の功利性　小（軽視）⇔大（重視）

図9　学習動機の2要因モデル

出所：市川伸一『開かれた学びへの出発』金子書房，1998年，5頁。

❷ 金魚か蚕か――動機につながる対象

　総合学習で知られる長野県伊那小学校の実践記録にこんなエピソードがのっています。〈ある学級で子どもが金魚をもってきた。教室で金魚の飼育が始まったが，数日後には誰も見向きもしなくなった。別の学級では，卵からかえったばかりの蚕が教室に持ち込まれたあと，飼育箱が作られ，餌になる桑の葉が集められ，観察記録がつけられ，蚕についての本が読まれ，さらに製糸業の盛衰に興味をもつ，といった具合に学習活動が次々に展開していった〉。

　両者の違いはどこから生まれたのでしょうか。「生き物を飼いたい」という〈欲求〉は共通していました。両者の相違を生んだいちばん大きな要因は，金魚と蚕という〈対象〉の違いにあるといってよいでしょう。蚕は働きかけに応じて変化する素材であり，その土地の風土・産業や歴史と関連する奥深さをもった素材です。だからこそ，その素材（対象）とかかわることによって，「○○したい」という動機が次々に生まれ，学習活動が発展していったのだと考えられます。

　教師は欲求そのものを与えることはできませんが，欲求を差し向ける対象を与えることはできます。その対象の学習材としての価値を見ぬくことは，教師に求められる重要な力量です。

❸ 意欲を育てる

　「意欲」とは，このような学習活動のなかで，何かを思いつき，どうやろうかと考え，それを成し遂げていく意志と力，つまり，発意し構想し遂行していく意志と力です。そして，それは自分たちの活動についてのリフレクション（反省）を伴います。リフレクションを通じて自分たちの活動の不十分なところが見えてくるからこそ，次の活動が引き起こされるのです。

　このリフレクションを援助するのもまた教師の重要な役割です。ある教師は，子どもたちの活動をビデオにおさめ，それを子どもたちに見せるということをやっています。幼稚園での実習を通じて「仕事」について学ぶという授業のなかでのこと。初めての実習体験の後で興奮気味だった子どもたちでしたが，実習中の様子を映し出したビデオが流れ出すと空気が一変しました。教師が何も言わなくても，ビデオをみるなかで子どもたちはリフレクションを始め，そこから次の活動（実習の再挑戦）への動機をつくりだしていったのでした。子どもたちは，このような活動を何度も繰り返すなかで，リフレクションしながら発意し構想し遂行する意志と力を獲得していくのだと考えられます。

　意欲は子どもの内部に初めから存在するものではなくて，学習活動のなかで育てられていくものなのです。

（松下佳代）

▷2　伊那小学校『学ぶ力を育てる』明治図書出版，1982年。

▷3　同じく総合学習で知られる東京の私立和光小学校でも，3年生の総合学習で蚕を飼育する実践をおこなっている。

▷4　ここでは議論できなかったが，欲求そのものも変化する。欲求の理論としては，マズロー（Maslow, A. H.）の欲求階層説が知られている。

▷5　松下佳代「活動と物語――教育実践の事例研究を通して」鹿毛雅治編『教育心理学の新しいかたち』誠信書房，2005年を参照。

III 授業における子どもの学び

5 顕在的カリキュラムと潜在的カリキュラム

1 顕在的─潜在的という次元

「カリキュラム」ということばを聞いて何を連想するでしょうか。時間割？ 年間計画？ シラバス？ 確かにそれもカリキュラムです。しかし，それらはカリキュラムの一部，ここでいう「顕在的カリキュラム (manifest curriculum)」でしかありません。「顕在的」というのは，意識的に表立って与えられるという意味です。

教育学の世界では，「カリキュラム」という用語は，もっと広く，「学習者に与えられる学習経験の総体」という意味で使われます。つまり，単に教師が何を教えるかという教育内容や計画ではなく，それを通して学習者が何を学ぶかという経験まで含んだことばなのです。

なぜ，そんなふうに概念を拡張する必要があったのか。それは，教師が意識的に教えようとしていないにもかかわらず生徒が学び取ってしまうことがらが学校教育のなかにあって，しかもそれが重要な意味をもっているということが，次第に気づかれるようになったからです。そのような潜在的に伝達され受容される内容のことを「潜在的カリキュラム (hidden curriculum)」，あるいは「隠れたカリキュラム」とか「ヒドゥン・カリキュラム」とよんでいます。

学校のカリキュラムには，教科と教科外という区別がありますが，それは領域による分類です。これに対して，顕在的─潜在的というのは次元による分類といえます（図10）。

図10 学校のカリキュラムの構造

2 さまざまな潜在的カリキュラム

では，潜在的カリキュラムとしてどんなものが考えられるでしょうか。「隠れた」カリキュラムなのですから，それに光をあてるのは容易なことではありませんし，光のあて方も研究者によって異なっています。ここでは，マクロレベルとミクロレベルに分けて考えてみましょう。

○マクロレベル

学校という制度そのものがもっている，社会的諸関係（階級，ジェンダーなど）や価値観を再生産する機能が，このレベルの潜在的カリキュラムです。たとえばバーンスティン (Bernstein, B.) は，「二つの国民が存在する」といわれるイギリスの学校を対象に，階級の再生産を研究しています。彼によれば，労

▷1 生まれたときに与えられる生物学的な性（sex）に対して，社会的・文化的につくられる性を「ジェンダー (gender)」という。たとえば，ある社会・文化のなかで当然視されている女（男）らしさ，女（男）の役割などが含まれる。

働者階級の話す言語（「制限コード」）と中産階級の話す言語（「精密コード」）は違っていて，学校の言語は「精密コード」であるために，中産階級に有利にできているのです。フランスの社会学者ブルデュー（Bourdieu, P.）らはそれを言語だけでなく文化全般（知識，嗜好，身ごなしなど）に広げました。学校の文化に近い「文化資本」をもつ家庭で育った子どもに有利なように，学校の教育活動は組み立てられているというのです。彼ら「再生産論者」といわれる人たちの見方によれば，学校は子どもたちをいわば"出来レース"に参加させているということになります。出身家庭の階級によって最初から勝負はだいたい決まっている。にもかかわらず，公平な競争であるかのように見せかけて，競争の結果を受け入れるように仕向ける。それが学校だということです。

同様のことがジェンダーについてもいわれます。たとえばノディングズ（Noddings, N.）は，学校教育が，統制・支配・競争などの男性原理——それは企業社会にも見られます——で構成されていることを指摘しています。だからこそ，女性が学校（あるいは会社）で成功することと女性として生きることとは両立させにくいのです。ノディングズは，そうした学校教育の男性原理に対抗する原理として，ケアリング（心を砕いて世話をすること）という概念を提起しています。

○ミクロレベル

学校のなかで，生徒が，教師との相互行為や他の生徒との関係を通じて無意識のうちに学び取ってしまう潜在的カリキュラムもあります。たとえば教室の会話は，日常の会話と違って，IRE（I：質問・指示—R：応答—E：評価）というパターンでできています。たいていの場合，教師が尋ね，生徒が答え，教師がそれを評価します。教師は生徒に内容について考えさせるために質問するのですが，生徒は教師が答えを知っていることを知っていますから，考えるよりも教師から答えを引き出すための戦略（ストラテジー）を練るようになります。この場合，生徒は教科の内容より答えを引き出す戦略の方を学んでしまいます。同じように，校則が厳しい学校で生徒が学んでいるのも，「ルールを遵守すること」よりむしろ「ルールをかいくぐること」である場合が多いのです。一方，子どもたちが従って当然だと教師が暗黙のうちに考えている集団規範が機能しなくなった状態が「学級崩壊」です。

学校や教室で生き抜いていくための戦略として生徒にとってもっと重要なのは，現代では生徒同士の関係の取り方のほうかもしれません。たとえば，教室の中でいかに一人にならないで自分の居場所を確保していくか，互いに距離を保ちつつ人を傷つけず自分も傷つけられないでつきあっていくか，そのためにどんな態度や行動をとるべきか。そのことを生徒たちは学び取っていきます。

学校や教室で子どもが何を学んでいるか。潜在的な次元への着目ぬきにそれを語ることはできません。

（松下佳代）

▷2 「制限コード」は文脈に縛られた暗黙の前提を数多く含む言語，「精密コード」は文脈から自立した抽象的な概念を使いこなす言語である。バーンスティン, B. 著, 萩原元昭編訳『教育伝達の社会学』明治図書出版, 1985年参照。

▷3 ブルデュー, P.・パスロン, J.-C. 著, 宮島喬訳『再生産』藤原書店, 1991年参照。

▷4 ノディングズ, N. 著, 立山善康他訳『ケアリング』晃洋書房, 1997年参照。

▷5 IREのIはinitiation, Rはreply, Eはevaluationである。initiationの意味は会話の「開始」で，教室の会話では多くの場合，教師による質問や指示で会話が開始される。IREパターンを教室会話の特徴として初めて取り出したのは，ミーハン（Mehan, H.）である。

▷6 たとえば，綿矢りさの『蹴りたい背中』河出書房新社, 2003年には，一人の女子高校生の目を通して，こうした潜在的カリキュラムが描かれている。

Ⅳ 教育目標・教育内容の設定

1 カリキュラムと教育課程をどう考えるか

❶ 「カリキュラム」と「教育課程」の意味

「カリキュラム」という英語の翻訳として「教育課程」という用語があり，両者は区別なく用いられている場合もあります。その場合は，「学校の全体としての教育計画」をさします。具体的には，その学校の教育目標，各教科，道徳，特別活動，総合的な学習など諸領域の教育内容や時間数を学年ごとに示したものです。

しかし，諸外国では，「カリキュラム」概念は「計画」だけを意味するのではなく，「計画」がどのように実践され，子どもがどのような学習経験をしたのかをも捉えようとする概念として拡張されてきました。そのため，日本でも，狭い「教育課程」の概念と区別するために，「カリキュラム」という概念で問題をとらえようとすることや，あるいは，「教育課程づくり」という表現を使って，「計画」だけではなく，「計画」に基づいて「展開される教育活動」の意味をもたせることもおこなわれています。そこには，「目標」や「計画」の一覧だけではわからない，その学校でどのような授業が展開され，そこで子どもが実際に何を，どのように学んでいるかを把握することによって，学校全体の教育活動をよりよいものにしていくという課題意識があります。

❷ 学校での「教育課程づくり」を考える

○授業公開からはじまった教育課程づくり

ある小学校の「教育課程づくり」のとりくみを例に，「カリキュラム」＝「子どもの学びの経験」，「教育課程」＝「学校の全体としての教育計画」として整理することの意義を考えてみます。

この小学校では，「スピーチ活動」を「教育課程」に位置づけています。具体的には，全学級で毎日15分の活動として，クラスの実態にあったテーマが設定され，子どもがスピーチをおこない，意見や感想を交流します。このようなとりくみがおこなわれるようになった経過は次のとおりです。授業中に集中しないだけでなく，はじめから授業の成立をあやうくするような子どもたちもいる状況がこの小学校であったなかで，「あの先生のこの教科の授業は」というように，その先生の得意とする授業や他の教師も学んでみたい授業がありました。そこで，そのような期待や要求のある授業は公開され，教師の間で，豊か

▷1 「カリキュラム」概念の拡張については，佐藤学『カリキュラムの批評』世織書房，1996年が参考となる。

▷2 「教育課程づくり」の概念については，民主教育研究所編集・発行『教育課程のルネサンス』2003年が参考となる。

▷3 中妻雅彦「子どもの笑顔輝く教育課程づくり」民主教育研究所編集・発行『教育課程のルネサンス』2003年。

な学びについての論議や子ども理解に関する論議を広げることになりました。

授業公開を契機として、ある教師の詩や作文の授業の背景には、毎日の日記指導や詩の材料集めのとりくみがあり、また、ある教師の社会科の授業には、ニュースの発表や生活のたより（3分間スピーチ）といった朝の活動があることがわかりました。そこで、こうした教科学習の土台をつくっているスピーチ活動に全校でとりくむことになったのです。スピーチ活動には、話し手の表現力を育てるだけでなく、聞き手としての子どもの力を育て、子ども同士がお互いに知り合い、よりよい人間関係を育てるということもとりくみのなかで実感されます。そのような子どもの成長は、「単語でなく文で話ができるようになった」「文学教材で話し合いが成立している」という形で、いろいろな教科の授業にも表れてきました。

◯学びの経験を計画化する教育課程

以上のような小学校のとりくみを「カリキュラム」と「教育課程」という用語で説明してみます。「学んでみたい授業」で成立している「子どもの学びの経験」＝「カリキュラム」を、授業公開によって教師集団が知る機会が設定されます。そこから、「目標」や「計画」だけでは十分にわからなかった、「授業で子ども同士の聞きあう関係が成立している」という「カリキュラム」が明らかになります。そしてさらに、その土台になっている「カリキュラム」（教科の時間以外でとりくまれていた、子どもが話す題材を見つけて、学級で発表し、また、それを聞くという学びの経験）の存在も明らかになります。こうして「目標」や「計画」のレベルでは、わからなかった個々の教師が創り出している「カリキュラム」が明らかにされてくると、今度はそのような「カリキュラム」を学校全体として計画的に生み出せるように、「教育課程」（「スピーチ活動」が時間設定され、どの教師も指導できるように計画化される）が作成されます。

3 「カリキュラム」の多様な意味を整理する

「カリキュラム」という概念によって意味する内容が、「子どもの学習経験の総体」や「子どもの学びの履歴」というように、広くなってくると、「カリキュラム」という用語を使う場合に、どこに焦点を当てて問題を考えているか整理することも必要です。その点で、国際的な学力調査の研究では、次のように整理されていることは参考になります。

「意図されたカリキュラム」＝「国の基準によって示された教育内容の計画や学校レベルの教育内容の計画」

「実施されたカリキュラム」＝「『意図されたカリキュラム』に基づいて、学校や教師によって実際に指導された内容」

「実現されたカリキュラム」＝「子どもにおいて実現された学習内容」

（鋒山泰弘）

Ⅳ　教育目標・教育内容の設定

2　学習指導要領と教育内容の計画

① 学習指導要領・教科書と年間指導計画

　学習指導要領とは，各学校が教育課程を編成し実施する際の国が定めた基準です。学習指導要領の各教科の内容にかんする構成は，「目標」「各学年の目標及び内容」「指導計画の作成と内容の取扱い」となっています。

　検定教科書は，学習指導要領にもとづいています。そのため各学校・教師は，学習指導要領を直接読んで，教科の年間指導計画を作成するというよりは，使用している教科書の出版社が推奨する各単元の時間配分を参考にして年間指導計画を作成するということが一般的におこなわれてきました。

② 教育内容の自主編成

　学習指導要領にもとづいてつくられた教科書があり，学校教育法施行規則のなかで各教科の年間の授業時数も定められている日本では，各学校や教師が年間の指導計画を独自に考える余地はほとんどないように思われます。しかし，子どもにとって，何を，どのようなつながりで教えることが，認識を広げ，深めることになるのかを，主体的に考えている教師は，教科書にもとづきながらも，独自の計画を創っています。

　たとえば，中学校の数学の学習指導要領，教科書では，1年で「比例・反比例」，2年で「1次関数」，3年で「2次関数」を教えることになっていますが，中学校の数学の教師には，それらをまとめて2年の3学期に「関数」という単元で教える人もいます。実際にこのような内容編成で授業を受けた生徒からは，教育内容のつながりがわかりやすいという反応があります。

　このように単元の配列に工夫をこらしている教師もいれば，教科書では扱われていない内容でも，この発達段階で子どもの認識を広げ，深めるためには，必要であると教師が自主的に判断して教育内容を追加し，編成することも行われています。

　たとえば，小学校の理科の6年生の単元で，「ものの燃え方と空気」という単元がありますが，その単元を教えるときに，子どものそれまでの学習を検討した上で，「気体の性質」についても教えようと判断する教師がいます。「気体」が一つの「もの」であることが理解できていないと，ものが燃えるときに，「気体」がどのように関係しているかが，しっかりとわからないという判断か

▶1　中学校の数学のカリキュラムの自主編成の事例を検討したものとして，松下佳代「『学習のカリキュラム』と『教育のカリキュラム』」グループディダクティカ編『学びのためのカリキュラム論』勁草書房，2000年が参考となる。

らです。また，1998（平成10）年の学習指導要領では，小学校の6年生の理科の内容として，「生物は，食べ物，水及び空気を通して周囲の環境とかかわって生きていること」がありますが，「内容の取り扱い」の説明のなかで，「食物連鎖などは取り扱わないものとする」と書かれてありました。それに対して，ある小学校の教師は，教科書の「生き物の養分」という単元の学習の発展として，「動物園で動物学習」を位置づけ，「動物の栄養，捕食，食物連鎖の視点で動物の食べ物を見る」学習を計画しました（理科の授業時数に加えて，「総合的な学習の時間」を使うことによって）。学習指導要領で「食物連鎖などは取り扱わない」とされていますが，小学校6年生に，「食物連鎖」という概念は理解できるし，その方が子どもにとっても興味深いという教師の判断があったのです。

この点に関連して，学習指導要領で「取り扱わない」とされた内容は，教科書には掲載されていませんでしたが，2003年の改正によって，学習指導要領は，「すべての児童生徒に対して指導するものとする内容の範囲や程度等を示したもの」であり，「学校において特に必要がある場合には，この事項にかかわらず指導することができる」ことが「総則」に明記されました。

③ 教育課程編成と時間割編成

1989（平成元）年の学習指導要領までは，「各教科等の授業は，年間三五週（第一学年については三四週）以上にわたって行うように計画」することとされており，年間授業時数も基本的に35（1年生は34）の倍数で示されていました。たとえば，社会や理科は105時間で，週あたり3時間となるというように。したがって，時間割編成は各学年で1週間の固定時間割を1枚つくれば，すみました。しかし，完全学校週5日制の実施に伴い，1998（平成10）年の学習指導要領では「各教科等の年間授業時数」について，必ずしも35の倍数にこだわることなく設定されました。このため，時間割編成は各学年で1週間の固定時間割を1枚つくればすむ形ではなくなり，複数の時間割がつくれらました。

この点に関して，2008（平成20）年1月の中央教育審議会答申において，「各教科の年間の標準時間数を定めるに当たっては，子どもの学習や生活リズムの形成や学校の教育課程編成上の利便の観点から，週単位で固定した時間割で教育課程を編成し学習する方がより効果的・効率的であることを踏まえ，可能な限り35の倍数にすることが望ましい。」と提言されました。その結果として，2008（平成20）年の学習指導要領の改訂では，例外はあるものの，各教科等の年間の標準時間数は35の倍数を基本とする方向にもどされました。このため，各学校で固定的に時間割を編成することがやりやすくなりました。もちろん，各学校の工夫の一つとして，地域や学校，児童の実態，各教科等や学習活動の特質に応じ，時間割を弾力的に組み替えることも引き続き可能です。

（鋒山泰弘）

IV 教育目標・教育内容の設定

3 学習活動のまとまりとしての単元

1 「単元」とは

「単元」という用語は，教科の内容や教材の一つの単位，具体的には教科書の一つの章のような一まとまりの内容をさすと一般には考えられています。学習指導要領や教科書の内容で単元の括りを分類すると，大単元（教科書の複数の章をまとめた内容区分），中単元（教科書の一つの章に当たる内容），小単元（一つの章の内容を節にわけた単位）とよぶこともあります。

「分数のかけ算，わり算」，「食料生産をささえる人々」，「電磁石のはたらき」等のように，「教科内容・教材の一まとまり」の単位を「教材単元」とよぶのに対して，「子どもにとって意味のある活動・経験」を中心に単元を構想したものを「経験単元」というよぶこともおこなわれてきました。たとえば，生活科で，「あきをみつけよう」「生きものランドをつくろう」などという単元がありますが，このようなものが「経験単元」とよばれます。

以上のような「単元」という用語の通俗的な用いられ方は，教育方法学の立場からは批判的に検討されるべきものです。つまり，「単元」とは，子どもの思考活動を基礎として教材を選択し構成するという原理を具体化したもので，「単元」という概念を，教科内容の単位，もしくは，教科書の章か節の代名詞のように用いることは，教育方法的意義を形骸化させます。また，「教材単元」対「経験単元」という二分類法も，子どもの思考活動を基礎として教材を選択し構成するという単元の課題を明確にしません。[1]

2 「経験」と「教材」をむすびつける「単元」

○「かけ算」の単元をつくる

たとえば，「かけ算」という算数の単元の計画を「お店やさんごっこ」からはじめる次のような実践（小学2年生）を例に考えてみましょう。[2]

《指導計画　37時間》
①かけ算の意味
　＊お店やさんごっこ（4時間）
　＊1あたり量（2時間）
　＊いくつ分（1時間）

▷1　「単元」概念を教育方法学的に再検討したものとして，柴田義松編著『教育課程編成の創意と工夫（原理編）』学習研究社，1980年が参考となる。また，「単元」概念の歴史的な発展の系譜については，佐藤学『米国カリキュラム改造史研究』東京大学出版会，1990年が参考となる。

▷2　渡辺恵津子「算数―数の世界のおもしろさがわかる」子どもの未来社編集部編『これからの授業づくり【基礎・基本】の大研究』子どもの未来社，2001年。

＊タイルとカップでかけ算（1時間）

＊たし算とかけ算の問題づくり（1時間）

②かけ算九九——5，2，7，3，6，8，4，9，1，0の段の九九の構成とゲームでの習熟（26時間）

③まとめ（2時間）

　この単元は，大きなダンボールが，「宅急便でーす」と持ちこまれるところから始まります。箱の中には二つの手さげ袋が入っています。一方の袋は，黒いビニール袋にそれぞれ柿が2個，3個，1個，4個と入っている「たーすマンのバラバラやのお店」のものと名づけられ，もう一方は，3個ずつの柿が4つの黒い袋に入っている「かけちゃんマンのおなじやのお店」のものと名づけられます。

　子どもたちは，それぞれのお店の柿の全体量を求める活動のなかで，「たーすマンのバラバラやのお店」のものは，1袋ずつ開けてたし算をしなければならないが，「かけちゃんマンのおなじやのお店」のものは，1袋あけて中身が3個とわかれば，全部あけなくても1袋あたりの数と袋の数だけで全部の量が求められることがわかります。このとき，子どもたちは，電卓を使い，同じ数を何回か，たしていく「たし算」よりも，「かけ算」は少ない操作で答えが出てくることを実感します。

　このような「お店屋さんごっこ」は，子どもが好きなおもちゃやシールなどを持ち寄ったり，紙粘土でおにぎりや寿司，ケーキをたくさんつくって，それらを袋や箱，皿やコップに入れて，半数の子が一人ずつお店をだして問題を並べ，残りの子が電卓片手に全部のお店をまわるという形で続けられます。

　その後の学習は，「1あたり」「いくつ分」の意味を整理し，ゲーム的要素をもったさまざまな種類の問題を通して，かけ算九九の練習をおこないます。

◯教材と活動・経験の統合としての単元

　さて，以上のような単元の設計は，「かけ算の意味と九九の習熟」という算数のひとまとまりの教科内容を教えているという意味で「教材単元」であるし，かつ，「子どもにとって意味のある活動・経験」を位置づけているという意味では，「経験単元」ということもできるでしょう。ただし，「お店やさんごっこ」という活動・経験は，子どもに「かけ算の意味を教えこむのではなく，自ら解き明かしたくなるような場面をつくる」ために設定されているのです。よって，「教材単元」か「経験単元」か，という二分法ではなく，教科内容が子どもに課題として実感され，活発に思考活動を働かせるように，教材と活動・経験が選択・組織されるときに，できあがってくる計画の単位を「単元」と考えるべきでしょう。

（鋒山泰弘）

Ⅳ 教育目標・教育内容の設定

4 カリキュラム研究の歩みと教育目標の理論

1 教育目標をどのように導くか

　カリキュラム研究において，教育目標をどのように導き出し，どのように表現していくかという課題がはじめて組織的な研究対象となり，まとめられた研究は，アメリカのカリキュラム研究者，ボビット（Bobbitt, F. 1876-1956）によるもので，これは，成人のさまざまな活動領域を分析し，そこで必要とされている知識・技能を抽出し，具体的に表現するというものです。
　このような20世紀前半からのカリキュラム研究における「目標・計画・達成・評価」という定式化を継承しつつ，その後の進歩主義的な教育の成果をも視野に入れてカリキュラムの「計画」と「評価」に役立つ理論の体系化を推し進めたのがタイラー（Tyler, R. W. 1902-95）です。
　タイラーは，教育目的・目標を決定する際に，依拠すべき研究として「学習者についての研究」（学習者のニーズや興味にかんする研究が代表的），「学校外の現代生活の研究」（たとえば，今日の重要な社会問題にとりくむための基礎として市民が情報をほとんどもっていなかったり，効果的でない態度をとったりする領域を確認するために，過去2～3年間の世論調査を検討すること），「教科専門家からの示唆」（たとえば，教科専門家に，あなた方の教科は素人，つまり将来の市民として育てられる人にどのように貢献することができるかと問うこと）という三つをあげています。そして，そこから得られた目標に関する情報を，「教育哲学」（学校教育の目的とはなにか，等）と「学習心理学」（子どもはどのような条件で，どこまでのことが学習可能か，等）の知見で「ふるい」にかけて，教育目標を導くという考え方を示しました。

2 教育目標をいかに表現するか

○教育目標の叙述の仕方

　タイラーは，教育目標を導く方法とともに，目標を表現する方法にかんしても，その後の研究に大きな影響を与えています。まずタイラーは次のような，それまでの目標の叙述の仕方を次のように批判します。

- 授業をする教師の側がなすべき事柄を述べている形式です。たとえば，「進化論を提示すること」「帰納的検証の性質を示すこと」など。これらは，生徒にどのような変化を望むのかということが表現されていません。

・扱われることになる主題，概念，一般法則などを列挙する形式です。たとえば，歴史で，「植民地時代」「憲法の制定」といった表題を列挙する，科学で，「緑の植物は太陽エネルギーをブドウ糖という化学的エネルギーに変換する」というような一般法則の形で目標を述べる形式です。これらは，列挙されている内容にかんして，生徒は記憶することが求められているのか，日常生活の具体例に応用することが求められているのか，というように，その内容にかんしてどのような諸能力を生徒が獲得することを求めるのかが表現できていません。

・一般的な行動様式を示す形式です。たとえば，「批判的な思考を育てること」「鑑賞力を育てること」といった形です。このような目標の表現は，生徒たちにある変化をもたらすことが期待されていることはわかりますが，行動が適用される生活の領域や内容が具体的に示されていません。

○「行動」と「内容」の「二次元図表」

タイラーは，以上のように批判した上で，「目標を叙述する最も有用な形式は，生徒に発達させるべき行動と，その行動が機能すべき内容および生活領域の両方を明確にすることによって，それらを表現することである[1]」と述べています。たとえば高等学校の生物学の課程のための目標を述べるのに，目標の行動的側面として，「重要な事実や原理の理解」「信頼できる情報源への精通」「データを解釈する能力」「原理を適用する能力」「研究し，研究結果を報告する能力」「幅広い成熟した興味」「社会的態度」といったものを例示しています。

このような行動的側面を横軸におき，目標の内容的側面である「栄養」「消化」「血液循環」「呼吸」「生殖」などを縦軸におく，「二次元図表」をつくることで教育目標を表現することを理論化したのです。このタイラーの考え方は，ブルーム（Bloom, B. S. 1913-99）らの教育目標の分類学の研究に引き継がれます。教育目標の分類学は，認知的領域を，「知識」「理解」「応用」「分析」「総合」「評価」という段階的な構造をもつものとして，具体的なテスト課題を例示しながら，より体系的に整理したものです（その後「情意領域」「精神運動領域」の研究もおこなわれています[2]）。教科内容と分類学にもとづく認知能力構造を組み合わせた「二次元図表」で，目標を表現する方法は，アメリカをはじめ，多く国々のカリキュラム開発で活用されました。その結果，目標が，「知識」の再生的な記憶や再認的な記憶にかかわった部分に限定されるのではなく，高次の思考活動をも射程に入れるということが可能になりました。

1960年代には教育工学的発想から，教育目標をさらに詳細に，細分化された「観察可能な行動」（行動目標）で叙述し，教育の成果をできるだけ簡単に測定・評価しようとするという潮流があらわれ，アメリカで一時流行しましたが[3]，タイラーやブルームらのいう行動的側面は，そのような細分化された行動ではなく，高次の思考活動や興味や態度をも表そうとするものでした。（鋒山泰弘）

▷1 タイラー，R. W. 著，金子孫市監訳『現代カリキュラム研究の基礎』日本教育経営協会，1978年，59頁。

▷2 「教育目標の分類学」を応用した研究成果は，ブルーム，B. S. 他著，渋谷憲一他訳『教育評価法ハンドブック』，『学習評価法ハンドブック上下』第一法規出版，1973年に詳しい。

▷3 「行動目標」の考え方については，メージャー，R. F. 著，産業行動研究所訳『教育目標と最終行動』産業行動研究所，1970年を参照。

Ⅳ 教育目標・教育内容の設定

5 教科教育の目標をいかに具体化していくか

1 教科の目的・目標を考える

　ここでは，日本の学校の教育課程編成において，どのようなプロセスで教育目標が具体化されるのかを見ます。まず，教科を何のために教えるのか，その教科を通じて，どのような子どもを育てるのかということを，明確にします。まず，学習指導要領の各教科の目標を参照することが大切です。たとえば，小学校算数の目標は次のようなものです。

> 　算数的活動を通して，数量や図形についての基礎的・基本的な知識及び技能を身に付け，日常の事象について見通しをもち筋道を立てて考え，表現する能力を育てるとともに，算数的活動の楽しさや数理的な処理のよさに気付き，進んで生活や学習に活用しようとする態度を育てる。

(2008（平成20）年3月告示『小学校学習指導要領』から)

　このような学習指導要領の表現を参照しつつ，算数の内容を子どもが「生活や学習に活用しようとする」のは，どのような場面で，どのような能力が示せることなのか，具体的に構想できるようにすることが教科の目的・目標を考えることになります。

2 到達目標としての具体化

◯方向目標と到達目標の区別

　教科の基本的な目的・目標が整理されたならば，次に具体的に目標を明らかにしていくことになります。教科教育の目標の表現の仕方は，大きく分けて2種類に区別できます。

　一つは，学習者に期待される能力や心身の活動の，望ましい変化の方向を示す形で表現した目標で，「方向目標」とよばれます。たとえば，「多角形の面積の求め方に関心をもち，意欲的に追究しようとする」といった形です。「～に関心をもつ」「～を意欲的に追究する」といった「方向」は示されていますが，何がわかり，何ができれば，その目標が達成されたことになるかは，実体的に示されていないものです。

　もう一つは，学習者がどのような知識・技能を獲得し，どのような学力を示

すことが求められているのか表現した目標で,「到達目標」とよばれます。たとえば,「多角形の面積の求め方がわかり,求めることができる」といった形です。

◯到達目標の相互関係を分析する

教科教育の目標の具体化のためには,到達目標の形で教育目標の内容を表現し,目標の相互関係を明らかにしていくことが必要となります。

たとえば,小学校5年生の算数科の基本的指導事項(個々の教材ではなく,一定のまとまりをもった教育内容の単位)の一つである「平面図形の面積」の到達目標を例にとりあげてみます。

表1のような形で到達目標が分析されています。

表1 「平面図形の面積」の到達目標

到達目標	教材	教材目標
1. 高さと底辺の関係がわかる。	高さと底辺	① 長さと高さの関係がわかる。 ② 高さと底辺の関係がわかる。
2. 平行四辺形,三角形,台形の面積の公式がわかり,求めることができる。	面積の公式	③ 平行四辺形を長方形に等積変形して面積の公式を求めることができる。 ④ 三角形を長方形に等積変形して面積の公式を求めることができる。 ⑤ 台形を長方形に等積変形して面積の公式を求めることができる。 ⑥ 平行四辺形,三角形,台形の面積を求めることができる。 ⑦ ひし形の面積を長方形に等積変形して,求めることができる。
3. 一般多角形の面積の求め方がわかり,求めることができる。	多角形の面積	⑧ 一般多角形を基本図形に分割して面積を求めることができる。

出所:稲葉宏雄他編『基礎からの到達度評価』あゆみ出版,1984年。

上記の到達目標設定にかんしては,まず5年生算数科での基本的指導事項の一つである「平面図形の面積」が,小学校算数科の教育課程の系統においてどのように位置づくかという検討がふまえられています。その位置づけは以下のようなものです。

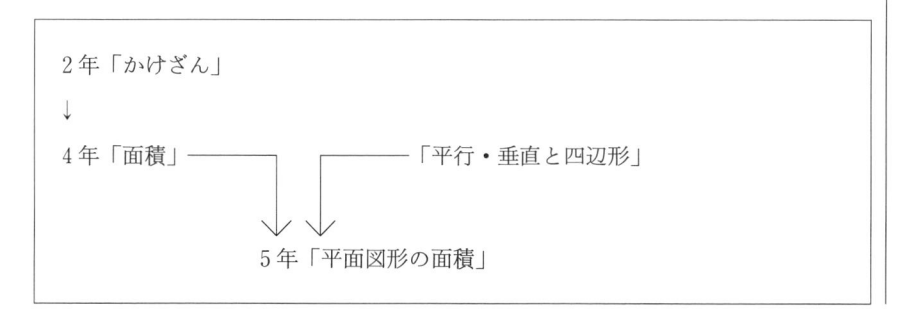

```
2年「かけざん」
  ↓
4年「面積」 ─────┐  ┌─── 「平行・垂直と四辺形」
             ↓  ↓
        5年「平面図形の面積」
```

このように，小学校の教育課程全体のなかで，基本的指導事項の位置づけを，はっきりとさせたうえで，その基本的指導事項によって，どこまでの内容を教えるのかということを到達目標は示すことになります。

　上記の到達目標の内容を見ると，小学校5年生で，平行四辺形，三角形，台形の面積はもとより，一般多角形の面積の求め方まで理解することが到達目標の内容になりうると判断されています。つまり，5年生までに学習した内容を集約し，その後の発展へとつなげていくためには，上記の内容を理解させることは可能だし，そうすべきであるという教科内容の体系を見通した判断が含まれています。

○到達目標を授業づくりレベルで具体化する

　次に，到達目標は，具体的な教材と関連づけられ，1時間単位での目標と授業の内容づくりとが結びつかなければなりません。上記の表では，教材目標と名づけられているものが，それにあたります。この教材目標を毎時の授業における到達目標ともよぶことができますが，ここでは，そこまでの細かい目標は，到達目標とは名づけないで，教材目標としています。到達目標とは，数時間をかけて，一まとまりの教材群を学習した結果として，子どもに獲得させたい知識・技能を明らかにすることであるという考え方がとられています。

　このように到達目標を授業づくりレベルで具体化した教材目標の内容と構造を明らかにすることが，到達目標の設定とわかる授業づくりとを結びつける作業となります。上記の教材目標の分析の基盤となっている考え方は，既習事項の「たて×よこ」のかけ算によって，長方形の面積は求めることができるという認識内容を基礎にすえて，三角形，台形，平行四辺形も，「長方形に等積変形」することによって公式を導き出すことができるということです。そして，この筋道で子どもに教えていけば，子どもにとって理解しやすく，かつ公式をバラバラに覚えるよりも，一貫した論理でとらえることができるので，応用のきく学力になるという考え方がとられています。

③ 「観点別評価」の目標論の課題

　「目標に準拠した評価[1]（いわゆる絶対評価）」への転換によって，**指導要録**[2]の**「観点別評価」**[3]にもとづく評価規準づくりという形式が，わが国での教科目標の具体化に大きな影響を与えています。たとえば，小学校5年生の「平面図形の面積」の「観点別の評価規準」の参考例は表2のようなものです。

　この観点別の評価規準において，「〜を理解している」「〜を用いたりすることができる」と表現されている「知識・理解」と「表現・処理」の目標は，学習者に，どのような学力を示すことが求められているのかを特定した到達目標といえるでしょう。しかし，「楽しさやよさに気付き，進んで活用しようとする」という「関心・意欲・態度」の評価規準は，方向目標としての表現になっ

▷1　目標に準拠した評価
⇒Ⅷ-1 参照。

▷2　指導要録
⇒Ⅱ-4 参照。

▷3　観点別評価
⇒Ⅱ-4 参照。

表2 「平面図形の面積」の観点別の評価規準

算数への関心・意欲・態度	数学的な考え方	数量や図形についての表現・処理	数量や図形についての知識・理解
三角形，平行四辺形，円の面積にかかわる性質や関係などに着目して考察処理したり，論理的に考えたりする楽しさやよさに気付き，進んで活用しようとする。	三角形，平行四辺形，円の面積の求め方を考える算数的活動を通して，数学的な考え方の基礎を身に付け，論理的に考えたり，発展的，統合的に考えたりする。	三角形，平行四辺形，円の面積を求めたり，それらを用いたりすることができる。	面積の大きさについての感覚を豊かにするとともに，三角形，平行四辺形，円の面積の求め方を理解している。

出所：国立教育政策研究所教育課程研究センター『評価規準の作成，評価方法の工夫改善のための参考資料（小学校）』2002年2月。

ています。この目標にもとづいてA，B，Cの3段階の絶対評価をしようとすると，教師の主観的な評価になりやすい教育目標になってしまいます。同様に，「数学的な考え方」の「論理的に考えたり，発展的，統合的に考えたりする」という表現も，面積の内容にかかわってどのような知識や考え方を使いこなせればよいのか，明示されなければ教師の主観的な評価の対象になります。

　もちろん，「関心・意欲・態度」も「数学的な考え方」も，面積の公式が導かれる思考過程を子どもが自分のものにして，未知の問題に対しても，進んでその考え方を応用できるようになるという「ねらい」を表現しているという意味で，教育目標として大切にされなければなりません。しかし，何を，どのような指導過程をとおして，そのような学力を獲得させるのかということが明確にされなければ，授業づくりのための目標にはなりません。小学校の5年の面積の内容にかんしていえば，図形を分割し，長方形に等積変形するという手法・考え方を使いこなして，未知の多角形の面積を求めることができるということが目標の内容になります。このような目標に対応した面積にかんする応用問題・発展課題の例と，それにとりくむ子どもの思考過程を表現した事例（ノートに表現されたようなもの）が示されれば，「数学的な考え方」を，到達目標化することが可能になります。

　また，「関心・意欲・態度」の目標は，段階に分けて評定する性質のものではなく，授業の結果としての具体的な子どもの変化について教師が肯定的な価値を認めて，子どもに返したり，教師の授業評価・改善に役立てる性格の教育目標として考えることが望ましいでしょう。「関心・意欲・態度」の評定をつけなければならない場合は，レポートなどによって，子どもの思考の広がりや深まりを見るべきでしょう。

（鋒山泰弘）

Ⅳ 教育目標・教育内容の設定

6 「主題・探究・表現」の単元設計と「目標・達成・評価」

❶ 「主題・探究・表現」と「目標・達成・評価」

　学びを中心とするカリキュラムづくりは，単元を「主題・探究・表現」の様式においてデザインし，「活動的で協同的で反省的な学び」を一つの単元として組織することであるという主張があります。その場合，伝統的に単元が「目標・達成・評価」の単位として組織されてきたことは，批判的に評価されています。確かに，「目標・達成・評価」という枠組みが，単に効率的に知識・技能を子どもに個別的に習得させ，達成度をみるだけで，子どもが共通の課題の探究に，協同して，活動的にとりくみ，学びの成果を表現し，反省していくという経験を保障しないものならば，批判されるべきでしょう。しかし，「目標・達成・評価」の視点で学力を形成していくことと，「主題・探究・表現」を位置づけて，豊かな学びを創りだすことは，統一的に追求されるべき課題です。

❷ 「市民としての判断力」を育む数学の授業を例に

○ 数学における「主題・探究・表現」

　中学校の数学の実践を例に考えてみましょう。数学を学ぶ意味が中学校の生徒に感じられる授業づくりを課題としている小寺隆幸は，数学を通して現実をより深く見る体験を授業に組み込むために，「さまざま事象と関数」という単元において，東海村JCO臨界事故を取り上げています。まず事故の状況，臨界・中性子線・被曝線量などのことば，一般人の年間許容量などを教師が簡単に説明した後で，距離と被曝線量の対応数値を示す表をデータとして示し，「350m以遠は自宅待機とされたが，400m地点の人の被曝線量はいくらと推定できるか」という課題が提示されます。生徒が数学を使って現実世界のどのような現象を解き明かすのかという，「主題」の提示です。

　生徒は，表から距離が増えるときの線量の減り方は一定ではなく，400mでの線量を推定することも容易ではないことに気づき，グラフで調べることになります。まず，反比例モデルの表・グラフ・式をつくるが，実際と異なることがわかり，次に二乗に反比例するモデルで考え，さらに三乗に反比例するモデルで考えると，実際の数値に近似した変化を表すことができることを生徒は発見します。そして，三乗に反比例するモデルで400m地点での数値を計算する

▷1　「目標・達成・評価」と「主題・探究・表現」を対比的にみるカリキュラム論については，佐藤学『学びの快楽——ダイアローグへ』世織書房，1999年を参照。

▷2　小寺隆幸「市民としての判断力を育む数学教育を」『人間と教育』第33号，2002年。

と，年間許容量を超えていたと推定できることがわかります。以上は，関数という数学の考え方をつかって「探究」がおこなわれたとみることができます。またグラフを描いて，数学的に「表現」するということもおこなわれています。

まとめとして，教師は「臨界事故　避難区域狭すぎた？」という新聞記事を紹介し，生徒に感想文を書かせます。ある生徒は，「計算するだけでどんどん細かい事がわかってすごいなあと思いました。数学で実際にあった事件のことをここまで分析することができるなんてびっくりしました」といった感想を書いています。学んだことをもとに，数学で現実の現象を分析していくことの意味を自分のことばで生徒は「表現」しています。

◯数学における「目標・達成・評価」

以上のような「主題・探究・表現」にもとづく「学び」は，同時に，以下の三つの「目標」（学力）が「達成」される過程でもあります。[3]

- 「現実世界の問題を数学世界の問題へ定式化する」（「数学化」）
- 「数学世界の問題として解を導く」（「数学的処理」）
- 「数学世界の解を現実世界の解決に戻してその妥当性を検討する」（「数学的検証」）

そして，教師は以上の「目標」の「達成」が行われているかどうかを「評価」して，生徒に必要な助言・指導を行っていると考えられます。また，最終的に生徒にとって，そのような「目標」の「達成」が，どのように受けとめられたのかを感想文などを通して知り，授業の成果を「評価」しているのです。

３　国語科単元学習の場合

国語においても「主題・探究・表現」という枠組みで単元学習を設計する実践と研究がおこなわれてきました。[4]「単元学習」では，教科書の一つの教材だけをくわしく読むという形ではなく，価値ある主題が設定され，その主題に沿った複数の学習材が選ばれます。たとえば，「世界に目を──働く・暮らす・学ぶ・遊ぶ」単元学習では，小学校４年生の国語教科書の教材である「一本の鉛筆の向こうに」を読むことからはじまり，「世界の国々の人々のくらしぶりや日本とのつながり」について調べる→発表会を開き，５大州のグループごとに発表し，相互評価する→「地球の仲間たち」の本にまとめる，といった学習が展開されています。このような単元学習も，「目標・達成・評価」の視点から分析できます。そこでは，「目標」として，「課題発見力」「情報収集力」「情報選択力」「情報産出力」「発表力」などが位置づけられ，単元学習の展開で，それらの目標が「達成」されているかどうかを，教師が「評価」し，子どもの「相互評価」と「自己評価」がおこなわれています。

（鋒山泰弘）

▷3　数学を事例として，学力が学習活動という文脈において具体的にどう説明されるかについては，松下佳代「〈２つの学力〉論を超えて──学力への活動理論的アプローチ」日本教育方法学会編『新しい学びと知の創造』図書文化，2003年を参照。

▷4　浜本純逸『国語科新単元学習論』明治図書出版，1997年。

Ⅳ 教育目標・教育内容の設定

7 授業の豊かさと到達目標

1 「目標つぶし」の授業という批判

　授業の目標を教師が設定し，子どもの学習活動や到達状況などを含む授業全体を，到達目標に照らして点検し，すべての子どもが目標へと到達しうる授業をつくり出そうとすることは，学力を保障する授業づくりとして評価される一方で，知識や技能の教えこみになる「目標つぶし」の授業になりがちであると，批判的な評価もなされてきました。

　目標設定が豊かな授業づくりと統一的に考えられるためにはどのようなことが課題になるのでしょうか。

2 目標の内実を広くとらえる

○「てこの原理」の授業と「バット回し対決」

　小学校の理科で，「てこの原理」について教えた次のような実践があります[1]。「てこ」の学習の6校時目に，教師は野球のバットを教室に持ち込み，子ども同士で，バットの両端を持って反対に回す「バット回し対決」を体験させます。子どもたちはゲーム感覚で，目を輝かして参加します。何試合かした後に，結果は「太いほうが有利」であることが確認されます。教師は，「どうして，太い方が有利なんだろう？」と子どもに問いかけ，細い方のバットの断面図と太い方のバットの断面図を描いて，子どもに考えさせます。子どもは，それまでに学習した「てこ実験機」と同じように考えればよいことをつかんでいきます。てこの法則を確認した後，子どもたちは班ごとに「バット回し対決」に，とりくみます。

　その後の授業では，「少しの力で大きなトルク（力）を生み出す道具」にどんなものがあるだろうかという問いをなげかけ，生活で使われている道具のなかに，トルクを大きくするための道具がたくさんあることを確認していきます。また，くぎ抜きを教室に持ち込んで，くぎを抜いて見せて，支点，力点，作用点，トルクを求める計算式について学習していきます。

○認知科学が示唆する目標の内実

　この授業で，「バット回し」対決は，子どもの興味を引きつけるための手段としての意味だけではなく，「てこの原理がわかる」という目標の内実の一部をも形成しているととらえることができるのではないでしょうか。

▷1　今泉博『集中が生まれる授業』学陽書房，2002年。

表3 記憶要素の種類（てこを事例として）

	種類	簡単な定義	例
普遍的な意味の記憶	ストリング	分離されずまとまった形で記憶されている記号やことば。	支点，力点，作用点 E＝IR
	命題	ことばの定義，言葉の間の関連性の記述	左右のうでについて（支点からのきょり）×(力の大きさ)はひとしい
	知的技能	論理を用いた課題の遂行。	てこのつりあい実験器などを用いて，つりあいの決まりをみつけることができる。てこの計算問題を解ける。
特殊的・体験的意味の記憶	エピソード	特定の経験あるいは目撃した事実についての記憶。	はさみ，栓ぬき，カッター等の道具でてこの決まりを調べた。
	イメージ	知覚情報に対する心的な表象	てこは力を得する。
	運動技能（パフォーマンス）	パフォーマンスによる課題の遂行。	長い棒を使って手で動かすことができない物を動かせた。

出所：森本信也『子どもの論理と科学の論理を結ぶ理科授業の条件』東洋館出版，1993年，60頁。

　たとえば，認知科学の成果にもとづく理科教育の研究では，子どもが記憶している知識の表現の分類として，表3のような枠組みが示されています。目標の内実を，「エピソード」「イメージ」「運動技能」の「特殊的・体験的意味の記憶」を含んだものとしてとらえることで，単に法則を「ことば」として整理して教えこむ授業が，目標に到達させることではないことがわかります。

③ 協同的な探究活動のなかに到達目標が位置づくこと

　この授業では，子どもたちが「てこの原理」を実感する，その原理がさまざまな道具にどのように応用されているかを探究する，ということが子どもの協同的な活動として位置づけられています。学校で豊かな授業が展開されるとは，このように学んだ内容（目標）が，集団の協同的な探究活動によって，子どもの間で共有されていくという特徴をもっています。「目標つぶし」の授業展開とは，このような授業における「目標の共有化」や「共有の目標化」のプロセスぬきにして，子どもに個別に知識の習得と習熟を求めるものです。

　もちろん，一人ひとりの子どもが，個性的に目標を習得・習熟していくことと，「目標の共有化」が追究されることは対立するものではありません。たとえば，この「てこの授業」で，教師は，最後に，トルクを大きくする道具の絵を描くという課題を与え，子どもはそれぞれ，家からもってきたさまざまな道具から一つ選び，個性的な作品に仕上げています。このようにして，子どもたちは，お互いの作品から，人間の知恵と技術が凝縮された道具の背後にある物理の原理（目標）を授業で共有してきたことの価値を感じ取っていくのです。

（鋒山泰弘）

▷2 「目標の共有化」と「共有の目標化」という課題の整理については，田中耕治『学力評価論入門』法政出版，1996年を参照。

Ⅴ　教材開発と授業の構想

1 教育内容と教材・教具

1 教育内容と教材のちがい

　日本の教育方法学において,「教育内容」という概念と「教材」という概念とが区別して意識されるようになったのは,1960年代のことです。背景としては,第二次世界大戦後初期の「**経験主義**教育」から,現代科学の先端へ学校教育の内容を追いつかせようとする,世界的な「**教育の現代化**」運動の影響があげられます。経験主義教育においては,ごっこ遊びや調べ学習など,学習者の活発な活動はたしかにおこなわれたのですが,そのなかで学習者がなにを身につけたかが判然としないということ（「はいまわる経験主義」「活動主義」）が問題視されたのです。また,「現代化」運動の問題意識から必然的に,これらの概念・法則を,学習者につかませるべき「内容」として独自に問題化することにもなりました。

　つまり,「教育内容」とは,簡単にいってしまえば,概念,法則,事実的知識,技能といったものであり,「教材」とは,教育内容を習得させるために必要な材料なのです。もっとも,こういっただけでは,とくに教材がどのようなものかはわかりにくいと思われますので,次に教材の具体的な形態について述べます。

2 教材のさまざまな形態

　藤岡信勝はかつて,教材のとりうる形態を,「印象深い文章」「学習者が自分の頭で考えてみたくなる問題・発問」「実物教具や視聴覚教具」「学習者がそれを遂行する中で,結果として教育内容が習得されるような学習活動」という四つに分類しました。

　授業において用いられる**文章**というと,まずは教科書が想起されるかもしれません。しかし,教科書には, V-3 で述べるようなさまざまな制約があり,残念ながら学習者にとって印象深いものにはならないケースが大半です。したがって教師にとっては,新聞記事やノンフィクションなど,教育内容をより強く印象づけるような文章を探す（あるいは自作する）ことが課題となります。

　発問・問題については,学習者が自らの経験や既有知識に即して考えられるような具体性をもったものにする必要があります。やや難易度の高い問題については,多肢選択型にするなどの工夫をすると,学習者が考えやすくなります。

▷1　経験主義
⇒ⅩⅢ-3 参照。

▷2　教育の現代化
⇒ⅩⅢ-4 参照。

▷3　藤岡信勝『授業づくりの発想』日本書籍,1989年。

教具については，正確には，実物や模型の場合であれば，それを使っておこなう学習活動を，視聴覚教具については，それを用いて提示されるソフトウェア（VTR，OHPやスライド等で提示される内容）を教材とよんだほうがよいと思われます。

学習活動については，たとえば体育，芸術系教科，技術・家庭など「技能」が多く教育内容となる教科については，実際にその技能を使用する活動が不可欠なことは論をまたないでしょう。またそれ以外の教科でも，とくに近年，「自ら学ぶ力」が強調されるなかで，調べ学習やプレゼンテーションなどが，教育内容としても教材としても頻繁にとりあげられるようになっています。

③ 教具とはなにか

平たくいってしまえば，授業で用いられる「道具」ということになりますが，機能面からは「特定の教科や内容と関係なく一般的に用いられる教具」「特定の教科や内容に関連して用いられる教具」という分類が可能です。前者としては，ノート，鉛筆，机，いす，黒板，視聴覚機材，コンピュータなどがあげられます。後者のうち，比較的ポピュラーなものとしては，実験器具，模型，掛図，算数学習用のタイルや数ブロック，そろばん，運動用具，画材，楽器などがあげられます。ただ，こちらについては，教師自身が自らの授業構想にもとづいて，もともと教具としてつくられたのではないものを転用したり，自作するといったケースもしばしば見られます。

また，教具を使う主体という面からは，「もっぱら教師が使用する教具」「もっぱら学習者が使用する教具」「教師・学習者双方が使用する教具」という分類も可能でしょう。

④ 教材・教具の価値はあくまで教育内容との関連で決まる

教材といい教具といい，その価値は，学習者が教育内容を習得するのを有効に援助しえたか否かによって決まります。あたりまえのことのようですが，現実にはこの点がしばしば見過ごされます。

たとえば2003年に，東京のある養護学校（現　特別支援学校）で性教育（自己の身体の適切なケアにかんするものも含む広義のそれ）に用いられていた教材・教具に対し，一部都議やマスコミが「ポルノショップまがい」と決めつけたため，教育委員会がそれら教材・教具を没収するという事件がありました。くだんの教材・教具は，障害児の直面する困難やトラブルなどに対処するものとして保護者などから高く評価されていたものです。にもかかわらず，事態の推移のなかで，こうした教材の教育的価値についての考察がまったく見られなかったという事実には，考えさせられるものがあります。

（山崎雄介）

V 教材開発と授業の構想

2 教材解釈と教材開発

1 教材研究の方法

○教育内容と教材

　文章であれ問題であれ具体物であれ，それ自体として自己完結的に「教材」であるようなものは存在しません。それが授業の構想のなかで，なんらかの教育内容の習得に関連づけられることによって，それら文章，問題などは「教材」になるのです。

　日本の学校教育においては，教育内容はあらかじめ学習指導要領によって定められています。一方，教材（および教具）については，一部は学習指導要領に例示があったり，教科書会社が発行する教師用の指導書に例示があったりもしますが，本来は教師の創意工夫が相当に発揮できる部分です。

○教材研究へのアプローチ

　さて，教材研究といっても，そこにはいくつかのアプローチが存在します。たとえば，国語などで「教材文」がすでに定まっているケースに典型的な，「その文章のポイント（込められているメッセージ，登場人物の行動の理由づけ，心情など）は何か，それらを学習者につかませるために，どういう発問や指示を用意するか」というアプローチ，すなわち「教材解釈」があります。

　一方，たとえば社会科など，教科書の叙述そのものは必ずしも教材としては成立していない（学習者の知的関心や問題意識を刺激するには足りないという意味で）ケースで，教師自身が資料や具体物などを準備するというアプローチは「教材づくり」とよばれます。

2 教材解釈の方法

○文章教材の解釈――まず自分で読む

　文学作品や評論文など，特定の文章が「教材」になる場合，教師がまずすべきことが，自らその文章を繰り返し読むことであるのは当然です。しかし，それとあわせて，とくに文学作品のように，作品や作者などについての研究の蓄積がある場合は，可能な限りそれら他者の解釈をふまえておくことが必要になります。もちろん，こうして教師の解釈を確かにしておくのは，授業でそれを学習者に押しつけるためではありません。むしろ，授業での学習者の解釈を，誤りも含めて可能な限り受けとめながら（もちろん訂正すべきところは訂正し

て）授業を進めるためにこそ，事前の解釈が必要になるのです。

○**先行実践をふまえる**

また，とくに定番の教科書教材の場合，その教材文を用いた先行実践が豊富に存在することもしばしばありますので，それらをふまえることがきわめて有益です。とくに発問・指示などを考える上では，先行実践のそれらに対し，学習者がどのような反応を示したかは，何にもまして貴重な資料です。ちなみに，国語教育界においては，ある教材文の解釈や授業をめぐって，激しい論争がおこなわれることもしばしばあります。[1]

3 教材開発の方法——「上からの道」と「下からの道」

藤岡信勝はかつて，教材づくりの道筋を，教育内容から出発して，それに関連する事実や現象のなかから学習者の思考を誘発するものを選択・構成するという「上からの道」と，学習者の関心をひきそうな事実や現象，学習活動などから出発して，それと対応する教育内容を探し，両者を関連づけるという「下からの道」とに整理しました。[2] もちろん両者は二者択一的な関係にはなく，現実には教育内容—教材（授業の構想がたつまでは「素材」とよんだほうが正確かもしれませんが）間の関係は相互的なものです。

○**教材開発の「上からの道」**

前者について，もと中学校社会科教師の安井俊夫は，「教科書研究—中心場面の選択—中心場面にかかわる先行研究の学習—学習者による討論の論点となる発問の選択と必要な資料の作成」といった手順を提案しています。[3] たとえば，15世紀の農民自治の発展を扱った授業では，教科書の該当部分の叙述から「正長の土一揆」を中心場面として抽出し，教科書所収の「大乗院日記目録」から，一揆を「国が滅びる原因」を評した高僧のことばの是非を学習者による討論の論点とする，といった形になります。[4]

○**教材開発の「下からの道」**

後者について，たとえば有田和正（もと小学校教師）は，学習者に追究させてみたい事実などを授業の「ネタ」と称し，そこから多くの授業を構想しました。たとえば，おとぎ話「一寸法師」のストーリー（小さな体—都へ出て手柄を立てる—打ち出の小槌により体も大きくなり，姫と結ばれる）が，戦国時代の「下克上」を暗示していることに着目し，歴史の授業に仕立てていったケースなどは好例でしょう。[5]

なお，近年，とくに「総合的な学習」など厳密には事前に教育内容が定まりにくい授業，高校での「情報」など新教科については，教師自身が教育内容も含めて開発したり，授業の過程や事後に教育内容（学習内容というべきかもしれませんが）がたち現れてくる，というケースも増えてきています。

（山崎雄介）

▷1 代表的な二つの論争について，たとえば中村哲也『「出口」論争「冬景色」論争を再考する』明治図書出版，1999年を参照。

▷2 藤岡信勝『教材づくりの発想』日本書籍，1991年。

▷3 安井俊夫『〔中学校〕発言をひきだす社会科の授業』日本書籍，1986年。

▷4 同上書。

▷5 有田和正『「ネタ」を生かす授業づくり』明治図書出版，1988年。

V 教材開発と授業の構想

3 教材としての教科書

1 教科書をめぐる制度——発行と検定

○教科書の法律上の地位

　教科書（教科用図書）は，法令上「主たる教材」（教科書の発行に関する臨時措置法ほか）と位置づけられており，「小学校においては，文部科学大臣の検定を経た教科用図書又は文部科学省が著作の名義を有する教科用図書を使用しなければならない」（学校教育法第34条，中学校，高等学校にも準用）と，その使用が義務づけられています。

　なお，ここでいう「文部科学省が著作の名義を有する教科用図書」としては，現在では高等学校の一部専門科目や特別支援学校関係など，民間では採算がとれないものがあり，普通教育科目については，民間の出版社等が作成し，「教科用図書検定調査審議会」による検定を通過したものが，教科書として発行・使用されることになります。

　検定の基準は，記述に誤りがないことは当然として，当該教科・学年の**学習指導要領**の「内容」「内容の取扱い」を不足なく取りあげていること，当該学年の児童・生徒の心身の発達段階からみて程度が高すぎたり低すぎたりしないこと，特定の事項に偏ったり，一面的な見解に偏したりしないこと，などです。

　なお，1998（平成10）年12月（小・中学校）および1999（平成11）年3月（高等学校および盲・聾・養護学校）告示の学習指導要領に準拠した最初の検定（とくに2000年度におこなわれた小・中学校分）においては，学習指導要領の「上限」を定める叙述（いわゆる「はどめ規定」）がかなり厳格に適用されて問題になりました。しかし現在は，学習指導要領の範囲をこえる記述・図版等についても，学習指導要領内の記述と区別して掲載することが可能になっています。

○教科書をめぐる争点

　とはいえ，とくに義務教育段階の教科書は，無償配布であることから，ページ数などに厳しい制約もあります。そのため，以前から，各教科にかんする現場教師や研究者などにより，内容的・分量的な制約を嫌い，検定をはじめから意識しない自主的な教科書が作成されるという例がしばしばあります。

　また，とくに歴史教科書について，検定が研究成果への不当な干渉である，教育内容の権力的統制は違法である，等の争点で教科書執筆者が検定制度の違法性（日本国憲法，教育基本法等への違反）を裁判に訴えるケース（家永三郎氏，

▷1　学習指導要領
⇒IV-2 参照。

▷2　検定制度の詳細
http://www.mext.go.jp/a_menu/shotou/kyoukasho/ 参照。

高嶋伸欣氏をそれぞれ原告とした裁判が有名）も見られます。

❷ 教科書をめぐる制度――採択

さて，検定を通過した教科書が教師や学習者の手に届くためには，複数ある教科書のなかから，実際に学校で使用する1種類を選択するという作業，すなわち「採択」が必要です。

「主たる教材」という位置づけからすれば，教科書の採択権は，それを実際に使用する教師，あるいは少なくとも学校にあるべきだ，という主張が多くの教師たちからなされています。しかし現在では，公立小・中学校については市町村等の教育委員会が認定した採択区単位で採択がおこなわれるのが通例です（国・私立学校および高等学校，中等教育学校の前期課程は学校ごとの採択）。もっとも，多くの教育委員会では，採択前に，それぞれの教科書についての現場教師からの評価・意見を徴するしくみをもっていたのですが，**「新しい歴史教科書をつくる会」などの編集による教科書**が多くの教師や市民からの批判を浴び，採択推進派・反対派双方の運動が激化するといった状況をうけ，採択手続きの「見直し」をおこなう教育委員会も出てきています。

❸ 教科書の機能と使い方

授業における教科書の位置をめぐっては，「『教科書を教える』のか，『教科書で教える』のか」といういいまわしに象徴されるように，教科の性格や教師の授業スタイルによってさまざまに見解がわかれます。大まかにいえば，教育内容に事実的知識や概念・法則が多く含まれる教科（たとえば社会科，理科，算数・数学など）では，教科書の叙述が理解できたり，教科書の例題が解けたりするようになることがまずは重視され（教科書を教える），技能が教育内容として重視される教科（国語，外国語，図工，技術・家庭など）では，教科書の叙述自体は「手段」としてとらえられる（教科書で教える）という傾向はあります。

とはいえ，前述のように，教科書にはさまざまな制約があり，概念・法則などについて，学習者に十分なイメージをもたせることができるだけの実例などを豊富に用意することは事実上困難です。

したがって，教科によって程度の差はあれ，教科書を読むことのみで授業が完結するということはほとんどあり得ず，教師による何がしかの補足（プリントなどの資料の提供，学習活動の設定など）は必要になるでしょう。

ちなみに，教師によっては，授業中に教科書を読むことはほとんどなく，学習者が自分で重要事項を整理するための「自習書」に近い形で教科書を位置づけるということもあります。もちろんこの場合，教科書の内容にかんする学習者の予習などが，授業のなかできちんと生かされる必要があります。

（山崎雄介）

▷3 「新しい歴史教科書をつくる会」などの教科書
従来の歴史教育を「日本国家を不当にネガティヴに描く」，「学習者に『自虐史観』を植えつける」として，「自国の歴史への誇り」を強調する歴史教科書の発行・採択をめざし，1997年に「新しい歴史教科書をつくる会」が発足した。現在，中学校社会科教科書として，同会のメンバーによる『新しい歴史教科書』『新しい公民教科書』（自由社），同会から分裂したメンバー（日本教育再生機構傘下）による『新しい日本の歴史』，『新しいみんなの公民』（育鵬社）が発行され，一部で採択されている。

V 教材開発と授業の構想

4 教室環境のデザイン

1 教室をどうデザインするか──古くて新しい問題

◯コメニウスの教室

古来,教室をどうデザインするかは,教育者にとっては大きな問題でした。たとえば,近代教育方法学の祖・コメニウス(Comenius, J. A. 1592-1670)は,彼の理想の学校の教室について,「どの教室にも教師席と,生徒数にみあう低い腰掛けを用意し,教師がすべての生徒を見渡せるように配置する」「個々の学年の課題を教室の壁,扉などに書きつけておく」「演劇や儀式のための特別教室を設置する」といったデザインを提案しています。▷1

◯一斉教授が規定した教室のデザイン

コメニウスの時代の学校,あるいは日本でいえば近世の寺子屋の場合,一斉教授も一部あったとはいえ,個別指導が教育方法として大きな比重を占めていました。これに対し,近代公教育制度発足以降,一斉教授が教育方法の主流を占め,また日本の場合はとくに,学校建築や備品について法令で詳細に規定する傾向が強かったこともあり,「8 m 四方,高さ3 m の教室」「教師は学習者より一段高い教壇に立ち,学習者の机・椅子はすべて教師側を向いて行列状に配置」といった教室の姿が長らく維持されてきました。

2 教室環境の改革

しかし,公教育制度の定着過程において,学習者の受動性,暗記学力などが批判され,学習者の自発的な学習活動を組織する必要性が主張されるなかで,教室環境についてもさまざまな見直し・改革がおこなわれるようになっていきます。

たとえば,アメリカにおいて19世紀末から20世紀初頭にかけて,自らの教育理念を実験学校で実験・実現しようとしたデューイ(Dewey, J. 1859-1952)は,主著の一つ『学校と社会』において,理想の教育のための学校のデザインについて,いわゆる座学だけでなく,ものづくりや実験などの「作業(occupation)」がおこなえるような机探しから始まって,地域社会や大学などとの連携までを視野に入れて述べています。▷2

より一般的な,ごく普通の学校でも,たとえば座席については,上記のような配置から,班などのグループごとに机を寄せあう,教師を囲むようにコの字

▷1 井ノ口淳三『コメニウス教育学の研究』ミネルヴァ書房,1998年,243-244頁。

▷2 デューイ, J. 著,宮原誠一訳『学校と社会』岩波文庫,1957年。

型に配置するなどの工夫が試みられています。また，教室そのものについても，英米の**オープン・スクール**などの影響をうけ，日本でも1970年代末以降，廊下側に壁を設けないオープン・スペース型の教室，教科教室中心の学校設計など，さまざまな工夫が試みられています。

3　学習のためのリソース

○古典的リソース──掲示物

教室環境をデザインするにあたっては，学習者がさまざまな形で活用できる学習のリソース（資源）をどのように配置するかが重要な問題です。日本の学校においてポピュラーな学習のリソースといえば，さまざまな掲示物があります。

明治時代，「学制」期にすでに，「掛図」（五十音図，地図，単語図など）が教室の重要な備品として位置づけられています。現在でも，明治期のような，教科書に準じるほどの地位（学習者2〜3人あたり1冊しかないという状況をカバーするため）にはないとはいえ，掛図は幅広く用いられています。

また，既製品の掛図だけではなく，教師の自作による掲示物や，学習者自身の作品を教室に掲示するということも広くおこなわれています。図画などを装飾的な意味で掲示する場合はもちろん，より積極的に，調べ学習のまとめや疑問点などを掲示し，授業に活用していくという場合もあります。たとえば，学習者の気づきや疑問を「気になる木の『はっぱ』」と称し，教室の天井から順次吊り下げて蓄積していくというとりくみをおこなっている教師もいます。

○近年の動向──学習者自身が使えるリソースの充実へ

さらに，とくに近年，「自ら学ぶ力」の育成が強調されるなかで，学習者自身が活用できるリソースをどう充実させるかが課題になっています。もちろん，予算的な制約もあるので，必要なものをすべて各教室に備えるということは不可能です。

とはいえ，たとえば辞典類や各教科にかかわる参考図書のうち，使用頻度の高いものについては，いちいち図書室まで行かなければ利用できないというのでなく，学級あるいは学年単位で，利用しやすい場所に配置するということは考えられてよいでしょう。

その他，視聴覚機材（ビデオおよびDVDデッキ，教材提示装置など）などについても，従来，管理上の問題もあり，もっぱら教師のみが操作するということになりがちでしたが，今後，これらを学習者自身が活用する機会を増やしていくことが重要になるでしょう。その際，種々のソフトウェアの著作権に関する意識を高めていくことも，あわせて必要になってきます。

（山崎雄介）

▷3　オープン・スクール
子どもの自主性・個性を伸ばすため，学習の個別化をカリキュラム，教室・校舎のデザインの両面から追求した学校。1930年代イギリスの幼児学校で普及しはじめ，とくに教室・校舎のデザインなどハード面の改革は，1960年代には英米で政策的にも援助された。

▷4　小幡肇『やれば出来る！　子どもによる授業』明治図書出版，2003年。

V　教材開発と授業の構想

5　教育メディアの効果的活用

① 伝統的教育メディア──図書

「主たる教材」である教科書をはじめ，学校教育においてもっとも多用されている教育メディアは，IT 社会といわれるようになってずいぶん経つ今日でも，やはり「図書」でしょう。

インターネットのウェブサイトなどの場合，モニターを通した読みやすさを考慮して，簡潔に，要点のみを提示するという形になりがちです。これに対し，書物の場合，文学作品にしろノンフィクションにしろ，よりふくらみをもたせた叙述が可能です。また，例外はあるとはいえ，情報の出典がきちんと明示されないことの多いウェブサイトに対し，書物のほうは，総じて著者の責任がより明確です。

こうしたことから，図書室や学級文庫などを整備する必要性は，現在でも減じていないといえます。

② 視聴覚教育メディア──ビデオ，DVD など

視聴覚教育メディアとしてまず想起されるのは，ビデオおよび DVD でしょう。家庭用ビデオデッキが安価に普及するようになって以降，既製品のビデオソフトだけでなく，TV 番組を録画したものや，教師自身が撮影・製作したものなど，さまざまなソフトウェアが活用されています。とくに近年は，ハードディスク内蔵型の DVD レコーダーの普及により，いったん録画した番組等から，学習者に観せたい場面を効率的に編集することが容易になっています。

また，地方教育委員会や放送局などでも，ビデオライブラリーが用意されている場合も多いので，積極的な活用が望まれます。

なお，これらのメディアを活用するにあたっては，管理・保守についても注意が必要です。ビデオの場合，テープ切れなどを除いては，繰り返しての視聴や経年変化によって徐々に映像・音声が劣化していくのに対し，DVD（とくに家庭等で録画したもの）の場合，「ある日突然，データの読み出しがまったくできなくなる」というトラブルが案外あります。いずれのメディアにせよ，重要なソフトは可能な限りバックアップをとることが望ましいといえます。

また，動画・音声については，教師による利用だけでなく，学習者がさまざまな調査・学習活動に利用するケースも増えています。ビデオカメラやデジタ

ルカメラも，比較的安価に利用できるようになっていますし，音声の録音についても，MD や IC レコーダーなど，従来のテープに比べ，機材が軽量になったり，コンピュータとの連携も容易になるなど，利用しやすくなっています。

❸ 新しい教育メディア──コンピュータ

　近年，ビデオなどに劣らず急速に普及している教育メディアとしては，パーソナル・コンピュータがあげられます。教育現場へのコンピュータの導入は，古くは1950年代に大学教育の場で始まりますが，ハードウェアの価格の高さ，操作の困難さなどもあり，日本の小・中学校において，まとまった実践記録が出るのは1980年代後半以降になります。

▷1　たとえば戸塚滝登『クンクン市のえりちゃんとロゴくん』ラッセル社，1989年。

　授業におけるコンピュータの利用法としては，大きくは，①文章，絵など「作品やレポートを作る道具」としての利用，②プレゼンテーションツールとしての利用，③ネットワークを利用した情報の受信・発信の道具としての利用，④CAI あるいは CAL (Computer Assisted Instruction/Learning) など，学習課題提示（および教師による学習者の反応の分析）の道具としての利用，などがあげられます。

　①については，一般のワードプロセッサ，表計算ソフト，画像処理ソフトなどを組みあわせたり，統合ソフト（ワープロ，表計算，描画などの機能を1本で兼ね備えたソフト）を利用します。

▷2　CAI と CAL
必ずしも厳密に区別して用いられているわけではなく，いずれの語も教育へのコンピュータ利用全般を指すことも多い。どちらかといえば，CAL という語は，初期の CAI のような単純な正答─誤答のフィードバックを伴うドリルへのコンピュータ利用を批判し，学習者のより主体的な操作を要請する利用法を指すことが多い。

　②については，従来よく用いられていた OHP（透明シート状の文字・画像などを光によって拡大表示する装置。TP ともよぶ）に急速にとって代わりつつあります。具体的には，プレゼンテーションソフト（パソコン画面上でスライドショーを提示できる）でコンテンツ（プレゼンテーションの内容）を作成し，プロジェクターでスクリーンやモニタに表示するという形になります。OHP と異なり，動画や音声も含めることができます。

　また近年は，コンピュータと双方向的に連動させることのできるホワイトボードなど関連機器が活発に開発されています。

　③については，さまざまなネット犯罪の予防，情報発信の際のマナーなど，いわゆるメディア・リテラシーの学習をあわせておこなうことが重要です。

　以上のように，さまざまな活用が可能なコンピュータですが，一方では，長時間モニタを見続けることによる目の疲労や肩こり，ストレスなど，身体への影響も無視できません。その意味では，とくに小学生など低年齢の学習者にコンピュータをどの程度扱わせるべきかは，慎重に対処すべき問題です。

　また，成績処理，指導要録等の作成にコンピュータを利用する場合，個人情報の保護について，従来とは異なる注意が必要になります。インターネット経由での外部からの侵入の防止，古いハードを処分する際のデータの確実な破棄などです。

（山崎雄介）

Ⅴ　教材開発と授業の構想

6 学習指導案の作成

1 学習指導案とはなにか

　教師は授業に先だって，授業の流れ，要所要所での発問や指示など教師の教授行為，それに対する学習者の反応，評価の観点や規準・基準などをあらかじめ構想・予想します。こうした構想を頭の中だけで保持することは困難ですので，通常は，なんらかの形でこれを記述しておくことになります。こうした，授業の計画を一定の書式で記述したものを「学習指導案」とよびます（一般には「指導案」と略称されますので，以下本文でもそう記述します）。

　指導案の書式は，もちろん法律で決まっているわけではありませんので，熟練した教師の場合は，自己流の覚え書程度のもので授業をおこなうこともありえます。しかし，現場での蓄積のなかで，慣用的に用いられる書式といったものは存在しますし，教育実習や研究授業の場合は，1時間ごとの授業に対し，比較的詳細な指導案を用意することが求められます。そこでここでは，標準的な指導案の書式と，その作成上の留意点を述べます。

2 指導案のいろいろ──単元の指導計画と1時間の指導案，細案と略案

　授業を計画するといった場合，大きくは，単元全体の指導計画を立てる場合と，1時間ごとの計画を立てる場合とがあります。

　教育実習や研究授業など，授業を他者に検討してもらうことが前提になる場面で作成を求められるのは後者，すなわち，1時間の授業の流れを詳細に述べたものであり，これを「細案」といいます。いっぽう，同じ1時間分の指導案でも，授業者自身の覚え書のために作成したり，校内で管理職が各学級の進度を把握したりという目的で作成したりする簡略な指導案を，「略案」といいます。

　単元全体の指導計画は，大まかには，当該単元に割くことのできる授業時数をふまえ，そこで教えるべき教育内容や使用する教材をしかるべき順序で配列し，調査や実験，実技など学習者の活動をわりふっていくことによって立てられます。図式的にいえば，その計画に沿って，1時間ごとの細案なり略案が立てられていくことになります。もっとも，現実には，細案を立てていく過程で単元の指導計画が修正されるということはありえます。

3　細案の一般的な書式

　細案の書式には，フローチャートを活用するなど若干のバリエーションもありますが，もっともよく用いられるのは，図11のような，単元全体，あるいはそのなかでの当該時間の位置づけにかかわる必要事項を冒頭に記述し，その

社会科（公民的分野）学習指導案

指導者：

1. 日時：平成○○年○月○日（　）　　第○校時
2. 指導学級：3年○組
3. 単元名：人権と日本国憲法（東京書籍『新しい社会　公民』第2章2）
4. 目標：生徒たちは，「人権」という語自体はすでに知っている。しかし，社会の一部に見られる権利の濫用，逆にそうした事例を問題視するあまり「人権」自体を敵視する傾向（「人権派」なる物言い）などもあり，自他の人権を尊重することの大切さがストレートには伝わりにくくなっていることが危惧される。こうした状況もふまえ，本単元では，以下のような目標を設定する。
    ①日本国憲法の基本的人権にかかわる条項について，具体的な事例（人権保障のとりくみ，人権侵害事例など）をとりあげ，生徒たち自身が調査や討論をおこなうことを通じて理解させる（学習指導要領「内容」(3)ア）。
    ②日本国憲法の基本原理と法の意義，日本国民統合の象徴としての天皇の地位等について理解させる（同上）。
5. 指導計画および評価規準
    第1次　教科書30-31ページ所収のゲーム「ちがいのちがい」を班ごとにおこない，結果を学級全体で討論する。　　　　　　　　　　　　　　（1時間）
        ・ゲームに積極的に参加し，自分なりの考えを発言する。（関心・意欲・態度）
        ・「あってよいちがい」「あってはいけないちがい」を区別する基準について，一貫した説明ができる。（思考・判断）
    　　　　　　　　　　　　　…中略…
    第3次　「基本的人権」のうち主な権利について理解した上で，班ごとに選んだ具体的な権利をめぐる制度や事件を発表する。　　　　　　　　（3時間）
        ・班で選択した権利について，調査および発表に参加できる。（関心・意欲・態度，技能・表現）
        ・発表の方法や資料について工夫ができている。（技能・表現）
        ・他班の発表について理解し，自分なりの意見をもてる。（知識・理解，思考・判断）
    第1時（本時）　主要な「基本的人権」としての「自由権」「社会権」「基本的人権を守るための権利」について理解するとともに，「子どもの権利」を考える。
        ・「自由権」「社会権」「平等権」のそれぞれがどのようなものかわかり，憲法の条項との対応がつけられる。（知識・理解）
    　　　　　　　　　　　　　…中略…
6. 展開

	生徒の活動	教師の支援	評価の観点・方法
導入（5分）	挙手，朗読（指名された者）	《指示》 教科書36頁を読んでくれる人，手を挙げてください。 《発問》 「ストリートチルドレン」とはどのような子どもたちですか？	
〜	〜	〜	〜
まとめ（7分）	ワークシート記入	《机間巡視》 記入が進んでいない生徒に対し，教科書・ノートを見直すよう促すなどの支援	各々の権利と憲法条項との対応がつけられている（ワークシート，知識・理解）

図11　指導案の例（中学校社会科公民的分野）

下に1時間の授業展開を表にして示すという形式です。

○授業の日時などの記載

まず，授業をおこなう日時や学級，指導者名など形式的な面についておさえたうえで（図11の項目2まで），単元の内容にかかわる叙述を続けます。

○単元名

図の3では，教科書の節の表題をそのまま単元名にしてありますが，これはもちろん，必要に応じて適切な単元名をつけてもかまいません。いずれにしろ，とくに中学校以上で，同一学年を複数の教師で分担する場合などは，教師間でできるだけ統一した方がよいでしょう。

○単元の目標

4の「単元の目標」は，学習指導要領に示された目標・内容をふまえながら，当該学級の児童・生徒の実態に応じてできるだけ具体的に述べます。この際，児童・生徒の実態や課題については，別途項目を立てるケースもあります。

○単元の指導計画と評価計画

5では，単元全体の指導計画について述べています。一般に，単元をいくつかのステップに分節化し（「第○次」というように），それぞれについての時間配当を記述します。当該の授業（本時）が第何次の何時間目にあたるかもわかりやすいように示します。図では比較的詳細に記述してありますが，実際にはもう少し簡略化されるケースも多いようです。

▷1 観点別学習状況
⇒ Ⅱ-4 参照。

なお近年，授業過程での「**観点別学習状況**」の評価が強調されるなかで，評価についての計画を求められることが多くなっています。単元の評価計画については指導案と別紙にするケースもありますが，図の事例では，1次ごとに，どういう観点で評価するか，規準を示してあります。少なくとも，本時の評価については，指導案のなかに評価規準を示すべきでしょう。

○1時間の展開

6が，当該の1時間の詳細な展開になります。授業の各ステップにおける，「児童・生徒の活動」「発問・指示・説明など教師の活動（近年「支援」と書くことが多くなっています）」「評価の規準と方法」「留意事項（使用する教材・教具，発問などに対して予想される学習者の反応，発問への解答などが思わしくない場合どうするかなど）」を必要に応じて欄として設け，授業の進行に応じて記述していきます。図では，留意事項については「教師の支援」欄に含めるという想定です。

○授業のステップを設定する

また，図11の「6．展開」欄のように，授業のステップと時間配分を記入しておきます。授業のステップについて，以前は「導入—展開—まとめ」「前時の復習—本時の課題提示—次時への課題の整理」といった表現が用いられていましたが，近年は，「つかむ—みつける—……」等，学習者の活動に重点を

置き，より柔らかい表現を使う学校も増えてきています。

❹ 学習指導案の役割と作成上の注意

では，あらためて，学習指導案を作成する意味について考えましょう。

まず，授業者本人にとっては，第一に，自分の授業のガイドラインという意味が重要です。ただしそれは，単に教育内容や教科書の段落を授業の時間軸にそって配列するということではありません。指導案を作成するにあたっては，常に当該クラスの学習者が具体的に想定されている必要があります。

たとえば発問や指示などは，ちょっとしたことばづかいの違いで，学習者の反応が大きく違うこともしばしばです。さらに，発問の内容によっては，誰がどんな反応をするか，誰と誰の意見が対立しそうか，まで予測できれば，よりダイナミックな授業展開が期待できるでしょう。

また，説明についても，いきなり教室に行って教科書を読みながら，というのでは，学習者にとって理解しやすい説明にはなりません。たとえばある用語や概念について例をあげるにしても，当該クラスのそれまでの学習経験によって，具体的にどういう事例をもってくるかが違ってくるということもあります。

このように，指導案づくりには，学習者とのやりとりを仮想的におこなうという側面が含まれているのであり，そのことを強調して吉本均は，「呼びかける指導案」づくりを提唱しました。また，「社会科の初志をつらぬく会」の教師たちは，座席表に個々の学習者のその授業における動きを予測して記入した「座席表授業案（指導案）」を活用しています。

第2に，実際の授業での学習者の反応や，授業展開の指導案とのズレ（もちろん，ズレ自体が悪いというわけではありません）などを授業の最中や直後にメモしておくことにより，指導案は簡略な実践記録として，その後の授業改善の手がかりにもなります。

一方，指導案は多くの場合，他者――教育実習の場合であれば指導教諭，研究授業であれば同僚や助言者など――に見せるということを前提として書かれます。教師の力量向上にとっては，互いの授業を相互に検討・批評しあうことがきわめて重要です。その際，事前に指導案が用意されておらず，参観者が「ぶっつけ本番」で授業を見るというのでは，授業後の検討も印象批評に終始しがちです。事前に指導案が配布されることによって，参観者としては，授業のどこに着目するか，自分なりの見通しがもてます。また，授業者の意図を実際の授業展開と対比するという見かたも可能になり，より多面的な授業批評が期待できるでしょう。

さらに，こうした指導案やそれに基づく実践の簡単な記録や検討会の様子が蓄積されていくことにより，それは学校の教育課程づくり・指導計画づくりにとっての貴重な財産になっていくでしょう。

（山崎雄介）

▷2　吉本均『授業と学習集団 No.3「呼びかける」指導案で授業を変える』明治図書出版，1992年。

▷3　社会科の初志をつらぬく会
⇒ⅩⅣ-3 参照。

▷4　築地久子『生きる力をつける授業』黎明書房，1991年。

VI 学習形態の工夫

1 一斉教授

1 一斉教授の始まり

　黒板と向かい合うようにして机が縦横に四角く並べられている。教師が黒板を背にして立ち，子どもたちはそちらを向いて着席している。教師が黒板とチョークを使って説明し，子どもたちはそれを聞く。

　学校の授業と聞いて多くの人が思い浮かべるのは，上のような光景でしょう。こうした講義形式は，一斉教授の典型的な姿です。一斉教授とは，一人の教師が多数の子どもを対象に，同じ教育内容を同時に教える形態です。

　しかし，今では当然のように存在する一斉教授も，日本で始まったのは明治に入ってからのことでした。江戸時代の寺子屋では，子ども（寺子）はそれぞれの進度に合わせて異なる課題をおこない，師匠は自分の席に子どもを呼び出して個別に指導をおこなっていました。そのため，寺子屋の座席配置は基本的に子ども同士が向かい合う形になっており，師匠のほうを向いてはいませんでした。

▶1　江森一郎『「勉強」時代の幕あけ——子どもと教師の近世史』平凡社，1990年に多くの寺子屋の絵図が紹介されている。

　日本に一斉教授を導入したのは，明治政府のお雇い外国人教師スコット（Scott, M. M.）です。1872（明治5）年，日本最初の師範学校の教師に着任したスコットは，近代的な教授方法を生徒たちに教えました。そのなかに，助教法とよばれる一斉教授法が含まれていました。

　助教法とは，子どものなかから「助教」を選んで監督や教授の補佐をおこなわせることで，一度に大量の子どもを教えるやり方です。これはもともと，18世紀末のイギリスで開発されました。当時のイギリスでは，産業革命の進展にともなって都市への人口集中と熟練労働の不要化が進み，家庭崩壊による子どもたちの放浪や非行が大量に発生していました。そうした子どもたちを一度に数百名教えるために用いられたのが助教法でした。

　スコットは，この助教法の他にも，黒板の活用や実物教授などを師範学校の生徒たちに紹介しています。そして彼らが教師となって，全国各地に一斉教授の形態を広めていったのでした。

　日本では，1872年の学制公布から30年間のうちに，就学率が90％を突破し，10人中9人の子どもが小学校に通うという状況が出現します。このような小学校教育の急速な拡大は，一斉教授なしでは考えられないことでした。

❷ 一斉教授の画一性に対する批判

　一斉教授は本来，教育上の効果というより経済的効率のために開発された形態です。そのため，一斉教授では子どもたちが十把一絡げに扱われ，一人一人の関心や理解状況の違いが無視されてしまうと繰り返し批判されてきました。そして，一斉教授の問題点を克服するための方策も考案されてきました。

　ただし，一斉教授の画一性を批判する場合，いったい何が問題なのかを見極める必要があります。なぜなら，それなしに形態だけを変えても（たとえば一対一の個別指導にしたとしても）問題が解決するとは限りませんし，また，これまで蓄積されてきた取り組みの意義を見逃すことにもなりかねないからです。

　机間指導を例にとってみましょう。机間指導とは，子どもが授業中に解答や作業などをおこなっているとき，教師が子どもたちの机の間に入っていって，学習の様子を確認したり，指示したり，質問を受けたりする活動のことです。

　もし教師が，正解を一つに決め込み，その正解を子どもがノートに書けているかをチェックするだけになってしまったら，机間指導は管理の手段となり，一斉教授の画一性を助長することになります。しかし，もし教師が，ノートを見てまわることで子どもの間違い方を知り，それをもとに個別に手がかりを与えたり，あるいは授業の展開を組み直したりしたならば，机間指導は，一斉教授の画一性を防ぐものになります。さらに，机間指導によって子どもの興味深い考えを見つけ，それを他の子どもにも紹介して話し合いを発展させたなら，机間指導はむしろ多様性の実現に貢献することになります。

　このように，一斉教授という形態にのみ着目するのではなく，そこでおこなわれる指導の質に目を向けることが必要です。

❸ 一斉教授と学級児童数

　同じ一斉教授といっても，子どもの数の大小によって，活動の内容や質が変わってきます。一人一人の違いを生かす授業は，一般的に，子どもの数が少ない方がおこないやすいでしょう。法律が示す公立小中学校の学級定員の標準は，1958年の50人から，1964年の45人，そして1985年には40人へと変化してきました。今では30人学級の実現を求める声が高まっています。

（渡辺貴裕）

▷2　Ⅵ-2〜Ⅵ-8を参照のこと。

▷3　公立小中学校の学級定員は，「公立義務教育諸学校の学級編制及び教職員定数の標準に関する法律」により標準が示されており，それにもとづいて都道府県教育委員会が定めることになっている。この法律は，1学級が60人前後といういわゆる「すし詰め学級」の解消のために1958年に制定された。

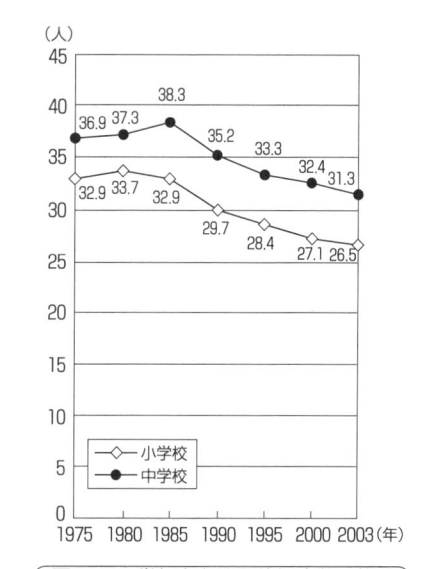

図12　1学級あたり平均児童数の推移

出所：『学校基本調査報告書』各年度版をもとに筆者作成。

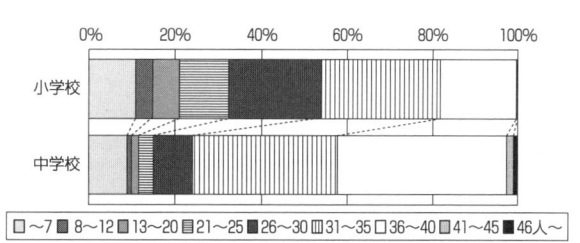

図13　収容員別学級数の割合（2003年度）

出所：『学校基本調査報告書』各年度版をもとに筆者作成。

VI　学習形態の工夫

2　個に応じた指導

1　個人差への着目

　個に応じた指導は，大きく次の二つに分けられます。学習内容は共通で指導方法が一人一人異なる場合と，学習内容も指導方法も異なる場合とです。▷1
　これらの形態は，一斉教授がもつ画一性を批判して生まれてきました。子どもがもつ個人差に着目し，すべての子どもに同じ学習内容や指導方法をとる必要がないと考えるのです。どういった個人差に着目するモデルがあるのか，順に見ていくことにしましょう。

◯学力に応じる

　学力上位の子に合わせて指導をおこなうと下位の子がついてこれなくなって落ちこぼれ，下位の子に合わせて指導をおこなうと上位の子が退屈し，伸びなくなってしまうということが起こりがちです。そのため，「プログラム学習」や「マスタリー・ラーニング」では，学力に応じて指導を変えます。
　プログラム学習とは，学習内容を細分化・明確化して学習者に与え，それに対する学習者の反応を即座に評価し次の学習内容を与えていく，自学自習を促進する個別学習の方法です。一つ一つステップを踏むことで，効率よく確実に目標に到達できるようになるという発想が基になっています。アメリカの行動主義心理学者スキナー（Skinner, B. F.）の理論が発端となりました。
　マスタリー・ラーニングとは，学習者の進度に応じた学習条件を整備することにより，ほぼすべての子どもの完全習得を目指すやり方です。系統化・明確化された目標をあらかじめ設定しておき，学習過程で形成的評価をおこなって，目標の到達状況を把握します。つまずきのある子どもには回復学習を，習得できた子どもには発展学習を用意します。目標は全員共通である点に特徴があります。アメリカの教育学者ブルーム（Bloom, B. S.）が提起しました。▷2

◯適性に応じる

　子どものなかには，厳しく教えられたほうが伸びるというタイプもいれば，ゆったりと見守ってもらったほうが伸びるというタイプもいるでしょう。従来の教授理論では，指導方法の優劣ばかりが議論され，指導方法と学習者との「相性」にはほとんど関心が払われてきませんでした。これに着目したのが，「適性処遇交互作用」の考え方です。
　適性処遇交互作用とは，学習成果の違いを，学習者の個人的な特性（適性）と

▷1　前者が「指導の個別化」，後者が「学習の個性化」とよばれる。加藤幸次・安藤慧『個別化・個性化教育の理論』黎明書房，1985年。

▷2　マスタリー・ラーニング
⇒Ⅷ-2 も参照。

教授方法（処遇）との交互作用に注目して説明する考え方です。表4に示したように，同じ教授方法Aでも，それに合う子ども（タイプA）と合わない子ども（タイプB）とがありうるでしょう。そして，タイプBの子どもでも教授方法Bならば合うかもしれません。このような考え方を元にして，その子に応じた教授方法をとるようにします。アメリカの心理学者クローンバック（Cronbach, L. J.）によって提起されました。

表4　適性処遇交互作用の考え方

	タイプA	タイプB
教授方法A	○	△
教授方法B	△	○

（注）○は学習成果大を，△は学習成果小を表す。

○ 興味関心に応じる

同じ「昆虫」といっても，トンボに興味をもつ子もいれば，セミに興味をもつ子もいます。そうした子どもたちに一律に同じ昆虫を学習させる必要はなく，それぞれが好きな昆虫を選べばよいと考えるのが，「課題選択学習」です。

課題選択学習では，子どもの関心に応じた複数のコースを用意し，そのなかから子どもに選ばせます。どのコースを選んでも同じ性質の内容を学習できると考えられる単元で実施することが可能です。加藤幸次らが提唱してきました。

▷3　1998年の教育課程審議会答申では，小学校高学年からの「課題選択」の導入が推奨された。

▷4　ティーム・ティーチング（TT）
⇒ VII-8　X-5 参照。

② 学習集団の再編成と条件整備

一斉教授のもとでは，学級集団＝学習集団であり，いつも同じ数十名のメンバーで学習を進めます。しかし，個に応じた学習をおこなうには，学級集団を解体し，より少人数の学習集団へと再編成することが必要になります。その際，一つの学級を複数の集団に分ける，同一学年の複数の学級を複数の集団へと組み替える，異学年を含む複数の学級を複数の集団へと組み替えるなどのやり方があります。

これらを実施するには，一学級を一人の担任教師がいつも同じ教室空間で教えるというやり方では困難です。そのため，**ティーム・ティーチング（TT）**や**オープン・スペース**の導入が図られます。

▷5　オープン・スペース
従来の教室空間とは別に設けられた，さまざまな学習用途に用いるための空間のこと。教室空間の続きに設けてあるもの，各階にホール状に設置されているものなどがある。「多目的教室」「多目的スペース」などとよばれている。

▷6　とくに算数の授業で用いられることが多い。ティーム・ティーチングなどで加配された教員が担任教員に加わって，2つの学級を3つの集団に分けるといったことがおこなわれている。

③ 個に応じた指導の問題点

個に応じた指導に向けての流れは日本でも着実に進んできました。その流れと組み合わさってここ数年で急速に普及したのは，習熟度別指導です。習熟度別指導では，子どもたちを学力によって複数の集団に分け，指導をおこないます。しかし，習熟度別指導の有効性は，多くの調査結果で否定されてきました。むしろ，学力格差を拡大し差別感を生むという問題点が指摘されています。

個に応じた学習が習熟度別指導と結びついてしまうのは，一つには，「個」に着目するあまり，子どもたちが集団のなかで学ぶという事実を見落としてしまっているからです。個人差に応じて学習集団を再編成した場合でも，子どもはやはり他の子どもと共に学ぶことになります。この「共に学ぶ」ことの意義を十分に位置づけてこなかった点が，これまでの個に応じた学習の考え方の限界であるといえます。

（渡辺貴裕）

▷7　習熟度別指導に関しては，佐藤学『習熟度別指導の何が問題か』岩波書店，2004年，梅原利夫・小寺隆幸編『習熟度別授業で学力は育つか』明石書店，2005年が参考になる。 IX-6 も参照。

参考文献
加藤幸次・河合剛英編『小学校　個に応じる少人数指導』黎明書房，2002年。
安彦忠彦『「授業の個別化」その原理と方法を問う』明治図書出版，1993年。

VI　学習形態の工夫

3　協同学習

1　個に応じた指導と協同学習

　協同学習は，2～6名程度の小グループに分かれて学習をおこなう形態です。学級集団よりも小規模な集団を作るという点では，「個に応じた指導」の学習形態と類似しています。また，一斉教授の画一性を批判して生まれてきたという点でも共通しています。

　しかし，両者は目指す方向が異なります。「個に応じた指導」では，究極的には個人学習が理想とされます。グループになるのは，完全な個人学習の実施が困難であるためのやむをえない措置であると考えられます。一方，協同学習では，子どもが他の子どもと共に学習するという事実に積極的な価値を見出します。

　子どもは他者から頼りにされ，期待されることによって，一人で課題に挑むとき以上の力を発揮することができるでしょう。また，自分とは異質な他者と対話をおこなうことによって，思考を深めることができるでしょう。協同学習では，こうしたよさをいかすのです。

2　競争と協同

　学習活動における協同の価値は，必ずしも常に尊重されてきたわけではありません。なぜなら，協同ではなく競争こそが学習の主要な動機付けであると多くの場合考えられてきたからです。確かに，「他人に勝ちたい」「一番をとりたい」という気持ちは学習の動機付けとなりえます。

　しかし，これには問題点があります。競争関係にある場合，他者にとってのプラスは自分にとってのマイナスとなるため，相互に妨害し，排除する態度を示しやすくなります。また，敗者になることに慣れてしまうと，動機付けを急速に失います。さらに，勝者は「いつ転落してしまうか」という不安，敗者は「どうせ自分にはできない」という無能感を抱えるようになります。

　コーン（Kohn, A.）は『競争社会をこえて』において，競争よりも協同のほうが生産性を高めるという事実を多数の実験結果を引用して示しました。このように，学習活動の基盤に競争をすえるのは誤りであると考えられるようになっています。

▷1　個に応じた指導
⇒VI-2 参照。

▷2　コーン, A. 著, 山本啓・真水康樹訳『競争社会をこえて』法政大学出版局，1994年。

3 協同学習の方法

たとえ教師が協同は大切なものであると理解していても、実際に子どもたちのグループを協同的なものにすることは容易ではありません。単に子どもたちをグループに分けるだけでは、協力しない子、関係ないおしゃべりをする子、自分の主張だけを押し通してしまう子などが出てきます。「グループにすると遊びになってしまう」と考えてグループ分けを敬遠する教師も少なくありません。

まず、協同学習で求められるグループが旧来の学習グループとどのように異なるかを見ておきましょう。アメリカにおける協同学習の代表的な提唱者であるジョンソン兄弟（Johnson, D. W. & Johnson, R. T.）は、それぞれの特徴を表5のようにまとめています。協同学習グループでは、社会的技能を子どもに教える存在として教師が果たす役割が重要になります。

教師が留意すべき事項には、さらに次のようなものがあります。

まず、グループの人数です。最初から6名や7名といった多人数の集団にしてはなりません。他人の意見に耳を傾けたり自分の意見を主張したりすることに慣れていない子どもがいきなり多人数の集団のなかに入っても、力を発揮することはできません。そのため、2名や3名といった少人数の集団のなかで、必要な技能を訓練する必要があります。

次に、与える課題の内容です。協同学習に適した課題である必要があります。多くの場合、簡単すぎる課題を与えて失敗してしまうようです。協同しないでも解決できるような課題では、子どもたちは協同の必要を感じず、グループでの学習が形骸化してしまいます。

このような点に留意して協同学習を進めていくと、子どもはお互いを共に学ぶ仲間とみなすようになります。わからないことを友達に尋ねたり、また、尋ねられた子どもが責任をもって応えたりといった場面が見られるようになります。こうして子どもたちは協同の意義を理解し、必要な技能を習得していきます。

「なかよく」することを強制するようなやり方では、子どもは偽善の感覚を抱きます。協同を通して学習が深まることを子どもが実感することによってのみ、協同学習は有効なものとなります。

日本では、教育学者の佐藤学が、一時間の授業のなかに必ず「小グループの協同」を取り入れることを授業改革の一つの柱に据えて、学校改革を推進してきました。とくに、これまで協同学習がほとんど取り入れられていなかった中学校においてこれを実行し、成果をあげている点は注目に値します。

（渡辺貴裕）

表5　協同学習グループと旧来の学習グループとの違い

協同学習グループ	旧来の学習グループ
相互協力関係がある	協力関係なし
個人の責任がある	個人の責任なし
メンバーは異質で編成	メンバーは等質で編成
リーダーシップの分担をする	リーダーは指名された一人だけ
相互信頼関係あり	自己に対する信頼のみ
課題と人間関係が強調される	課題のみ強調される
社会的技能が直接教えられる	社会的技能は軽く扱うか無視する
教師はグループを観察、調整する	教師はグループを無視する
グループ改善手続きがとられる	グループ改善手続きはない

出所：ジョンソン他、1998年、32頁。

▷3　ジョンソン, D. W. 他著、杉江修治他訳『学習の輪——アメリカの協同学習入門』二瓶社、1998年。

▷4　佐藤雅彰・佐藤学編『公立中学校の挑戦——授業を変える　学校が変わる』ぎょうせい、2003年。

参考文献

ジェイコブズ, G. 他著、関田一彦監訳『先生のためのアイディアブック——協同学習の基本原則とテクニック』ナカニシヤ出版、2005年には協同学習をおこなうための具体的な方策が数多くおさめられている。また、協同学習の一形態である「バズ学習」や「ジグソー学習」をとりあげた以下の書籍も参考になる。塩田芳久『授業活性化のバズ学習入門』明治図書出版、1989年、筒井昌博編『ジグソー学習入門』明治図書出版、1999年。

VI 学習形態の工夫

4 子ども同士のやりとりを重視する授業

① 子ども同士のやりとりと集団思考

　一方的に教師の話を聞くだけでは子どもたちは飽きてしまいます。意見や質問を表明する発言の機会が与えられてこそ，教師の話を能動的に聞くことができます。また，学級の他の子どもの発言を聞くことで，刺激を受け，思考も深まります。このような子ども同士のやりとりによって生まれる思考の過程は「集団思考」とよばれ，授業においてこれを組織することが目指されてきました。
　集団思考の一例をあげましょう。
　平行四辺形の面積の求め方を，長方形の場合をまねて，斜辺×底辺とした子がいるといます。その子は，別の子の「三角形を移動させて長方形にすれば，高さ×底辺で求められる」（図14参照）という主張にうなずきながらも，「それではなぜ僕のがまちがいか説明してほしい」と求めました。「高さ×底辺」に賛成した子のなかには，公式を丸暗記しているだけの子もいます。そうした子どもも，この発言によってあらためて公式の根拠を考えざるをえなくなります。「まちがい」が「否定的媒介」になることによって，より高いレベルでの理解が達成されるのです。ここで生じている過程が集団思考です。
　子ども同士のやりとりは，グループ学習の場だけでなく，一斉教授の場でも組織することが可能です。

② 子どもたちが競い合ってさかんに発言する授業がよい授業か？

　子どもが次々に「ハイッ」「ハイッ」と競い合って手を挙げ，われ先にと発言する授業があります。一般に，子どもの発言が活発であることは教師に歓迎されます。しかし，本当にこのような授業はよい授業なのでしょうか。
　競い合うように挙手しているとき，子どもたちの思考は必ずしも深まっているとはいえないでしょう。頭を使わず，すでにもっている知識をただ再生しているだけの場合もあります。他の子どもの発言にもあまり耳を傾けてはいないでしょう。他人の発言を反芻し，真剣に自分の頭を使って考えているならば，発言競争は起こらず，むしろ落ち着いた雰囲気の授業になるからです。
　発言競争が起こってしまう原因は，子どもにあるのではなく，教師の発問の仕方にあります。教師の発問が，わかりきったことを尋ねるものになってしまっているのです。この場合，教師の頭の中には，「これを答えて欲しい」とい

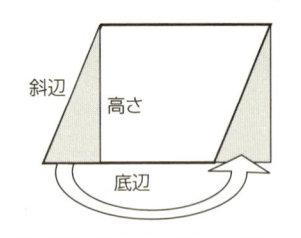

図14　面積の求め方の説明

▷1　吉本均『発問と集団思考の理論』明治図書出版，1977年に紹介されている事例を参考にした。

▷2　「ハイハイ授業」とよばれる。

うただ一つの「正解」があります。一つしかない「正解」を答えることを子どもたちは求められるのですから,「当てあい」になってしまうのは当然です。「なんで先生はこんなことを聞くんだろう？」と立ち止まったり,発問の意味を理解するのに時間がかかったりする子は置いていかれます。

もちろん,課題の種類によっては,反射的な反応を要求することが適切な場合もあるでしょう。しかし,思考の深化を目的にして子どもに発言を求めているのなら,教師は自らの発問が当たり前のことを尋ねる形式的なものになっていないか省みなければなりません。

3 やりとりに必要な技能の指導

子どもたちのやりとりが有意義なものになるためには,教師の発問の質に加えて,発言したり他人の意見を聞いたりする技能を子どもが身につけていることが重要です。話している人の方に顔を向けて聞く,わかったらうなずく,はずれたことを言った子を笑わないといった学習技能を教師は指導する必要があります。

また,教師が無意識のうちにおこなっているふるまいが,子どもたちのやりとりを遮断している場合もあります。たとえば,子どもの発言を毎回復唱してしまう教師がいます。そうすると,子どもたちは,発言している子どもにではなく,その後に復唱する教師に注意を向けてしまうようになります。これでは子ども同士のやりとりが発展していきようがありません。

やりとりを重視する授業の理想状態は,教師がほとんど発言することなく,子どもだけでハイレベルでかみあったやりとりが進む状態でしょう。

それを実現している一例が,向山洋一の「指名なし討論」の授業です。

「指名なし討論」の授業では,教師はほんの数度しか発言をしません。指名もしません。子どもたちは次々に立って発言をしていきます。子ども同士で指名をしているのでもありません。したがって,同時に数名が立つこともあります。その場合は,初めて意見を言う人,反論がある人などが優先されて,他の子は黙ったまま腰をおろします。1時間の授業のうちに学級全員が発言し,かみあった討論が進展します。無駄な要素が極力削られているため,テンポよく討論が進み,子どもたちの集中が深まります。

このような授業を組織するために,向山は,「指名なし朗読」「指名なし発表」「指名なし討論」とステップをふんで,必要な技能を身につけさせています。

「指名なし討論」の授業場面のみを見ていると,一見,教師は何もしていないように見えます。しかし,その裏で教師の指導性が発揮されていることを見逃してはなりません。

（渡辺貴裕）

▷3 たとえば,ある子の発言の声が小さくて聞き取りにくかった場合に,その子にではなく,教師に「先生,○○くん,なんて言ったんですか？」と尋ねてしまう。

▷4 向山洋一『発問一つで始まる「指名なし討論」向山洋一全集47』明治図書出版,2003年。

表6 向山洋一による「討論的授業」成立の条件

1	多人数がいる。
2	全員が同一の問題を考えている。
3	問題への答えをほとんどの子が持っている。
4	答えがいくつかに分裂している。

Ⅵ 学習形態の工夫

5 探究的な学習

1 探究的な学習とは何か？

　子どもは学校で多くの知識と概念を学習します。それらはたいていの場合，すでにできあがった安定的なものとして子どもに与えられます。しかし，そうした知識と概念は，もともと，それを発見した先人たちにとっては未知のものでした。彼らは，探究活動をおこない，試行錯誤することによって知識と概念をつくりあげてきたのです。対象が未知であるという点では，これから学習を始める子どもも同じです。探究的な学習という方法では，子ども自身にこの探究と試行錯誤のプロセスを経験させることで学習を組織します。以下では，探究的な学習の代表的形態の一つである「発見学習」を中心に紹介していきましょう。

2 発見学習の過程と効果

　発見学習とは，ある知識をできあがったものとして学習するのではなく，知識が生成されるプロセスを自らがたどることによって学習を進めるやり方です。発見学習を日本で推進してきた水越敏行の論を参考にすると，発見学習の典型的な過程は次のようにまとめられます。

▷1　水越敏行『発見学習入門』明治図書出版，1979年。

　(1) 学習課題をとらえる
　既知の知識や経験を総動員しても解決できない場面に直面することによって，子どもはその場面を，克服し解明すべき「課題」として意識します。
　(2) 仮説を立てる
　課題に対してさまざまな解決の方法を着想します。「思いつき」の正確な言語化や根拠の説明は求められず，可能な限りいろいろなアイデアを出します。「拡散的思考」や「直観的思考」といったものがここで働きます。発見学習のかなめとなる段階です。
　(3) 仮説をねりあげる
　前段階で着想された仮説は，一種の飛躍を経て生まれたものであるため，誤りや論理の矛盾を含んでいたりします。そのため，この段階で，一貫して筋の通った仮説へとねりあげます。また，どのようにしてそれを確かめたらよいか，検証の条件や方法を考えます。ここでは，「分析的思考」と「集中的思考」が重要となります。

(4)たしかめる

ねりあげた仮説を，事実と照合させます。実験をおこなったり事実資料を確認してみたりして，検証をおこないます。

(5)発展する

他の事例にもあてはめて，妥当性を確証します。前段階で導かれた一般的な法則を，子ども自身が使いこなせるものへとしていく段階でもあります。

発見学習では，自由な仮説の着想が推奨されるため，学習過程での「まちがい」の数は多くなります。まちがいをすることの積極的意義が認められている点に，発見学習の一つの特徴があります。

発見学習で得られる力については，ブルーナー（Bruner, J. S.）が，「知的能力の増大」「外発的報酬から内発的報酬への転換」「発見的方法の学習」「記憶保存への助け」の4つをあげています。[2]

3 発見学習の展開

発見学習は，アメリカで1950年代末から1960年代にかけて起こった**教育内容の現代化**運動のなかで[3]，ブルーナーによって唱道されました。ブルーナーは，「知的活動は，知識の最前線であろうと，第三学年の教室であろうと，どこにおいても同じものである」という確信を軸に，「物理学者がするように物理を学習する」ことを主張します。彼は，日常経験との連続性を強調したデューイ（Dewey, J.）の**経験主義**教育を[4]，知識の系統的習得を軽視するものとして批判し，教育課程の編成に学問の基本的構造を反映させることを求めました。そして，そこに盛り込まれた学問的内容を学習する際には，「発見をうながす興奮の感覚」が伴わなければならないと考えたのでした。[5]

発見学習はその後日本に紹介され，1960年代に多くの支持を集めます。板倉聖宣が1963年に始めた**仮説実験授業**もまた[6]，発見学習と同様の考え方にもとづくものです。しかし，アメリカでは発見学習が**カリキュラム**構成の原理と結びつく形で推進されたのに対して[7]，日本では指導法の一つとしてのみ捉えられる傾向が見られました。

発見学習がいう「発見」は，歴史上の原発見とまったく同じものではありません（もし同じならば，発見することができる子どもはごく限られてしまうでしょう）。教科内容の本質に到達できるように，教材作成者の手によって再構成されたものです。そのため，発見を導くために効果的な場面の設定や素材の工夫がおこなわれることになります。では，このように発見が用意されることによって，科学者などが味わう本来の発見とはどのような違いが生まれてくるのでしょうか。あるいは逆に，たとえ用意されていたとしても，発見にはある種のひらめきが不可欠である以上，子ども全員が発見にいたることは可能なのでしょうか。こうした問題がまだ残されています。

（渡辺貴裕）

▷2 ブルーナー, J. S. 著，橋爪貞雄訳『直観・創造・学習』黎明書房，1969年。

▷3 教育内容の現代化
1957年のソビエトのスプートニク号打ち上げ成功にショックを受け，科学技術の高度化に対応した人材を育成するために推進された。数学，物理学など各学問分野の科学者たちが協力し，現代科学の成果を教育課程に反映させることが試みられた。Ⅰ-3 ⅩⅢ-4 も参照。

▷4 経験主義
⇒ ⅩⅢ-3 参照。

▷5 ブルーナー, J. S. 著，鈴木祥蔵・佐藤三郎訳『教育の過程』岩波書店，1963年。

▷6 仮説実験授業
⇒ ⅩⅣ-6 参照。

▷7 カリキュラム
⇒ Ⅳ-1 参照。

VI 学習形態の工夫

6 問題解決学習

1 問題解決学習とは何か？

わたしたちが日常生活においてもっとも頭を働かせるのはどのようなときでしょうか。それは，ある問題に直面して解決策を考えるときでしょう。たとえば，限られたお金でなんとか旅行に行きたいとき，どこに泊まってどのような交通手段を使えば安くあがるか必死に頭を使うに違いありません。

それならば，このような問題解決の思考過程に対応した学習過程を組織すればよいのではないか。そうした発想によって生まれたのが問題解決学習です。

伝統的な学習方法では，子どもは教師から題材を与えられ，それを理解することが求められます。問題解決学習では，子ども自身がまず問題を把握し，続けて主体的な究明活動をおこなっていくことになります。

問題解決学習の支えとなっているのは，デューイの反省的思考論です[1]。デューイは，人間が未知あるいは不確定な状況から解決策を生み出していくときに働く思考を反省的思考とよびました。反省的思考は，①当惑・混乱，②推測的予想，③関連事実の注意深い調査，④予想の精密化，⑤実験的検証の五局面からなります。問題解決学習は，この五局面を授業過程化したものといえます。

2 戦後初期の問題解決学習の高まり

問題解決学習は，日本では，戦後すぐの**新教育**[2]においてさかんに取り入れられました。中心となった教科は，新設された社会科です。1951年発表の『小学校学習指導要領　社会科編（試案）』では，「かれら［＝児童］が実生活の中で直面する切実な問題を取りあげて，それを自主的に究明していくことを学習の方法とすることが望ましい」と述べられました。

当時の問題解決学習への注目は熱狂的ともいえるほどでしたが，その後，問題解決学習の是非や方法をめぐって論議が巻き起こります。その際に繰り返し問われた論点は，問題解決学習における「問題」とは何か，というものです。

広岡亮蔵は1958年に，問題解決学習の「問題」を次の三つに分類しました。一つ目は，「子どもの手近な日常生活の問題」，二つ目は，「歴史社会の体制がもつ問題」，三つ目は，「知識や技術にかんする問題」です。

問題解決学習の原点となるのは，一つ目の「日常生活の問題」でした。しかし，子どもが日常生活のなかで遭遇する問題を扱うだけでは，日本の産業構造

▷1　デューイ著，松野安男訳『民主主義と教育（上）（下）』岩波書店，1994年を参照のこと。

▷2　新教育
⇨ II-1 参照。

といった社会現実への認識の深まりを導くことができないという主張が生まれます。そうして，二つ目の「歴史社会の体制がもつ問題」を重視する立場が出てきました。さらに，問題解決学習は知識の系統性を軽視しており，基礎学力の低下を招くという批判も高まります。そのため，知識体系がもつ客観的な問題を重視する三つ目の立場が登場しました。

しかし，このように問題解決学習の概念を拡張することによって，問題解決学習の固有の役割が曖昧になってしまった面があります。1960年代になると，問題解決学習は系統学習の主張に押され，下火になりました。▷3

③ 問題解決学習の今日的課題

1990年代に入って，問題解決学習は再び脚光を浴びました。「生きる力」の育成を打ち出した1996年の中央教育審議会第一次答申は，「自ら学び，自ら考える」ための「問題解決的な学習」の充実を主張しています。さらに，2008年改訂の小中学校学習指導要領でも，「思考力・判断力・表現力等の育成」のために「問題解決的な学習」の重視が求められました。これらにともない，問題解決学習を目指す実践が広まっています。

しかし，一方で，形式的な実践も見られます。子どもが，その事実がもつ意味を考えないまま，本に書かれている内容を丸写しする「調べ活動」で終わってしまうようなものです。その場合，「発表会」は学習の終着点になってしまい，そこからさらなる究明活動が生まれてくることもありません。

これは，問題解決学習を「問題作り―調べ活動―発表会」といった外面的な形で捉えてしまっているために起こる問題です。最初に述べたように，問題解決学習は，問題解決の思考過程を学習過程に対応させたものです。したがって，子どもの内面に「問題把握―究明―解決（および新たな疑問）」という一連の流れを生みださなければなりません。

それを可能にするための具体的な方策として，藤井千春は，「話し合い活動」を学習プロセスのなかに位置づけることを主張しています。▷4 事実に対する自分の考えを他の子どもの考えとつきあわせる場を用意することで，同一の事実がもつ意味をめぐる対立が子どものなかに生まれます。それによって子どもは自らの考えを深めていくことができるといいます。また，藤井は，教師が「脱線」や「立ち往生」するのを恐れないことが大切であると説きます。デューイは，問題解決に働く思考は状況に対する「当惑・混乱」から始まると述べていました。それならば，予想外の出来事によって生じた「脱線」や「立ち往生」は，問題解決学習の意義深い出発点となるはずです。逆に，常に問題が予定調和的に解決されることがわかっているような学習では，もはや問題解決の本質は失われてしまっているでしょう。問題解決過程における予測不可能性の扱いは，問題解決学習を進める際の一つのポイントとなります。　　（渡辺貴裕）

▷3　この間も問題解決学習の実践を蓄積してきた団体として「社会科の初志をつらぬく会」などがある。IX-3 参照。

▷4　藤井千春『問題解決学習のストラテジー』明治図書出版，1996年。

参考文献

社会科の初志をつらぬく会『問題解決学習の継承と革新』明治図書出版，1997年。

谷川彰英『問題解決学習の理論と方法』明治図書出版，1993年。

VI　学習形態の工夫

7　表現活動

1　教科学習と表現活動

　表現とは，自分の内にあるものを，他者に伝わるように形を与えて外に表していく過程，あるいはそのようにして表されたものを指します。外に表す際に用いられる媒体には，身体・声・音・造形物・言葉などがあります。

　従来，教科のなかで「表現教科」と一般的によばれてきたのは，音楽科，図画工作科，美術科などです。これらの教科においては，「表現」が「鑑賞」とともに，教科の内容の柱となっています。歌を歌ったり，楽器を演奏したり，絵を描いたり，物をつくったりなどの表現活動がおこなわれます。

　しかし，表現活動が求められるのはこれらの教科のみにとどまりません。体育科には，リズム遊びや創作ダンスなどの身体的な表現活動があります。国語科や英語科には，言葉を話したり書いたりといった言語的な表現活動があります。生活科や社会科では，気づいたことや調べたことを言葉，絵，動作などを通して表現する活動があります。

　教科学習における表現活動を考える際に重要な点が二つあります。

　一つは，表現様式間のつながりです。表現活動は，その表現様式に応じ，複数の教科に分かれて位置づけられています。しかし，表現をおこなう主体の立場から見ると，各種の表現様式は明確に区分できるものではありません。身体表現・音楽表現・言語表現は基底ではつながっており，しばしば混然となって現れます。▷1 したがって，各教科で表現活動を指導するとき，こうした表現様式間のつながりを無視してしまうと，表現の質はゆがめられることになります。▷2

　もう一つは，表現を受けとめる相手です。表現は，受けとめる相手がいてはじめて成り立つものです。表現のあり方自体，相手によって変わってきます。しかし，学校の授業のなかでは，誰に表現するのかということがしばしば忘れられています。▷3

2　表現活動の意義

　授業に表現活動を取り入れると，子どもたちは活気づき，教室が賑やかになります。しかし，表現活動の意義は，単に子どもを活気づかせる点にのみあるのではありません。以下では，授業づくり・学級づくりを進めるうえでの表現活動の意義を，国語科を例にとって，みていきましょう。

▷1　たとえば，子どもが友達に「○○ちゃん，あそびましょ」や「かくれんぼするものよっといで」と呼びかける場合を考えてみればよい。呼びかけという言語表現であるだけでなく，音楽的な旋律をともない，さらに，身体的な働きかけを土台にもった表現である。

▷2　一例として，唱歌「春が来た」を取りあげよう。この歌は，「春が来た春が来た」という叫びに対して「どこに来た」と尋ね，さらに「山に来た」と答えていく対話になっていると考えられる。また，歌の土台には，つくしを見つけた，暖かくてセーターを脱いだなどの，身体的なレベルでの春の到来の実感があるはずである。しかし，学校での歌唱指導においては，ほとんどの場合，こうした言語的・身体的要素は閑却されている。竹内敏晴『日本語のレッスン』講談社，1998年参照のこと。

▷3　誰に向けて書いているのかわからない国語科の作文，発話の状況がほとんど考慮されない英語科の文法学習などに典型的にみられる。

○ 表現活動を通しての授業づくり

国語科における表現活動としては，音声言語の方面だけでも，朗読，群読，劇あそび，朗読劇，劇などがあります。国語科では，「表現」が「理解」と対比させられてきました。そして，上のような表現活動は，しばしば，すでに頭で理解した内容を声や身体を使って示す行為と考えられてきました。ある物語作品にかんして，あらかじめ「ここでは登場人物はこういう気持ち」と分析的な解釈をおこなったうえで，それを声の抑揚などで示すといったようにです。

しかし，実際には，表現活動を通して理解もまた深めていくことができます。たとえば，物語の登場人物やナレーターを子どもたちが分担して，実際にその役になって動きながら読んでみることによって，子どもたちはその作品の物語世界をより実感できるようになります。しかも，理解が声や動作になって現れるので，その理解は学級全体で共有することができます。

このように，表現と理解は同時相即的な関係にあり，それを生かした授業づくりが必要です。

○ 表現活動を通しての学級づくり

物語や詩には登場人物同士による言葉のやりとりが数多く出てきます。また，物語や詩の朗読自体，聞き手に語りかける行為です。したがって，表現活動をおこなうことは，きちんと言葉を届ける，あるいはきちんと言葉を受けとめるといった言葉のやりとりを確実なものにしていく過程でもあります。そのため，表現活動を授業や朝の会に位置づけ，繰り返し実施することで，引っ込み思案だった子が自己主張できるようになったり，他人の話を聞けなかった子が他の子どもの発言に耳を傾けられるようになったりということが起こります。

しばしば，声が小さかったり人前に出ることに臆してしまったりして表現活動がうまくいかない際，「子どもたちが消極的なので」「信頼関係が育っていないので」などの理由が教師からあげられることがあります。しかし，そのような心理的な特性に帰因させるのではなく，まさに表現活動をおこなうことを通して，子どもたちの「積極性」や「信頼関係」を育てていく必要があるでしょう。

③ 表現活動から発表会へ

表現活動を通しての授業づくり・学級づくりを進めていくと，音楽や劇の発表会は，従来とは違った意義をもつようになります。練習してきたことをいかに失敗なく再現するかではなく，学級の仲間以外の人たちを前に最大限の力を発揮することでいかに成長を遂げられるかが肝要である場になります。

これまで表現活動に対する理解は十分であったとはいえません。教師が決めた表現の形を子どもに押しつけるだけの場合も多かったでしょう。表現を付加的なものとして見る教師自身の思い込みをあらため，子どもが示すそれぞれの表現の違いに気づくところから始めなくてはなりません。

（渡辺貴裕）

▷4 架空の世界に身をおくことによって，子どもは，文章に直接書かれていない事柄に関しても，「…するならば…だろう」と予測を整合的に生みだしていくことができる。それが物語世界への理解の深まりをもたらす。

▷5 福田三津夫『いちねんせい ドラマの教室』晩成書房，2005年に興味深い実践が描かれている。

▷6 斎藤喜博は，表現活動がもつ意義を重視し，学校公開研究会を子どもたちの発表の場として位置づけた。XIV-8 参照。

（参考文献）

大隅真一『劇のある教室を求めて』晩成書房，1987年。

横須賀薫他編『心をひらく表現活動①～③』教育出版，1998年。

大沢清・村上芳信編『中学生とつくる総合的学習——ゆたかな表現・深まる学び』晩成書房，2000年。

Ⅵ 学習形態の工夫

8 体験学習

1 体験学習とは何か？

　福祉の授業で，身体障害者が直面する困難について学習するとき，本や映像による説明を通して学ぶやり方があります。一方，実際に自分が車イスに乗って街に出てみることによって学ぶやり方もあります。後者が体験学習にあたります。

　自ら手足を動かす直接経験を通して学ぶことによって，絵や言葉を媒介にした間接経験では得がたい認識へといたることができます。車イスに乗って外出した子どもは，車イスでの移動にともなう困難を実感し，自分が意識さえしていなかった段差が身のまわりに数多くあることを発見するでしょう。また，自分でアサガオを育てている子どもは，水をやらなかったため枯れかかったアサガオを見て，植物にとっての水の必要性を痛切に認識するでしょう。

　このように，体験学習では，自分の身体を動かし，五感を使って学びます。観察・調査・見学，飼育・栽培・農耕，勤労・奉仕活動などの種類があります。

2 体験学習の強調とその背景

　体験学習の重要性は，ケルシェンシュタイナー（Kerschensteiner, G.）の労作学校論やデューイ（Dewey, J.）の**経験主義**教育にみられるように古くからいわれてきました。しかし，近年の日本の教育課程においてあらためてそれが強調されたのは，1989年の学習指導要領改訂以降です。この改訂では，小・中学校において，「体験的な活動」の重視が，教科などの指導における配慮事項として明記されました。また，小学校低学年には，「具体的な活動や体験を通して」学ぶ「**生活科**」が新設されました（1992年度より実施）。その後さらに，1998年（高等学校は1999年）の学習指導要領改訂において「**総合的な学習の時間**」が新設され，2002年度（高等学校は2003年度）より実施となります。ここでもまた，「自然体験やボランティア活動などの社会体験，観察・実験，見学や調査，発表や討論，ものづくりや生産活動など体験的な学習，問題解決的な学習」を積極的に取り入れることが求められています。

　体験学習が強調される背景は，次の二つにまとめられます。

　一つは，知識の系統的教授にみられる言語中心主義に対する批判です。メダカのオスとメスの区別の仕方を口では説明できても，実際のメダカは見分けられない子どもがいます。どれだけ言葉を暗記しても，経験と結びつかなければ

▷1　経験主義
⇒Ⅻ-3 参照。

▷2　生活科
小学校低学年の社会科と理科を廃止して設けられた。身の回りの社会や自然の観察，動植物の飼育栽培，遊びや工作などの「活動の楽しさ」そのものが目標の一つにあげられている点が特徴的である。Ⅺ-11 参照。

▷3　総合的な学習の時間
「生きる力」育成のための目玉として，小学校から高等学校までの全学年にわたって導入された。教科，特別活動，道徳と並びたつ教育課程の一領域として位置づけられているが，とくに教科学習との関連が議論になっている。Ⅺ-12 参照。

▷4　ポラニー, M. 著，佐藤敬三訳『暗黙知の次元──言語から非言語へ』紀伊國屋書店，1980年。

言葉は空疎なものとなります。また，最近では，言語化できない「暗黙知」の存在が着目されています。ポラニー（Polanyi, M.）がいうように，「我々は語ることができるより多くのことを知ることができる」のです。▷4

もう一つは，子どもの自然体験・生活体験の貧困化です。自然環境の減少，地域共同体の衰退，親の過保護などにより，子どもの体験はやせ細っています。図15は，斎藤哲瑯が2000年に関東周辺の小学4年生から中学3年生までの1,295名を対象に，自然体験・生活体験の回数に関して調査をおこなったものです。▷5 各々の体験がないこと自体に直接的な問題があるわけではあり

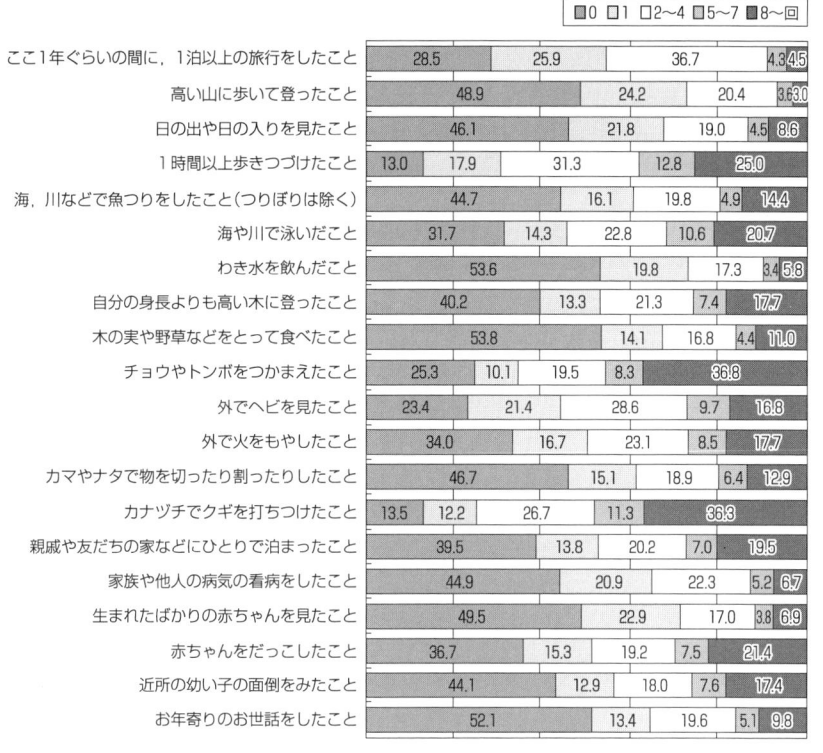

	0	1	2〜4	5〜7	8〜回
ここ1年ぐらいの間に，1泊以上の旅行をしたこと	28.5	25.9	36.7	4.3	4.5
高い山に歩いて登ったこと	48.9	24.2	20.4	3.6	3.0
日の出や日の入りを見たこと	46.1	21.8	19.0	4.5	8.6
1時間以上歩きつづけたこと	13.0	17.9	31.3	12.8	25.0
海，川などで魚つりをしたこと（つりぼりは除く）	44.7	16.1	19.8	4.9	14.4
海や川で泳いだこと	31.7	14.3	22.8	10.6	20.7
わき水を飲んだこと	53.6	19.8	17.3	3.4	5.8
自分の身長よりも高い木に登ったこと	40.2	13.3	21.3	7.4	17.7
木の実や野草などをとって食べたこと	53.8	14.1	16.8	4.4	11.0
チョウやトンボをつかまえたこと	25.3	10.1	19.5	8.3	36.8
外でヘビを見たこと	23.4	21.4	28.6	9.7	16.8
外で火をもやしたこと	34.0	16.7	23.1	8.5	17.7
カマやナタで物を切ったり割ったりしたこと	46.7	15.1	18.9	6.4	12.9
カナヅチでクギを打ちつけたこと	13.5	12.2	26.7	11.3	36.3
親戚や友だちの家などにひとりで泊まったこと	39.5	13.8	20.2	7.0	19.5
家族や他人の病気の看病をしたこと	44.9	20.9	22.3	5.2	6.7
生まれたばかりの赤ちゃんを見たこと	49.5	22.9	17.0	3.8	6.9
赤ちゃんをだっこしたこと	36.7	15.3	19.2	7.5	21.4
近所の幼い子の面倒をみたこと	44.1	12.9	18.0	7.6	17.4
お年寄りのお世話をしたこと	52.1	13.4	19.6	5.1	9.8

図15　子どもの自然体験・生活体験

出所：斎藤哲瑯のホームページ（http://www14.plala.or.jp/t2saitou/）に掲載された「子どもたちの生活状況や自然・生活体験等に関する調査のまとめ」をもとに著者作成（ホームページは現在は閉鎖）。

ません。しかし，たとえば，雄大な日の出を見て立ちつくすといった，自然に圧倒された体験をもたない子どもに，自然に対する「畏敬の念」を言葉でのみ教えようとするのは本末転倒であるといえます。

③ 体験学習の実施における課題

体験学習の実施に際しては，安直な言葉によって体験を制約してしまっている例をしばしば見かけます。「お年寄りにやさしくしましょう」といって子どもたちを老人ホームに連れていくようなやり方では，「体験」は徳目を教えるための手段でしかなくなります。そうではなく，体験学習の意義は，そこで自分が感じたこと・考えたことをもとに学びを進めていく点にあるのです。

しかし，これは無計画・無目的に活動をおこなえばよいということを意味しません。その活動を通して子どもに何をつかませたいのか，何を味わわせたいのかを教師が認識しておかなければ，かつて**新教育**▷6が「はいまわる経験主義」と批判されたように，体験学習は気まぐれの活動の羅列になってしまうでしょう。

なお，最近ワークショップとよばれる参加体験型の学習が注目を集めています。▷7 ワークショップにおいては，主役は参加者であり，ファシリテーターが進行役として活動の場を支えます。ワークショップは，従来の一方的な知識伝達型の授業に風穴を開けるきっかけとして期待がもたれます。　　　　（渡辺貴裕）

▷5　ただし，中学校2年生が半数以上を占めている。

▷6　新教育
⇒Ⅱ-1 参照。

▷7　中野民夫『ワークショップ』岩波書店，2001年や上條晴夫編『ワークショップ型総合学習の授業事例集』学事出版，2001年が参考になる。

（参考文献）

わざわざ「体験学習」と銘打っていなくても，多くのすぐれた教育実践において，全身を使っての学びが行われている。金森俊朗『太陽の学校』教育史料出版会，1988年や鳥山敏子『からだが変わる　授業が変わる』晩成書房，1985年などを読んでもらいたい。

VII 授業展開を導く教授行為

1 授業の流れをどうつくるか

① ドラマとしての授業

　授業というのは，教材を媒介とした教師と子どもとの相互作用の過程であって，始めから終わりまで一様に推移するわけではありません。それゆえ，授業過程で繰り広げられる教師と子どもの活動内容には，時間的推移に沿って一定の区切り（教授段階）を取り出すことができます。そうした教授段階として，一般に用いられているのは，「導入―展開―終結（整理）」の3段階説です。

　教授段階は，単に時間の推移を記述する形式的なものではなく，固有の内容をともなうものとして捉えられねばなりません。たとえば，導入を，授業時間の始めの段階としてのみ理解するのではなく，その授業の導入が，真に導入の名にふさわしい内容をともなったものかどうかを問う必要があるのです。

　このように，固有の内容をともなったものとして教授段階のあり方を問う発想は，授業をドラマとしてとらえる見方にもとづいています。すぐれたドラマや演奏には，感情のうねり，展開の緩急，緊張と弛緩などの変化があり，それに接することで人々は，魂がゆさぶられ解放されます。すぐれた授業には，これと同じ性質が見られるのです。教授段階によって授業過程を区切るのは，ドラマとしての授業を実現する構想力と展開感覚を磨く一手段とみるべきでしょう。

② 各教授段階固有の機能

　ドラマとしての授業を構成する各段階は，授業過程においてどのような固有の機能を果たし，どのような工夫が求められるのでしょうか。以下，「導入」「展開」「終結（整理）」の各段階について詳しく見ていくことにしましょう。

○「導入」段階

　まず，授業の最初の段階である「導入」は，子どもが教師，教材と出会う場面です。その具体的な役割は，およそ下記の3点にまとめられるでしょう。①学習活動への子どもの関心を高め，子どもが学習に抵抗なく入っていけるように誘導すること。②その授業で予定している学習活動に必要な知識などについて，子どもがすでにどれだけ所有しているかを診断すること。③新しい学習内容・課題を明確にわかりやすく提示すること。たとえば，子どもたちにとって意外性のある事象やエピソードを示し，彼らの疑問を呼び起こすといった工夫は，効果的な導入の方法といえるでしょう。導入を通じて教師は，自分の「教

▷1　一回性の出来事として授業をとらえていく姿勢，そして，授業におけるドラマ的経験の教育的意味を，実践の事実でもって示し，その理論化を試みた教育者として，斎藤喜博を挙げることができる。XIV-8 参照。

えたいもの」を子どもの「学びたいもの」に転化させていくのです。

○「展開」段階

導入を受けて本格的な学習活動をおこなう場面が、「展開」の段階です。この展開の段階においては、授業の「ヤマ場」をつくれるかどうかがポイントになってきます。授業は、いくつかの山（未知の課題）を攻略していきながら、教材の本質に迫っていく過程です。この山に対して、教師と子どもたちが、それぞれに自分のもてる知識や能力を総動員し、論争や意見交流をおこないながら、緊張感に満ちた追求をおこなえているかどうかが、授業のよしあしを決定する一つの目安となります。

授業の「ヤマ場」は、外面的に活発に展開することもあれば、内面的に深く静かに展開する場合もあります。ただ、その現われ方に違いはあっても、「集中」が成立している点で両者は共通しています。ここでいう「集中」とは、「気を付け！ 注目！」など、身体を緊張させる指示によってつくり出すもの（外的集中）ではありません。それは、学習活動に自然と引き込まれ、他のことやものが気にならない状態（内的集中）のことをいいます。

「集中」の有無は、その授業の、経験としての充実具合と表裏の関係にあります。それゆえ、授業における「集中」は、子どもたちの自然体の深い思考をもたらすことで、その授業が直接的に目指す知識や技能の獲得を支えると同時に、その充実した経験自体が子どもを育てるのです。

「集中」の状態は、子ども同士のやりとりなどのなかで偶然に現出することもあります。しかし、それは放っておいては持続されませんし、深まることもありません。それゆえ教師は、子どもたちのなかに疑問や葛藤を生じさせる学習課題を設定して彼らの「集中」を引き出したり、一度成立した「集中」を持続させるために、追求が進むなかで曖昧となる学習課題を明確にしたり、子ども同士の発言をつないだりしていくわけです。

○「終結（整理）」段階

授業の最後の場面である「終結（整理）」は、その授業における学びのプロセスを振り返ったり、その到達点を確認したりして、子どもの意識を次の学習課題へとつないでいく段階です。たとえば、板書内容を見ながら教師が学習内容を整理・確認することもあれば、知識の定着を図るための練習問題や応用問題をすることもあるでしょう。また、子どもたち自身がその時間の学習について反省したり、次時の課題をはっきりさせることで終わることもあるでしょう。

ただ、いずれにしても注意せねばならないのは、そこでのまとめが、教師による押し付けになることです。事前に教師が意図していた方向に、作品の解釈を誘導したり実験結果をまとめたりするのでなく、授業において実際に子どもたちがおこなった学習活動の流れに即したまとめが求められます。

（石井英真）

▷2 授業における「集中」の問題については、横須賀薫『授業の深さをつくるもの』教育出版、1994年を参照。

（参考文献）
斎藤喜博『教育学のすすめ』筑摩書房、1969年。
横須賀薫『授業の深さをつくるもの』教育出版、1994年。
吉本均『ドラマとしての授業の成立』明治図書出版、1982年。

VII 授業展開を導く教授行為

2 教師の指導言

1 指導言の諸類型

教育の過程は、現象として見る限りは、教師と子ども、子どもと子どもの間の話し合いの過程です。そして、この過程をリードしたり組織したりする上で重要な役割を担っているのが、教師のことば（話しことば）です。授業過程で用いられている教師のことばをその目的に応じて分類してみると、発問*1、説明、指示、助言などに分けることができます。確かに、これらのカテゴリーで授業中の教師のことばのすべてを分類できるわけではありません。しかし、自らの指導言を反省する際に、これらのカテゴリーに即して考えることは有効でしょう。ここではとくに、説明、指示、助言について解説します。

▷ 1 発問
⇒ VII-3 参照。

○説　明

説明とは、子どもたちにとって未知の内容などについて、すでに知っている概念を使ってわかりやすく述べることです。文化遺産の伝達を主たる任務とする学校教育において、説明は教師の指導言の中核をなします。

授業過程において説明が果たす役割として、次の二つを指摘することができます。一つは、説明それ自体を目的とし、これによって子どもたちに新しい知識、技能を身につけさせることです。もう一つは、子どもたちが新しい知識、技能を自ら獲得していくために、その前提をつくるために必要な説明をおこなっておくことです。この二つの役割を認識すると、説明という行為の重視が、必ずしも詰め込み教育に直結するわけでないことは明らかです。適切な場面でわかりやすく説明することは、教師にとって不可欠な力量なのです。

説明をおこなう際には、おおよそ下記のような方法がとられます。①ことばの置き換えによる説明（例：「加法というのはたし算のこと」）、②イメージによる説明（例：「（物語文の場面理解において）その広い家にはお母さんと子どもしかいないんだよ」）、③例を使う説明（例：「両生類というのはカエルなどの生き物」）、④比喩を使う説明（例：「回路を流れる電流は水路を流れる水と同じ」）、⑤図解による説明、⑥実物、写真、絵などによる説明。⑤⑥は、ことば以外の媒体を用いますが、その場合もことばによる補足説明は不可欠です。

○指　示

授業のなかで子どもに行動、活動、作業などを命じたり、要請したりすることを指示と言います。徒競走のスタートを告げるピストル音など、ことば以外

の媒体を用いることもありますが，そのほとんどはことばによってなされます。

授業場面における指示には，次の二種類があります。一つは，日常生活で人や集団を動かすのと同じ管理的性格のものです（例：「10数えるうちに並びなさい」）。もう一つは，その指示自体が教育的な指導内容を含むものです（例：「やわらかく踏み切りなさい」）。いずれにしても，指示において大切なことは，その意味や要求の内容，程度が子どもに正確に，納得いくように伝わることです。それゆえ指示は，簡潔かつ明確でなければなりません。加えて，後者の指示の場合は，指示内容の妥当性も問われます。

○助　　言

助言とは，子どものさまざまな活動の深化・発展を図るうえで，役立ちそうなことばをかけることです。それはあらかじめ用意されているというよりは，子どもの学習活動を受けて，それに対する瞬時の対応として行われるものです。たとえば，「うん，残念。でもとても柔らかくて，きれいに跳び箱にのっているよ。今度は思い切って跳んでごらん」というように，助言には，たいていの場合，学習活動を改善するための手がかりに加え，活動に対する値打ちづけや励まし（評言）も含まれます。それゆえ，助言に際しては，適切な助言内容とともに，子どものよい点を褒める肯定的評価を心がける必要があります。

以上のような指導言を複雑に組み合せながら，教師は，子どもの学びを触発し，授業を組織していくのです。

② 言葉が届くということ

教師の指導言は，いくらその内容が適切でも，話しことばである限り，聞き手である子どもに届かなくては力をもちません。たとえば，演出家の竹内敏晴は，次のようなエピソードを紹介しています。5～6人の人に勝手な方向を向いて座り目を閉じてもらう，そして，少し離れたところから一人の人がその中の誰かを選んで話しかけてみる。すると，話しかける人に目星を付けられた相手が，自分に話しかけられたと感じて手を挙げることは極めて少ないという結果となったそうです。ここから，単に声が聞こえ相手に情報が伝わるということと，声が相手の身体に届くということとは別物であることがわかります。

言葉が届くというのは，声が相手の身体に触れ，相手の身体のなかに入って，相手の身体と心を動かすことです。それは，相手と真剣にかかわろうと欲し，自らを開いて全身体的に相手を目指す，という関係性の変化と表裏一体のものです。たとえば，クラス全体に説明しているときでも，集団に対してでなく，一人ひとりに向かって語りかけ，その子どもの相づちや表情を受け止め，彼らと共振しようとする。こうした応答的な関係の下でこそ，教師のことばは子どもの学びを触発するものとなり，両者の間の人間的信頼関係を生み出していくことになるのです。

（石井英真）

▷2　向山洋一は，その著書『授業の腕をあげる法則』明治図書出版，1985年において，「趣意説明の原則」（指示の意味を説明せよ）や「一時一事の原則」（一時に一事を指示せよ）など，指示を与えるときの基本原則を述べている。

▷3　こうした対応を教育的タクトという。I-8参照。

▷4　たとえば藤岡信勝は，発問後すぐに子どもたちに挙手を求め，そこで挙手した少数の子どもたちの発言によって進む授業を批判する。そして，「この資料をみてどんなことが考えられますか」（発問），「考えられることをそこ（コピーの余白）に箇条書きしなさい」（指示）というように，発問と指示とをセットで用いることの有効性を説いている（藤岡信勝『授業づくりの発想』日本書籍，1989年）。

▷5　竹内敏晴『教師のためのからだとことば考』筑摩書房，1999年。

（参考文献）
竹内敏晴『教師のためのからだとことば考』筑摩書房，1999年。
横須賀薫『授業の深さをつくるもの』教育出版，1994年。
横須賀薫編『授業研究用語辞典』教育出版，1990年。
吉本均『授業成立入門——教室にドラマを！』明治図書出版，1985年。

VII 授業展開を導く教授行為

3 深い思考を促す発問の工夫

① 発問の基本的性質

　発問とは、広義には、授業のなかで教師から子どもに問いかけること、およびその問いのことをいいます。発問には、大きく分けて二つの機能があります。一つは、医師による「問診」のように、子どもの状態を知るために問う場合です。授業の導入段階で、「割合って言葉を聞いたことある？」「地層はどこでできるんだったっけ？」などと問い、子どもたちがどの程度の予備知識をもっているかを診断するのはその一例です。もう一つは、教科内容に即して子どもの思考活動を促し、教師が教えたいものを彼らに発見させるために問う場合です。発問ということばは、狭義には、この後者の機能を果たす問いに対して用いられます。

　いずれにしても、発問は、わかっている人（教師）がわかっていない人（子どもたち）に問う点に特徴があります。これは、日常会話における質問、すなわち、基本的にわからない人からわかっているであろう人に対して投げかけられる問いとは対照的です。このような作為性ゆえに、発問を行う際には、何のために問うのかを明確に自覚しておく必要があります。たとえば、その発問によって、どのような認識活動を促そうとしているのか、あるいは、何を知りたいのかをはっきりさせておかねばなりません。

　また、発問を行う際には、子どもたちの応答をあらかじめ予想しておくことも重要です。応答の予想において教師がどう思考するかの一例を示しておきましょう。「三日月」（松谷みよ子作）という詩の一節（「くらい森をみはりながら／ふくろうは　かんがえる／生まれてくる子には／赤い三日月をとってやろう／…〔以下省略〕…」）をふまえ、「暗い森を見張りながらフクロウは何を見ているの？」という発問を考えた。これに対する子どもたちの考えは、①「獲物を探している」②「敵が来ないかと見張っている」③「生まれてくる子どものことを考えている」に分かれるだろう。もし③の意見が出たら、「いや、獲物を探していたんじゃないか」と問い返してみよう。……ここからもわかるように、発問は、一つの問いで完結するようなものではなく、子どもの応答への切り返しとして、系列的に投げかけられるのです。

② 発問の技法

　ここで、子どもの思考を促す問いかけ、つまり狭義の意味での発問を考案す

▷1　この例は、吉本均『授業成立入門——教室にドラマを！』明治図書出版、1985年からの引用である。同書では、このような発問によるきりかえし・からみあいとして指導案を構想する方法が述べられている。

る際の基本原則をまとめておきます。まず，発問は，対立する意見や多様な考え方を，子どもたちから引き出すものでなければなりません。たとえば，「この物語の主人公の名前は何ですか」「三角形の内角の和は何度ですか」など，一つのわかりきった答えを問うようなものでは，子どもの思考は触発されません。これに対し，たとえば，「酸化」という概念を学んでいない子どもへの，「スチールウールを燃やすと重さはどうなるでしょう。重くなるでしょうか。軽くなるでしょうか。それとも，燃やす前と同じでしょうか」との問いは，学級内に対立を生じさせ，予想の根拠をめぐっての議論を誘発するでしょう。

　しかしながら，子どもからの多様な意見を引き出すといっても，「アサガオの種はどうやったら芽が出るでしょう」というような，無限定で何を答えればよいかわからない問いであってはなりません。課題が明確かつ具体的に提示されてこそ思考は触発されます。上の発芽条件に関する発問も，「このアサガオの種を机の上にまいたら芽が出るかな」などと問うことで，「机の上」と「土の中」という二つの場面の比較として，具体的に考えられるようになります。同様に，文学作品における登場人物の心情の読み取りも，「○○はどんな気持ちでしょうか」と直接的に問うより，「○○は今どこにいますか」「○○は何を見ていますか」などと，その人物の置かれた具体的状況を問い，そこから自然と人物の心情を推察させる方が，読みも深まるでしょう。

　また，子どもにとっての自明の前提や正答に疑問を投げかける発問（「ゆさぶり発問」）は，それによって生じる矛盾・葛藤を乗り越えさせることで，子どもの思考を弁証法的に深化させます。たとえば，子どもたちの意見が一つにまとまろうとしているときに，あえて反対意見を主張する。あるいは，教師が，子どものなかの少数意見の肩をもったり，つまずいている子どもの理屈を擁護したりすることも有効な方法です。

3　子どもの思考に対する対応の技

　発問は，あくまで子どもの思考を触発する方法であり，子どもたちの思考の深まりを直接的に指導するものではありません。発問を投げかけられた後，自己や他者と対話するなかで，子どもの思考は深まっていきます。その際も教師は，次のような臨機応変な対応によって子どもたちの学びを支えます。たとえば，子どもたちの声なき声にも耳を傾け，子ども同士の思考をつないでゆく。ある子どもの意見が他の子どもにとって理解しにくいときには，「どうしてそう思ったの」などと軽く質問したり，「○○ということだね」と代弁したりする。あるいは，追求のなかで論点がぼやけてきた場合には，それを明確化する。このように，発問という教師による積極的介入は，子ども同士の意見交流や討論を組織する対応力と結びつくことで，教室に深い学びをもたらすのです。

（石井英真）

▷2　このような対話のなかで生まれる思考の過程を集団思考という。VI-4 参照。

▷3　このような対応を教育的タクトという。I-8 参照。

参考文献

佐藤学『教師たちの挑戦』小学館，2003年。

田中耕治『学力評価論入門』法政出版，1996年。

豊田久亀『明治期発問論の研究——授業成立の原点を探る』ミネルヴァ書房，1988年。

横須賀薫『授業の深さをつくるもの』教育出版，1994年。

吉本均『授業成立入門——教室にドラマを！』明治図書出版，1985年。

吉本均『発問と集団思考の理論　第二版』明治図書出版，1995年。

VII　授業展開を導く教授行為

4　机間指導

1　机間指導の方法

○机間指導の語義
「**机間指導**」とは，教師が子どもたちの座席を順次巡回することで，彼らの学習状況を具体的に把握し，そこから後続の指導の手だてを考案する授業技術を指します。また，机間指導とは逆に，子どもが教師のもとにノートやドリルを持っていき個別に評価や指導を受ける形は，「膝下指導」などとよばれます。

○机間指導の技術
机間指導は，下記のような場面で実践されます。まず考えられるのは，**個別学習**や**協同学習**において，それぞれの子どもやグループの学習状況を把握し，それらに個別具体的に対応する場面です。ドリル学習をさせているとき，つまずいている子に手厚く個別指導をおこなうのはその一例です。また，総合学習などでグループごとにテーマを決めて調べ学習をする際，各グループの進行状況をつかみ，それぞれのニーズに応じた資料提供や支援をおこなう場面も考えられます。

学級全体で一つの課題を追求する形での**一斉授業**においても，机間指導は重要な役割を果たします。すなわち，クラス全体に共通の学習課題を提示した後，机間指導によって個々人の問題解決の様態を把握し，後続の授業展開の方針を練るのです。たとえば，教師は次のような仕事をします。①一人ひとりの子どもが取り組んでいる問題，それについての考え，その変化などを把握する。②問題の解き方が全然わからない子，途中で行き詰まっている子，あまりに的外れな解き方をしている子への指導をおこなう。③子ども同士の考えをつなげることで，それぞれの学習をさらに深めたり，発展させたりする。④必要に応じて子どもたち全員の学習を中止させ，多くの子どもが共通してつまずいているポイントについて解説やヒントを与えたり，学級全体の学習を整理したりする。

ここで注目すべきは，ただ単に子どもたちの考えや解法をメモするのみならず，積極的に個々人の学習過程を指導する必要があるという点です。子どもたちに具体的に働きかけ，ことばを交わしてこそ，子どもの学習から新たな発見も得られます。こうして，机間指導を通して教師は，各人の学習を交流させる場面で誰を指名し，議論をどう組織するのかを考えるわけです。

ここで，机間指導を効果的におこなうための基本原則をまとめておきましょ

▷1　机間指導
従来は，「机間巡視」ということばを使うのが一般的だった。しかし，「机間巡視」ということばは，「指導せずにぶらぶら散歩するだけ」「教師（職制）が子ども（労働者）を管理する方法」など否定的なニュアンスをもちいることから，近年，「机間指導」ということばが用いられつつある。

▷2　個別学習（個に応じた指導）
⇒ⅥI-2 参照。

▷3　協同学習
⇒ⅥI-3 参照。

▷4　一斉教授
⇒ⅥI-1 参照。

う。①子どもの学習状況を瞬時に把握し，適切な助言や示唆を与える。②子どもと目の高さを同じくした共感的な対応をおこなう。③観察，指導にあたっている子どもとの世界に没頭せず，学級全体への目配りを忘れない。④机間指導で観察，指導したことが，後続の学習につながり，生かされるようにする。⑤個別学習での学習問題，学習の手だて，学習時間が適切に指示されている。

○指導技術の原点としての机間指導

　以上のように，机間指導は，一時間の授業過程における評価活動の要であり，かつ子どもの個性に応じた手厚い対応が求められる場面でもあります。机間指導は，発問，板書などのように，授業の前面に華々しく登場する技術ではありません。しかしそれは，授業の展開を背後で支え，子どもの探求活動を側面から援助する上で欠くことのできない技術です。そして，こうした机間指導の精神は，一斉授業を含め授業過程全体を通じて尊重されるべきものといえるでしょう。

2　机間指導を支えるノート指導

　机間指導は，絵やプリントの記述など，子どもが自らの学習過程を何らかの形で表現したものにもとづいてなされます。とりわけノートは，子どもたちが，授業のなかで何をどう学んでいるのかをもっともリアルに映し出しています。それゆえ，机間指導を効果的におこなうには，子どもの学びの足あとが一目でわかるよう，ノートという媒体を工夫せねばなりません。

　ノートのもつ機能として，東井義雄は，①練習帳的機能（例：計算練習をおこなう），②備忘録的機能（例：教師が板書したり話したりした情報をメモしておく），③整理保存的機能（例：小説の一場面に対する自分なりの解釈や感想を書き留めておく），④探究的機能（例：科学的な仮説の設定と検証の過程をレポートのようにまとめる）の四つをあげます。多くの教室において，ノートの機能は，①②の機能のみに限定されがちです。しかも，②の機能は，教師が板書した事項を受動的に丸写しすることに陥っています。

　しかし，真に子どもの学びの実態を映し出し，机間指導を下支えするようなノートにするには，③④の機能をより重視する必要があるでしょう。たとえば，クラス全体に共通に与えられた問題に対する個々人の多様な解法，それを導くまでの試行錯誤のプロセス，そして，クラスメートとの討論を通じて新たに学んだことなどを，そのままノートに残していくよう促すのは一つの方法です。その際，消しゴムを使わないようにした上で，間違った場合は二本線を引いて訂正するように，また，クラスメートの意見は色ペンで書き加えるように指示するなどしてもよいでしょう。そうすることで，子どものありのままの思考過程が確実に残るようになります。こうして，ノートは子どもの自己表現と自己評価の場として生まれ変わるのです。

（石井英真）

▷5　東井義雄『村を育てる学力』明治図書出版，1957年。

（参考文献）
石田佐久馬『発問・板書・ノート』東洋館出版社，1964年。
大西忠治『授業つくり上達法』民衆社，1987年。
迫田一弘『机間指導の技術』明治図書出版，1991年。
佐藤学『授業を変える学校が変わる』小学館，2000年。
東井義雄『村を育てる学力』明治図書出版，1957年。
横須賀薫編『授業研究用語辞典』教育出版，1990年。

VII 授業展開を導く教授行為

5 教室における非言語的コミュニケーション

1 教師の身体的表現力

　授業での教師の働きかけといった場合，ややもするとことばを介してなされる部分にのみ目がゆきがちです。しかし，「目は口ほどに物をいう」とのことわざもあるように，ことばと同等，もしくはそれ以上に，教師の表情や身ぶりによって教室のコミュニケーションは成立しています▷1。とくに，教える内容を相手に印象づけ，認識や信念を根づかせることを目的とする教育活動において，**非言語的コミュニケーション**（ノンバーバル）▷2は大きな役割を果たします。

　授業において教師は，言葉や身体（からだ）を通して，教科内容を子どもに意識的に伝えようとします（表現）▷3。とくに次のような場面では，身体的表現が自覚的に用いられます。一つは，ことばだけでは説明しにくい事柄を教えようとする場面です。マット運動や楽器の演奏などの実技を指導する際に，教師が実際にそれらをやって見本を示すことはその一例です。また，実技教科以外でも，たとえば，物語文の指導において，場面のイメージを膨らませるために，教師が登場人物の表情やしぐさを再現することはよくあるでしょう。

　もう一つは，言語的コミュニケーションをより円滑に進めるために身体的表現を用いる場面です。たとえば，説明中の事柄が大事な内容であることを強調するために，抑揚をつけてゆっくり話すことはよくなされます。また，子どもの発言を聴く際，目を合わせうなずきながら聴くことで，「私はあなたの発言をちゃんと受け止めていますよ」とのメッセージを伝えることもできます。このように，教師は，ことばとともに身体をも自由に，表現の手段として駆使できるようになっていなければならないわけです。

2 教師の身体と教室の雰囲気

○表出と身体

　横須賀薫は，次のような，子どもに身体を開いていない教育実習生の授業風景を報告しています。少し長くなりますが引用します▷4。

　　「〔その実習生は，〕授業の中で黒板に字を書くとか，O・H・Pを操作するとかの必要があって，からだを動かすようなことはあるのですが，それは横の動きか，黒板の方向に向かってであって，子どもの方へ向かっていかないのです。見ていると，教卓の子ども側の縁を横に延長した線と最前

▷1　一説にはコミュニケーション過程において，ことば（音声言語・文字言語）によって伝えられるメッセージは，全伝達内容の35％に過ぎず，残り65％は，話しぶり，動作，ジェスチャー，間の取り方など言語以外の手段（身体）によって伝えられるともいわれる。
　ヴァーガス，M. F. 著，石丸正訳『非言語コミュニケーション』新潮社，1987年。

▷2　非言語的コミュニケーション
　ボディ・ランゲージ（身体言語）と呼ぶ場合もある。

▷3　表現と表出
　意図的に身ぶり手ぶりを用いてメッセージを伝えることを「表現」という。そして，人間の存在のあるあり方が知らず知らずのうちに身体に表れることを「表出」という。

▷4　横須賀薫『授業の深さをつくるもの』教育出版，1994年，126-127頁。

列の子どもたちの机の前の縁を横に延長した線によってできる空間が、まるで深い溝のようになっていて、実習生はそこを越えることができないかのようなのです。そして、そういう学生は必ずといってよいほど、からだを固くして、まるで棒をのんだようにしています」（〔 〕内引用者）。

　授業が子どもたちの前に自分の身体をさらす仕事であることをこの例はよく示しています。人前に自分の身体をさらすとき、どんな人でも何らかの防衛機制が働きます。結果、自分と他者との間に、上の例のような「バリア」が形成されるのです。しかし、上の例のように、教師が過度に身体を固め、防衛していると、子どもとの関係は固くなり、教室の雰囲気は重くなります。

　こわばった身体は、直接的にはまず声に影響します。自分を出すのを恐れているため、その結果、子どもとの間に壁をつくっているため、教師は子どもに自分の声を届かせようとしていない、あるいは逆に、相手を見ずに宙に向かって一方的にことばを発するということになります。いずれにしても、教師の声は子どもに届かないわけです。また、そうした声は、それ自体が教師の自信のなさなどを伝えているため、教師の言葉の説得力も弱くなります。そうすると、教師のことばは心を打つものにならないので、子どもたちのなかに集中も起こらない、あるいは、起こっても持続しないのです。このように、教師は気づかないうちに、その身体のありよう（教師の居方）によって、子どもたちに多くのメッセージを伝えているのです（表出）。

●教師の居方を問い直す

　こうした固い関係を解きほぐす上で、教師が教壇から下りて、子どもたちの中に自分の身を置いてみるのは一つの有効な方法です。たとえば、子どもたちの席の真ん中に立って彼らに語りかけたり、子どもの横側に寄り添って発言を聴いたりするわけです。立ち位置を変え子どもとの物理的距離を縮めることで、教師の側の緊張もほぐれ、発声も自由になり、身体全体を使ったコミュニケーションへと自然と移行していくでしょう。これに呼応して、子どもたちの身体とことばも楽になり、授業への集中が生じる素地が生まれます。

　また、教師の居方は、上のような形で、子どもとの関係を形成するとともに、子どもたちの教室での学び方や振る舞い方にも直接的に影響します。たとえば、「クラスメートの話が聴けない」「私語が多くて教室がさわがしい」などの子どもたちの問題は、実は教師自身の問題なのかもしれません。教室における話し方や振る舞い方を、教師自身が自覚的に反省し、子どもの声を全面的に受け止め、テンションを下げて静かな言葉で子どもに語りかけることで、教室に静かに深く学ぶ雰囲気が成立するのではないでしょうか。

（石井英真）

参考文献

　ヴァーガス、M. F. 著、石丸正訳『非言語コミュニケーション』新潮社、1987年。

　横須賀薫『授業の深さをつくるもの』教育出版、1994年。

　竹内敏晴『教師のためのからだとことば考』筑摩書房、1999年。

　吉本均『教室の人間学』明治図書出版、1994年。

　佐藤学『授業を変える学校が変わる』小学館、2000年。

　斎藤孝『教師＝身体という技術――構え・感知力・技化』世織書房、1997年。

VII 授業展開を導く教授行為

6 板書法

1 板書の意義

　板書とは，黒板に文字，図，絵などをチョークで書くことによって，子どもの学習を援助する働きをいいます。授業は，主に話しことばによるコミュニケーションによって展開します。しかし，やりとりのなかで生まれたことばはすぐに消えてしまいます。板書は，この一過性の話しことばを文字化し，繰り返し立ち返ることができるようにします。これにより，板書は，①指導内容（学習課題）を提示・説明する，②指導内容を要約・整理して授業過程を明確化する，③子どもたちの思考活動を触発・組織化するなどの機能を果たすのです。

2 目的に応じた板書の工夫

▷1　大西忠治『授業つくり上達法』民衆社，1987年。

　大西忠治は，板書法を，次の3パターンで捉えます。一つ目は，授業内容を順次説明しながら，その要点を整然と体系的にまとめていく板書です（「体系的板書」）。多くの人は，「板書」というとこの体系的板書を思い浮かべるでしょう。社会科の授業などにおいて，系統的な知識の構造的な理解を促したい場合，体系的板書は有効です。

　しかし，体系的板書は，ややもすると，教師による一方的な授業展開と結びつきやすいという点には注意が必要です。体系的板書が，一方的で機械的な板書に陥るとき，子どもの学習活動は，教師の板書をひたすらノートに写し取ることのみになってしまいます。特定の内容をわかりやすく説明する場合も，子どもとの応答的コミュニケーションを大切にし，子どもの反応に合わせて板書のタイミング

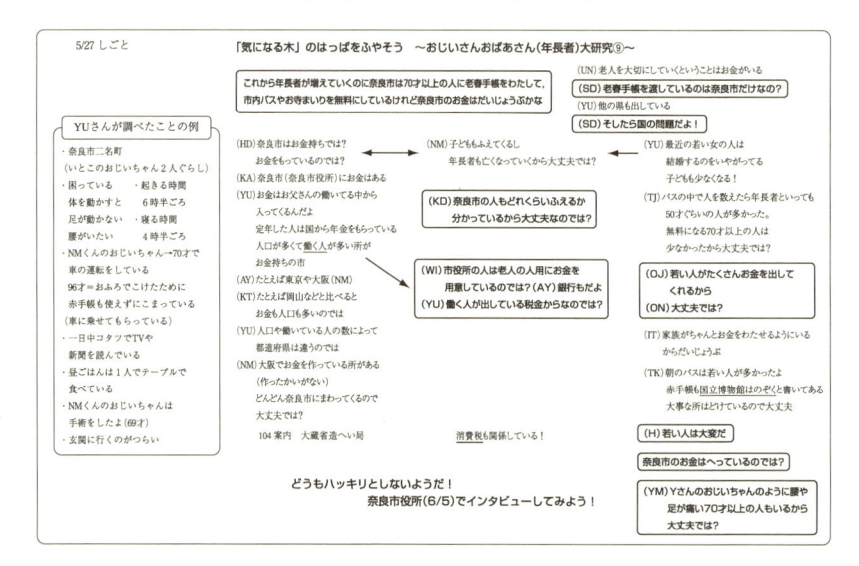

図16　小幡馨教諭の板書記録

出所：荒木寿友「授業分析1『気になる木』の『はっぱ』をふやそう――おじいちゃん，おばあちゃん大研究」田中耕治編『「総合学習」の可能性を問う――奈良女子大学文学部附属小学校の「しごと」実践に学ぶ』ミネルヴァ書房，1999年。

や内容を微調整すべきでしょう。

　二つ目は，あるテーマへの子どもの発言や表現を，そのまま，または要点をまとめて書いていく板書です（「表現的板書」）。国語科における作品の読み深めなど，子ども同士の自由なやりとりを中心に授業を展開させる場合，表現的板書は有効です。図16に示したのは総合学習における板書例であり，発表者に対する子どもたちの質疑応答の過程が描かれています。子どもたちの発言を文字化して黒板に整理していくことは，新たな発言を触発したり，発言の根拠を明確にしたり，発言間のつながりに気づかせたりするのに寄与するわけです。

　三つ目は，授業の進行に従って次第に全体像を明らかにしていき，授業の終末場面ではじめて，各要素の全体のなかでの意味を明らかにする板書です（「構成的板書」）。構成的板書は，教師の側がつかませたい主題や内容をはっきりもちつつ，子どもの**集団思考**を組織していく授業形態でよく用いられます。この板書法は，緻密な板書計画と，子どもの発言を触発・組織する高い指導技術によって，ドラマチックで印象的な学習経験を演出する方法といえましょう。

▷2　集団思考
⇒Ⅵ-4 参照。

3　効果的に板書する技術

　上に三つの板書法をあげましたが，黒板の使用方法は，子どもの学習を促進するという目的に応じてより柔軟に工夫すればよいでしょう。ただし，黒板をどう使うにしても，次の諸点は押さえておく必要があります。まず，1時間の授業展開を視野に入れつつ，意図的に見通しをもって板書するということです。何を，授業のどの段階で，誰が，黒板のどこに書くか，そして，どの部分は子どもにノートを取らせるかなどを事前に考えておくわけです（板書計画）。

　次に，黒板に文字を書く段階においては，板書内容を視覚的にわかりやすく整理することが重要です。そのためには，書体，文字の配置，色チョーク，下線や囲み，矢印や記号などに気を配り，板書を構造化することが必要です。また，板書内容をノートに写させる場合には，板書する際の教師の立ち位置や板書のスピードなども考慮せねばなりません。無言で黒板に向かい，刻み込むようにゆっくりと文字を書くことで，子どもの集中を誘うなど，黒板というメディアの特性を生かした効果的な演出も工夫するとよいでしょう。

　最後に，他の教具（例：短冊，小黒板，ホワイトボード，OHP）と組み合わせて黒板を用いることの有効性を指摘しておきます。たとえば，分量の多い本文などは，事前に紙（短冊）に書き込んでおけば，黒板に貼りつけてすぐに提示することができます。また，後続の学習で繰り返し参照する内容については，黒板でなく模造紙に授業内容をまとめ，授業後それを壁に掲示しておくのも一案です。こうして，板書が果たしうる機能のいくつかを他の教具に分散させることで，授業展開に幅や余裕が生まれるのです。

（石井英真）

(参考文献)
天野正輝『教育方法の探究』晃洋書房，1995年。
石田佐久馬『発問・板書・ノート』東洋館出版，1964年。
大西忠治『授業つくり上達法』民衆社，1987年。
田宮輝夫『発問・板書・教材研究のコツ』あゆみ出版，1979年。

VII 授業展開を導く教授行為

7 授業時間の弾力的運用

❶ 「単元時間」と「単位時間」

　学校教育、とくに授業は、「時間」と深く結びついた活動です。すなわち、授業というものは、ある限定された時間のなかで展開されるものであるとともに、より長期的なスパンで計画化された時間の上に成り立っています。前者の形で意識される時間は、普通「単位時間」とよばれ、時間割の一こまとして表示されます。後者の形で意識される時間は、1単元以上のまとまった学習活動に費やされる時間であり、「単元時間」とよばれたりします。

　まず「単元時間」については、学習指導要領で定められた年間の総授業時数をどう運用していくかが課題となります。すなわち、それぞれの単元を、いつごろ、どのくらいの授業時数をかけて教えるのかが課題となるわけです。これはまさに、年間のカリキュラムを編成する作業でもあります。

　また「単位時間」については、授業の一こまを、一種の「制限時間」として意識化し、そのなかで**子どもの集中**を生み出す授業展開を構想し実現することが課題となります。後述するように、近年は、時間を制限することの意味が根本から問い直されています。確かに、時間割とチャイムを機械的に遵守し、子どもの学びの流れを断ち切ってしまうような時間制限は問題があります。しかし、たとえば、スポーツや勝負事における制限時間がそうであるように、一定の制限時間を教師と子どもが意識することは、授業のなかに展開やリズムを生み出す重要な条件です。このように、授業のドラマ性と子どもの集中を保障できるよう、「単位時間」を設定し運用することが求められます。

❷ 「時間がかかる」から「時間をかける」へ

　以上のような「単元時間」「単位時間」の計画においては、「時間がかかる」という受動的な意識でなく、「時間をかける」という能動的な意識が重要です。多くの場合、1単元や1時間の授業における時間配分は、教材の分量、さらにいえば教科書のページ数によって機械的に決定されがちです。すなわち、この分量ならこれくらいの時間がかかると発想するわけです。

　しかし、教科書に盛り込まれている教材のなかには、重点的に扱うべきものとそうでないものとがあります。ゆえに、まず教師は、重点的に扱う教材を少なく厳選する必要があります。その上で、厳選した教材については、たっぷり

▶ 子どもの集中
⇒ VII-1 参照。

と時間をかけます。このとき、少ない内容にどれだけの時間をかけられるかで、教師の力量が試されます。たとえば、一つの詩を数時間かけて授業する場合、教師の側がその詩を主体的に深く理解していない限り授業は維持できません。逆に、その詩に対する教材解釈が緻密で深ければ、さらに時間をかけつつ、かつ子どもを高めていくこともできるでしょう。教材の厳選と深い教材解釈によって、時間は「かかるもの」から「かけるもの」に転化するといえます。

このように時間を主体的に運用できる余裕は、子どもに対しても保障されるべきです。たとえば、授業で教師が間断なく説明や発問を投げかけるのでは、子どもはじっくり考え、自分の解釈や意見をつくり出すことはできません。思考を巡らす時間が十分に与えられるなら、子どもたちは、時間に対して能動的な姿勢を取り、学習課題に「時間をかける」ことができるようになるでしょう。

3 授業時間の弾力的運用

これまで単位時間は、小学校で45分、中学校等で50分を１時間としていました。そして、１日の時間割は、上記の単位時間で３～６時間分の授業をおこない、その間に５～20分の短い休み時間と１時間程度の昼休みをはさむものが一般的でした。しかし、調査、実験などをともなう活動的な学習の場合、この単位時間では短すぎますし、逆に、英語のように毎日学ぶことが望ましい内容にとっては、より短い単位時間で時間数を多くする方が効果的です。そのため、現在の学習指導要領は、１単位時間にかんする規定を完全になくし、各教育現場が、柔軟に１単位時間や時間割を編成するよう促しています。

１単位時間を柔軟に運用する方法としては、次の二つをあげることができます。一つは、時間割の基本単位を長いものとし、そのなかを必要に応じて切り分けていく方法であり、学習時間のブロック化とよばれます。たとえば、90分を１ブロックとし、１日の学習時間を３ブロック構成とする。１ブロックを一つの学習活動に充ててもよいし、社会科の話し合いに60分、残り30分で算数ドリルという形で活用してもよい。この方法の要点は、時間そのものに切れ目を入れず、子どもの学習活動に即して柔軟に時間を運用する点にあります。

もう一つの方法は、できるだけ細かく分けた時間割の基本単位（モジュール）を設定し、それを組み合わせたり、積み上げたりする方法で、モジュラー・スケジューリングとよばれます。たとえば、１モジュールを15分とした場合、英語を毎日２モジュール（30分）ずつおこなったり、長い時間をかけて集中的に取り組むために、理科に５モジュール（75分）充てることもできます。いずれにしても、時間に学習活動を合わせるのでなく、学習活動を第一に考え、その質を高めるよう時間の使い方を自覚的に工夫すると発想すべきなのです。

（石井英真）

参考文献

奈須正裕『学校を変える教師の発想と実践』金子書房、2002年。

横須賀薫『授業における教師の技量』国土社、1978年。

横須賀薫『授業の深さをつくるもの』教育出版、1994年。

VII 授業展開を導く教授行為

8 教室と学校を開く

① 「一学級一教師」制から「ティーム・ティーチング」へ

　従来の学校教育は，一学級の児童・生徒に対し一人の教師が教えるシステム（「一学級一教師」制）を取ってきました。詳しくいえば，一人の教師が，同僚などから支援を受けることなく，指導に関して一切の責任をもって，一つの学級を指導するシステムを取ってきたわけです。それは，小学校では「学級担任制」という形で，中学校では「教科担任制」という形で実践されてきました。

　ところが近年，この「一学級一教師」制に対し，次のような問題点が指摘されています。「一学級一教師」制は，各教師の実践を分断し，教師間に学級の壁，教科の壁を生み出している。これらの壁のために教師たちは互いに孤立し，結果，問題や責任を一人で背負い込んだり，逆に，「学級王国」という形で教室を私物化したりすることに陥っているのだ。この教師たちの孤立化を打開する有効な手だてとして，「ティーム・ティーチング」をあげることができます。

　「ティーム・ティーチング」（以下，TTと略す）とは，複数の教員が協力して，一定の責任分担の下に，同じ児童・生徒グループの指導を担当する教授組織のことをいいます。また，教師同士が各々の特性を生かし協力的なとりくみをおこなうこと，といった広い意味で用いられる場合もあります。これまでも，たとえば，英語の授業で担当教員がAET（Assistant English Teacher）とともに指導をおこなうなどの形で，部分的にTTは実施されてきました。しかし，1993年から第6次公立義務教育諸学校教職員配置改善6年計画が実施され，TTのための教員加配がおこなわれることで，TTは全国的に学校組織全体にわたって実践されるようになりました。

② ティーム・ティーチングの実践方法

　TTと聞いてまず思い浮かぶのは，従来どおり一人の教師が一つの学級を指導するとき，それをもう一人の教師がサポートする形です。学級担任あるいは教科担任と加配教員とがティームを組み，一人が一斉授業を展開し，その間，もう一人が教材・教具の準備，子どもたちの学習状況の把握，つまずいている子どもへの個別指導をおこなうのはその一例です。また，教師二人がそれぞれに対立する意見を提出し，実際に論争してみせることで，子どもを授業に引き込んでいくこともできるでしょう。グループ学習の際に，各グループの指導を

▷1　AET
生きた英語（外国語）教育を実現すべく，日本人教諭と協力して指導にあたるネイティブの英語（外国語）教員。ALT（Assistant Language Teacher）ともよばれる。

分担するのも効果的です。

　さらに進めて、同じ学年や教科を受けもつ教師同士が、加配教員とともにティームを組み、複数の学級を少人数の学習集団（能力混合、習熟度別、学習テーマ別など）に再編成して指導をおこなうこともできます。現在、学力向上策として注目を集めている「習熟度別指導」はその一例です。また、こうしたTTの発想をより発展させるなら、複数学年、複数教科にまたがってティームを組んだり、全校体制としてティームを組んだりすることも考えられてよいでしょう。たとえば、運動会や学芸会、あるいは、総合学習の指導においては、学年、教科を越えた教師間の協力体制が求められます。

　なお、こうした教師間の協力は、授業の実施段階のみならず、指導計画の立案、教材・教具の準備、実践の反省にわたるすべての段階においてなされるべきです。教育実践の全過程に関与してこそ、ティーム全員に実践主体としての責任感が生まれ、実際の指導場面でも適切な協力体制が取れるようになります。

　以上のように、TTにはさまざまな形が考えられます。しかし、それは次のような展望のもとで実践される必要があるでしょう。一つは、学年、教科によって隔てられた学校システムや、一斉授業に傾斜した学習形態のあり方を問い直し、子ども一人ひとりの個性を生かす柔軟な学校システムと多様な学習形態を実現していくことです。もう一つは、教師集団全体ですべての子どもの学びに責任をもつ、という教師間の協力体制を確立していくことです。これらの展望のもと、教師同士が協力するメリットを生かした独創的なとりくみが期待されます。

③ 学校を地域に開く

　TTのメンバーは、教師だけに限定する必要はありません。保護者や地域の人たちにも、教育ボランティアとして学校教育に参加してもらうことは可能です。たとえば、ホテルのシェフや農家のおじさんなど、地域在住の専門家（ゲストティーチャー）に直接教わることで、子どもたちは、その人たちの専門分野についてリアルに深く学べるでしょう。また、総合学習や社会科学習のフィールドワークにおいて、地域の人々の協力は必須です。

　こうしたイベント的な参加の段階を超えて、保護者や地域の人たちが、日常的に授業の計画、実施、評価の全過程に携わる試み（「**学習参加**」）も生まれてきています。「学習参加」において、保護者や地域の人たちは、教師の指導をサポートするのみならず、彼ら自身が学ぶことが期待されています。

　今日の学校教育が抱える深刻な問題の一つは、教師と保護者、学校と地域の間の相互不信です。学校を地域に開き、保護者や地域住民が学校の教育活動に直接的に参加することで、その地域のすべての子どもたちを地域全体で見守っていく、という意識とシステムが構築されてゆくでしょう。また、そのなかで、大人たち同士も学び合い、互いのつながりを深めていくのです。　（石井英真）

▷2　習熟度別指導については、IX-6参照。

▷3　ティーム・ティーチングについてはX-5も参照。

▷4　学習参加
「学習参加」は、佐藤学と新潟県の小千谷市立小千谷小学校による、「学び合う共同体」をめざした学校改革の過程で生まれてきた方法である。その具体的なとりくみについては、大瀬敏昭著者代表・佐藤学監修『学校を創る――茅ヶ崎市浜之郷小学校の誕生と実践』小学館、2000年、佐藤学『教師たちの挑戦――授業を創る・学びが変わる』小学館、2003年を参照。

(参考文献)
　教職員配置改善研究会編『教師のためのティームティーチング実践事例集』ぎょうせい、1993年。
　佐藤学『教育改革をデザインする』岩波書店、1999年。
　奈須正裕『学校を変える教師の発想と実践』金子書房、2002年。

VIII 教育評価を活かした授業づくり

1 授業づくりにおける教育評価の位置づけ

1 指導と評価の一体化

教育は、子どもの発達を促進する働きかけです。教育評価とは、教育の成否を点検し、教育実践を改善するためにおこなわれる営みのことです。教育の成否を評価する上でもっとも重要なのは、教育目標として設定された学力が子どもの身についているかどうかです。したがって、教育評価の中核には学力評価が位置づいています。

教育評価については、あくまで授業づくりのPDCA（Plan-Do-Check-Action）サイクルの中でおこなわれる必要があります。2001年改訂**指導要録**の基本方針を定めた教育課程審議会答申においては、「指導と評価とは別物ではなく、評価の結果によって後の指導を改善し、さらに新しい指導の成果を再度評価するという、指導に生かす評価を充実させることが重要である（いわゆる指導と評価の一体化）」と述べられています。「指導と評価の一体化」を実現するには、「目標に準拠した評価」をおこなうことが必要です。

2 「目標に準拠した評価」の導入

指導要録の変遷をたどると、学力評価についてはこれまで四つの立場が登場してきたことがわかります。

● 認定評価（戦前の絶対評価）

教師の主観的な判断にもとづく評価を、認定評価といいます。教師という"絶対者"を規準とすることから、**絶対評価**ともよばれます。戦前の日本においては、指導要録の前身にあたる「学籍簿」が用いられていました。そこでは認定評価がおこなわれており、いわば教師の"胸先三寸"で成績がつけられる恣意的な評価が横行していました。

● 相対評価

相対評価とは、ある集団内での子どもたちの位置や序列を明らかにするもので、「集団に準拠した評価」ともいわれます。戦後の指導要録においては、戦前の認定評価（絶対評価）に対する反省から相対評価が導入されました。しかし、相対評価は、必ずできない子どもがいることを前提とする点、排他的な競争を常態化する点、また学力の実態ではなく集団（学年や学級）における子どもの相対的な位置を示すに過ぎない点から、教育評価とよぶには値しないもの

▷1 教育評価
教育評価の前提にあるのは、教育という働きかけの営みによって子どもの能力は変化するという事実である。旧来の心理測定においては、子どもの能力を固定的なものと捉え、それをより正確に測定することがめざされていた。教育評価という概念は、そのような心理測定の考えを批判することによって成立したものである。

▷2 指導要録
⇒ II-4 参照。

▷3 教育課程審議会答申
「児童生徒の学習と教育課程の実施状況の評価の在り方について」（2000年12月4日）

▷4 絶対評価
「絶対評価」という用語は、認定評価、個人内評価、「目標に準拠した評価」という三つの意味で用いられてきた。2001年改訂指導要録において導入された「目標に準拠した評価（いわゆる絶対評価）」は明らかに戦前の絶対評価（認定評価）とは異なることに注意が必要である。

▷5 相対評価
⇒ X-5 参照。

です。

◐個人内評価

一人ひとりの子どもを規準にして，その子どもの発達を継続的・全体的に見ようとする評価を，個人内評価といいます。相対評価への批判を背景に，1980年改訂の指導要録においては「**観点別学習状況**」[6]欄で「絶対評価」がおこなわれるようになりました。ここでいう「絶対評価」は「目標に準拠した評価」をめざしたものでしたが，実質的には個人内評価としておこなわれていました。個人内評価は，一人ひとりの子どもの成長を継続的に見ようとする点で重要なものです。しかし指導要録の「評定」欄で相対評価がおこなわれ続けていた当時においては，個人内評価はいわば教師の“温情”を示す形になってしまっていました。

様式２（指導に関する記録）

児童氏名	学校名	区分＼学年	1	2	3	4	5	6
		学級						
		整理番号						

各教科の学習の記録

I 観点別学習状況

教科	観点＼学年	1	2	3	4	5	6
国語	国語への関心・意欲・態度						
	話す・聞く能力						
	書く能力						
	読む能力						
	言語についての知識・理解・技能						
社会	社会的事象への関心・意欲・態度						
	社会的な思考・判断・表現						
	観察・資料活用の技能						
	社会的事象についての知識・理解						
算数	算数への関心・意欲・態度						
	数学的な考え方						
	数量や図形についての技能						
	数量や図形についての知識・理解						
理科	自然事象への関心・意欲・態度						
	科学的な思考・表現						
	観察・実験の技能						
	自然事象についての知識・理解						
生活	生活への関心・意欲・態度						
	活動や体験についての思考・表現						
	身近な環境や自分についての気付き						
音楽	音楽への関心・意欲・態度						
	音楽表現の創意工夫						
	音楽表現の技能						
	鑑賞の能力						
図画工作	造形への関心・意欲・態度						
	発想や構想の能力						
	創造的な技能						
	鑑賞の能力						
家庭	家庭生活への関心・意欲・態度						
	生活を創意工夫する能力						
	生活の技能						
	家庭生活についての知識・理解						
体育	運動や健康・安全への関心・意欲・態度						
	運動や健康・安全についての思考・判断						
	運動の技能						
	健康・安全についての知識・理解						

II 評定

学年＼教科	国語	社会	算数	理科	音楽	図画工作	家庭	体育
3								
4								
5								
6								

外国語活動の記録

観点＼学年	5	6
コミュニケーションへの関心・意欲・態度		
外国語への慣れ親しみ		
言語や文化に関する気付き		

総合的な学習の時間の記録

学年	学習活動	観点	評価
3			
4			
5			
6			

特別活動の記録

内容	観点＼学年	1	2	3	4	5	6
学級活動							
児童会活動							
クラブ活動							
学校行事							

図17 2010年改訂児童指導要録の参考書式（一部）

◐「目標に準拠した評価」

2001年改訂指導要録においては，「観点別学習状況」欄だけでなく「評定」欄においても「目標に準拠した評価」がおこなわれることになりました。[7]「目標に準拠した評価」は，目標を明確に設定することを促す点，設定された目標に到達できたかどうかを教師に点検させる点，さらに到達できていなければ教育実践の改善を迫る点で大きな意義があります。今後は，子どもたちに共通に保障されるべき学力として目標をより明確に設定することや，学力保障を図る具体的方策を明らかにしていくことが課題となっています。　（西岡加名恵）

▶6 観点別学習状況の評価
⇨II－4 参照。

▶7 2010年改訂指導要録においても，この方針は継続されることとなった（文部科学省「小学校，中学校，高等学校及び特別支援学校等における児童生徒の学習評価及び指導要録の改善等について（通知）」2010年5月11日）。

VIII 教育評価を活かした授業づくり

2 診断的評価・形成的評価・総括的評価

1 教育評価の三つの機能

日本においては1970年代，相対評価への批判を背景に到達度評価論が登場しました。到達度評価とは，「〜がわかる」「〜ができる」といったように到達点を明示した到達目標と照らし合わせて評価をおこなうものです。到達度評価論は，子どもたち全員に保障すべき学力を到達目標として明確に設定し，そうして設定された目標に子どもたちが到達できたかどうかを点検することを教師たちに促すとともに，到達できていない子どもがいれば教育実践の改善を迫るものでした[1]。このような学力保障の主張は，2001年・2010年改訂指導要録において採用された「目標に準拠した評価」にも貫かれる必要があります。

さて，到達度評価論においては，教育評価の機能として次の三つが指摘されるようになりました（表7参照）。

▷1 田中耕治「教育評価を考える」田中耕治・西岡加名恵『総合学習とポートフォリオ評価法・入門編』日本標準，1999年。

表7 診断的評価，形成的評価，総括的評価の違い

	評価の時期	評価基準設定の観点	評価の方法（例）
診断的評価	入学当初，学年当初 教材計画をたてる前	学習の前提になる諸事項について行う。前学年までに既習した基本的指導事項についての到達目標のうち基本性の定着度をみる。	発問応答，ペーパーテスト，アンケート，作文など
授業における形成的評価	授業の過程	授業過程における教材のねらいに達成したかどうかをみる。 （1）基本性の学力について行う。 （2）「教材の目標（達成目標）」と「到達目標」との関係を明らかにする。	生徒の実態，授業の内容形態により多様 ・教師の観察 ・発問応答 ・教師の巡回 ・作業点検 ・グループ学習による相互評価 ・ペーパーテスト ・感想文 ・自己（相互）評価 ・発表またはレポート
基本的指導事項を単位とした授業の終了時点での総括的評価	基本的指導事項の終了時点（中間テスト時，期末テスト時の定期テストにあわせると負担が少ない）	1．基本的指導事項の到達目標のすべてについて ・学力の基本性 ・学力の発展性 2．到達目標の学力要素をふまえて評価する。結果としての知識のつめこみ状態を評価することのないように留意する。	ペーパーテスト 自己評価
学年末総括評価	学年末	当該学年の全基本的指導事項を教育目標・学年目標にてらして （1）全基本的指導事項の到達目標を総体として学力要素にわけて評価する。 （2）ア．学年末でなければ評価できない総合力をみる。 　　　イ．次学年の学習にとっての基礎として欠かせない事項，もしくはその学年で学習したことのなかでとくに基本的・基礎的なものとして欠かせない事項について。	ペーパーテスト 自己評価 評価記録の総括

出所：鈴木敏昭・田中耕治編著『社会科のつまずきを生かした授業』日本標準，1989年，75頁。

○ 診断的評価

診断的評価とは，実践を始める前（入学当初，学年初め，学期初め，単元初めなど）に，その学校段階・学年・学期・単元の学習に対する子どもたちの準備状況（認知面・情意面）を把握するものです。新しい学習を始めるのに必要な知識・スキルが不足している場合は事前の補習が求められますし，興味・関心が不足している場合はそれらを喚起するような工夫が必要です。

○ 形成的評価

形成的評価とは，指導の途中において教育が成功しているかを点検し，その結果にもとづいて必要ならば指導を改善するものです。つまずいている子どもに対しては回復学習，目標を達成できている子どもに対しては発展学習を提供します。また，形成的評価の結果については子どもにも**フィードバック**して，的確な自己評価を促すことが重要です。それにより自己調整が進み，学習が改善されるからです。

▷2 フィードバック
学力の評価には，実態把握と価値判断が含まれる。把握された実態を価値判断抜きに学習者に伝えることをフィードバックという。

○ 総括的評価

総括的評価とは，実践の終わり（単元末，学期末，学年末，卒業時）に，発展性を含めた学力を総体として捉えるものです。思考力・判断力・表現力といった「高次の学力」まで含めた総体としての学力を評価するためには，**パフォーマンス課題**を用いることが重要です。ただし，パフォーマンス課題には時間がかかるため，授業中の学習課題としておこなわれることもあるでしょう。

▷3 パフォーマンス課題
⇒ⅧI-5 参照。

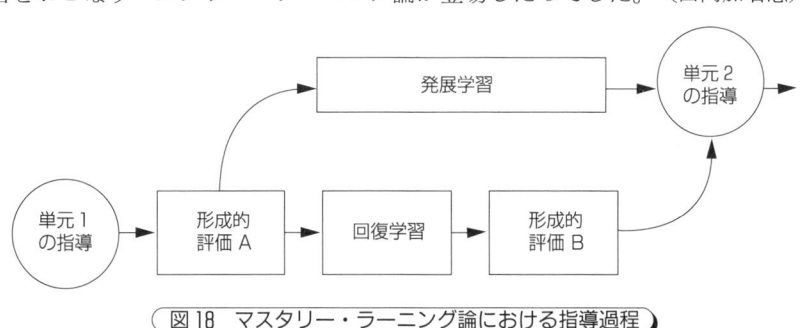

② ブルームのマスタリー・ラーニング論

日本の到達度評価論に類似した主張として，ブルーム（Bloom, B. S.）のマスタリー・ラーニング論を挙げることができます。1960年代のアメリカにおいては，黒人への平等な教育を要求する公民権運動が盛り上がりを見せていました。その運動に参加したブルームは，現代社会を生きるための学力を明らかにすることを目指すとともに，その学力をすべての者に保障する方策を考案しようとしました。そこから，教育目標に照らし合わせて形成的評価をおこない，目標に到達している子どもには発展学習を，到達していない子どもには回復学習をおこなうマスタリー・ラーニング論が登場したのでした。（西岡加名恵）

▷4 ブルーム, B. S. 著，稲葉宏雄・大西匡哉監訳『すべての子どもにたしかな学力を』明治図書，1986年（論文の初出は1968年）。

図18 マスタリー・ラーニング論における指導過程

出所：Guskey, T. R., *Implementing Mastery Learning* (2nd ed), Wadsworth Publishing Company, 1997.

VIII 教育評価を活かした授業づくり

3 子どもの学びの豊かさと「ゴール・フリー評価」

1 「ゴール・フリー評価」

　教育評価をおこなうにあたっては，「目標に準拠した評価」だけでなく，同時に「ゴール・フリー評価（目標にとらわれない評価）」をおこなうことも重要です。子どもの学習には常に教師の意図からはみだす部分があり，またそのような実態を踏まえて当初設定されていた目標を検討する視点も必要だからです。
　羅生門的アプローチを主張したアトキン（Atkin, J. M.）は，黒澤明監督の映画「羅生門」が描いたように，一つの事実も多様な角度から多義的に解釈されうることを強調しました。教室の事実についても立場により多様な解釈が可能となるため，設定する目標を一般的な目標にとどめ，創造的教授・学習活動を進めるとともに，「目標にとらわれない評価（goal-free evaluation）」をおこなうことを主張しました。設定する目標を一般的な目標にとどめれば，指導を効果的に計画できなくなるのではないかという疑問は残ります。しかしながらさまざまな視点から多角的に教育を評価する発想は，今日においても有意義なものといえるでしょう。

2 アイスナーと教育的鑑識眼

　芸術教育の立場から**工学的アプローチ**を批判しているアイスナー（Eisner, E.）は，**教育課程**編成を，教育についてのイメージや願い（aspirations）をプログラムに転換していく営みとして捉えています。アイスナーは，創造性を培うためには，行動目標ではなく，オープン・エンドの目標を設定することが重要だと主張しています。また，子どもの学びは多様に展開するため，誰でもが用いることのできる定則など存在しない，と考えます。したがって，教育者には，文脈に応じて価値判断をおこなう「鑑識眼」（connoisseurship）と，鑑識を言語化して「批評」（criticism）する力が求められることとなります。
　アイスナーの主張は，分析的な行動目標では捉えきれない学力の重要性を指摘した点で意義深いものです。また，子どもの学びは一人ひとり個性的なものであるため，文脈に応じた鑑識眼と批評力が教師に求められることも事実でしょう。ただし，教師たちは長年の経験のなかで，有効な教育の方法を蓄積してきていることもまた事実です。アイスナーは，あくまでそのような知見をふまえた素養に裏付けられた鑑識眼と批評力を重視していたのだということを確認

▷1　羅生門的アプローチ
⇒I-9 参照。

▷2　文部省『カリキュラム開発の課題——カリキュラム開発に関する国際セミナー報告書』大蔵省印刷所，1975年。
　根津朋実『カリキュラム評価の方法——ゴール・フリー評価論の応用』多賀出版，2006年も参照。

▷3　工学的アプローチ
⇒I-9 参照。

▷4　教育課程
⇒IV-1 参照。

▷5　Eisner, E. W., *The Educational Imagination*, Macmillan, 1979.

しておく必要があります。

3 カルテ・座席表

　日本における「ゴール・フリー評価」の優れた実践例として、静岡市立安東小学校のカルテと座席表があります。カルテとは、子どもに教師の予測と違ったものを発見したとき、簡単にメモを取り、いくつかたまったときにそれをつなぎあわせて解釈するものです（図19）。座席表とは、ある時点で幾つかのカルテをもとに一人ひとりの子どもの全体的な把握・願い・手立て等を捉え直し、学級の座席表に書き込んだものです。1枚の紙に書き表すことによって、一人の子どもを全体とのかかわりのなかで見ることができます。座席表については、授業案（指導案）としても用いることができます（図20）。また研究授業においては、一人ひとりの子どもについて参観者に知っておいてほしいことを記した座席表が配布されることもあります。

（西岡加名恵）

4/15　（国）「い」のつく言葉を順番に言う場面で、「ぼくは言わなくてもいい」と言って、目をそらしてしまう。
＊みんなと一緒に学習していて面白くなさそうだ。何が、S男の表情を暗くさせるのか。

4/23　「ひらがながうまく書けない」と泣き続けているK子の鞄の中に荷物を詰めてあげる。
＊友達の面倒をみることのできる優しい面がある。

5/14　（算）手をあげ「いくつといくつ」の答えを黒板に書きに出てくる。
＊数値的なものには、自信をもって答えることができる子なのか。

図19　カルテの例：S男のカルテ

出所：上田薫・静岡市立安東小学校、1999年、22頁。

▶6　上田薫・静岡市立安東小学校『安東小発　個を見つめる授業』明治図書、1999年。

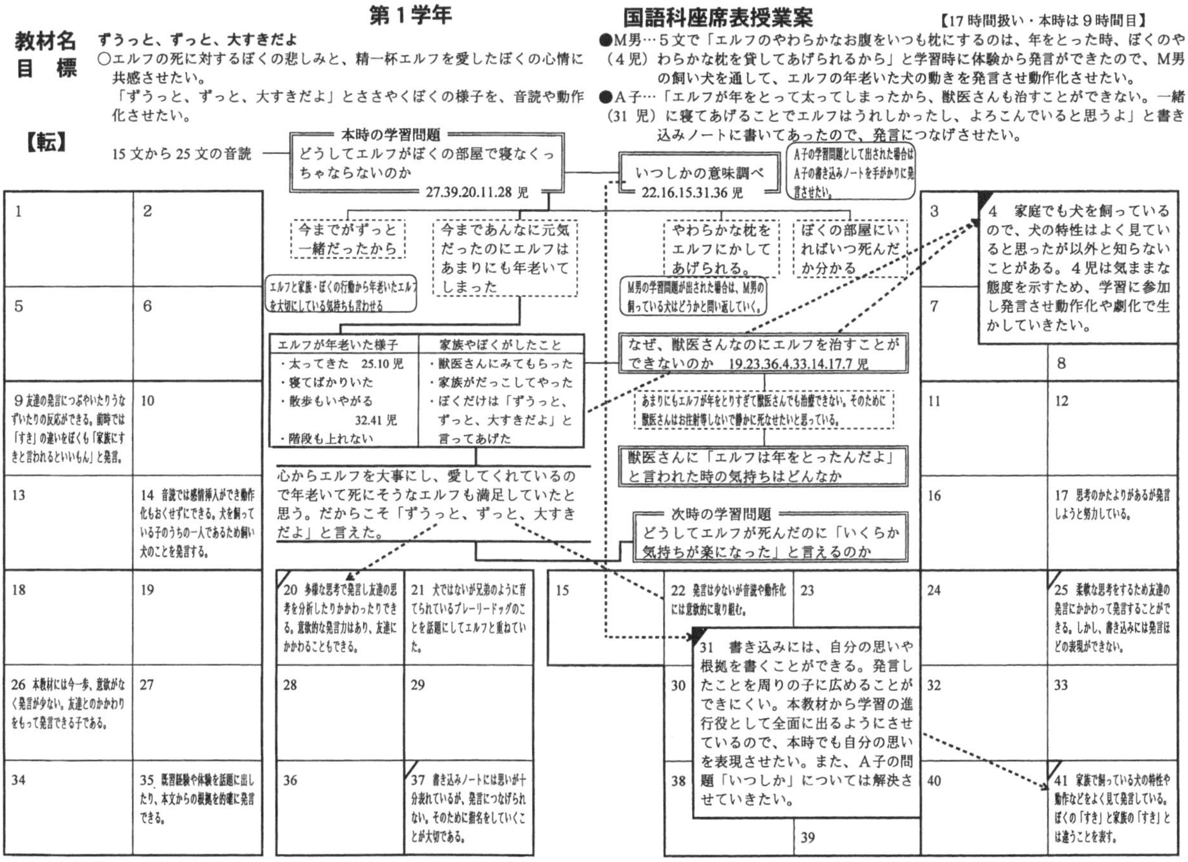

図20　座席表授業案の例

出所：上田薫・静岡市立安東小学校、1999年、58-59頁。

Ⅷ　教育評価を活かした授業づくり

4　子どもの「つまずき」を生かす授業

1　「○○ちゃん式まちがい」

　授業において問題を解決していく際，子どもはときに正答から外れた理解を示すことがあります。そのような子どもの「つまずき」は，授業においては一見邪魔物であるように見えます。しかし，授業のなかで「つまずき」を意義深いものとして取り上げ検討し合うことによって，子どもの理解を一層確かなものにすることができます。そのような授業は，子どもの「つまずき」を生かす授業とよばれます。

　子どもの「つまずき」を生かし，授業のなかで集団思考をおこなわせることを推進した著名な教師に**斎藤喜博**がいます。斎藤は，子どもの「つまずき」を「○○ちゃん式まちがい」として定式化し，授業のなかで検討することを提唱しました。その一例として，次のような授業場面が紹介されています。

　二桁のかけ算を図21のような間違いをしたさかえちゃんがいました。学級のなかには同じような方法で計算している子どもが他にも数人いました。教師は，あえてさかえちゃんに自分の計算方法を発表させました。そのうえで，「さかえちゃん式まちがい」がどうしてどこで間違っているのかを話し合わせたのです。この話し合いは，間違っていた子どもの理解を改めさせただけでなく，正しい方法で計算をおこなっていた子どもたちの認識をもゆさぶり，確かな理解をもたらすものとなりました。この授業での「まちがい」は，「○○ちゃん式」とよばれることによって，学級全体で共有すべき意義深いものとして位置づけられる雰囲気が生まれたのです。

2　素朴概念

　構成主義の学習観が登場すると，子どもの素朴概念が注目されるようになりました。**素朴概念**とは，日常経験を通じて自然発生的に獲得される概念のことです。たとえば図22は，子どもが考えた電流を描画法により示したものです。この子どもは，水の流れになぞらえて電流をイメージしています。

　素朴概念は，科学的な概念と異なる誤概念であることも多いのですが，子どもにとってはもっともらしいものです。し

▷1　たとえば，鈴木敏昭・田中耕治編著『社会科のつまずきを生かした授業』日本標準，1989年参照。

▷2　斎藤喜博
⇒ⅩⅣ-8 参照。

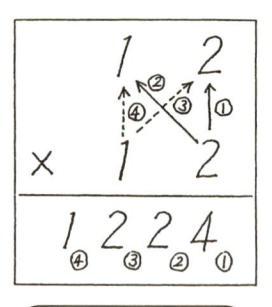

図21　「○○ちゃん式まちがい」の一例
出所：『斎藤喜博全集』（別巻1）国土社，1970年，236頁。

図22　子どもが描いた電流の描画
出所：日高俊一郎「対話の道具としての描画法」中山迅・稲垣成哲編著『理科授業で使う思考と表現の道具』明治図書出版，1998年，98頁。

たがって，素朴概念を変換することは容易ではなく，「つまずき」の原因となることも少なくありません。しかし，経験を通して自分なりの説明・解釈をおこなっているという点で，素朴概念は子どもの有能性を示すものでもあるのです。効果的な学習を実現するためには，素朴概念を一旦明らかにしたうえで，子ども自身が意識的にそれを組み替えていくような授業をおこなう必要があります。そのためには，子どもに自己評価をおこなわせることが特に重要となります。

▷3 『斎藤喜博全集』（別巻1）国土社，1970年，235-239頁（初出は『未来につながる学力』麦書房，1958年）。

▷4 構成主義の学習観
⇒Ⅲ-2 参照。

▷5 素朴概念
⇒Ⅲ-2 も参照。

③ 検討会

近年では，対話を通して子どもの自己評価と教師の評価のすりあわせをおこなう指導が重視されています。そのような対話を検討会（conference）といいます。検討会においては，まず教師が子どもの自己評価を促す問いかけをおこないます。このとき教師には，子どもの語りに耳を傾ける姿勢が求められます。次に，子どもの学習の文脈に即して，教師の目標を伝えます。このときには，目標が達成された様子を子どもたちがイメージできるような具体例を示すことが有効です。最後に，次の学習に向けての目標を明らかにして，子どもと教師の間で合意し，記録に残します。

表8は，総合学習における検討会の例です。当初，子どもは，メダカの絶滅という問題について，池で増やせるかどうかで考える「つまずき」を示しています。教師は問いかけによってその「つまずき」を明らかにし，その後，メダカの減少の原因や増やすための取り組みを調べるという目標を提案しています。このような対話を通してこれまでの成果と次の課題を明確にすることが，子どもに効果的な学習を進めさせるうえでは重要です。

（西岡加名恵）

表8 総合学習における検討会の例

```
T：一番やりたかったことは何だったの？
C：メダカが絶滅しないように，増やしたかった。
T：そのためにどんなことをしてきた？
C：メダカを捕りに行ったり，池を作ったり，「メダカの学校」［メダカの保護活動を進めている
   NGO］に電話をして資料を送ってもらった。
T：それで，メダカは増やせたの？
C：池には放せたけど，増やせるところまではいってないな。
T：今までやってきた方法では，増やせないのかな。
C：……。
T：今からでも増やせるかな？
C：分からないけど，寒いから多分無理だと思う。水温をあげてやれば増やせるかも……。
T：なぜ，メダカが減ってきたかとか，増やすための活動がどんな風に行われているかとか調べ
   てみたの？　自然の中で増えていくには，そんなことも大事なんじゃないかな。
C：まだ調べてない。今度の発表では，そんなことも発表できたらいいな。今からの活動はそれ
   をするよ。もう一度，「メダカの学校」にきいてみよう。
T：よし，次の活動は，まず電話からだね。
```

出所：三木市立口吉川小学校『学びの楽しさを求めて』（平成11年度研究紀要 No.15）2000年，36-37頁。

VIII 教育評価を活かした授業づくり

5 「真正の評価」論とパフォーマンス評価

1 「真正の評価」論

　1980年代の米国では学力低下が指摘されるなかで，学校へ説明責任を求める論調が強まり，標準テストにもとづいて学校の教育効果を評価しようとする動きが広がりました。しかし教師たちの間からは，標準テストでは学力を総合的に評価できないという批判が起こりました。そのような批判を背景に，「真正の評価」論が登場しました。「真正の評価」論とは，「大人が仕事の場や市民生活の場，個人的な生活の場で『試されている』，その文脈を模写したりシミュレーションしたりしつつ」評価をおこなうことを主張するものです。「真正の評価」論にもとづき，パフォーマンス評価という考え方も登場しました。

2 パフォーマンス評価

　パフォーマンス評価の定義は，発祥の地アメリカにおいても論者によって様々です。しかし，現在までの理論的到達点を踏まえれば，次の3つの考え方がセットになった評価の立場を示す用語として捉えることができます。
　①学校で保障すべき学力には，知識・技能を再生する力だけでなく，文脈において知識・技能を活用する力が含まれている。
　②そのような学力を保障するためには，実際に知識や技能を活用することを求めるようなパフォーマンス評価の方法を用いる必要がある。
　③パフォーマンス評価の方法を用いる際には，評価基準としてルーブリック（rubric：評価指標）を使用することが求められる。
　知識や技能を使いこなせる状態にするためには，個々の知識や技能が互いに関連づけられ，深く理解されている必要があります。単なる情報の暗記・再生だけでなく，知識や技能を活用する思考力・判断力・表現力など幅広い学力を保障するためには，多様な評価方法を組み合わせて用いることが重要です。パフォーマンス評価の方法には，日常的な観察や対話による評価，自由記述式の問題による筆記テストや実技テストによる評価，パフォーマンス課題による評価などが含まれます。

3 パフォーマンス課題

　パフォーマンス課題とは，「リアルな文脈（あるいはシミュレーションの文脈）

▷1　Wiggins, G., *Educative Assessment : Designing Assessment to Inform and Improve Student Performance*, Jossey - Bass Publishers, 1998, p. 24.

▷2　詳しくは，田中耕治編著『よくわかる教育評価 第2版』ミネルヴァ書房，2010年を参照。

▷3　西岡加名恵「パフォーマンス課題の作り方と活かし方」西岡加名恵・田中耕治編著『「活用する力」を育てる授業と評価』学事出版，2009年，8頁。

▷4　日本語では，「なやンだナ，アアそうか」と覚える方法がある。
な　―何が目標か？
やン―（子どもが担う）役割は何か？
だナ―誰が相手か？
アア
そ　―想定されている状況は？
う　―生み出すべき完成作品・実演は？
か　―（評価の）観点は？

において，知識やスキルを総合して使いこなすことを求めるような課題」です。たとえば，「教室のペンキを塗り替えるのには，いくらかかるかを調べなさい」，「与えられた論点について内容を深めるような話し合いをグループでおこないなさい」，「与えられた固液混合物について，何の混合物かを調べる実験を計画し実施して，結果を口頭で発表しなさい」といった課題が考えられます。効果的に「高次の学力」を評価していくためには，重点目標を絞り込み，それに対応したパフォーマンス課題を用いることが必要です。

真正性の高いパフォーマンス課題を考案するためには，①パフォーマンスの目標（Goal），②子どもが担う（シミュレーションする）役割（Role），③パフォーマンスの相手（Audience），④想定されている状況（Situation），⑤完成作品・実演（Product, Performance），⑥成功を評価するスタンダードと規準（Standards and Criteria for Success）という6点（GRASPSと略記される）を明確にしつつ考えることが有効だと提案されています。

日本においては，次のようなパフォーマンス課題が開発されています。「あなたは都市計画の研究者です。この度，神奈川県庁から，よりよい地域を作るためのアドバイスを求められました。あなたの住んでいる町（区や市）の特色をとらえた上で，なぜそのような特色があるのかを説明してください。そして，よりよい地域（町や区や市）を作るための提言レポートをまとめた上で，県庁で行われる会議で報告してください［後略］」。

④ ルーブリック

パフォーマンス評価を行う際には，ルーブリックが採点指針として用いられます。ルーブリックとは，表9に示したように，パフォーマンスの成功の度合いを示す数段階程度の尺度と，それぞれの評点・評語に対応するパフォーマンスの特徴を示した記述語から構成される評価基準表です。

ルーブリックを作成する際には，①子どもたちのパフォーマンスの事例を多数集め，②（できれば数名の評価者で）数段階程度で採点し，③同じ評点・評語が与えられた作品に共通して見られる特徴にもとづいて記述語を作成する，という手順を用いることが有効です。

（西岡加名恵）

▷5 McTighe, J. & Wiggins, G., *Understanding by Design: Professional Development Workbook*, ASCD, 2004, p. 171.
西岡加名恵『「逆向き設計」で確かな学力を保障する』明治図書，2008年も参照。

▷6 三藤あさみ・西岡加名恵『パフォーマンス評価にどう取り組むか』日本標準，2010年，7頁。

▷7 詳しくは，西岡加名恵『教科と総合に活かすポートフォリオ評価法』図書文化，2003年を参照。

表9 国語科「グループで話し合う力」のルーブリック

5 すばらしい	生き生きと話し合いに参加し，積極的に意見を述べている。互いの意見を関連づけて意見を述べたり，疑問に思ったことを投げ返したりしながら，話し合いを深めようとしている。話し合いのメンバーにも配慮することができ，発言を促したり，声をかけたりするなど，司会者的な役割を果たしている。話し合いの中で自分の考えが深まっていく楽しさを自覚している。
4 よい	話し合いにおける発言回数が増えてきている。教師が示した見本（「手引き」）の言葉をまねながら，話し合いを整理したり，話題を転じたりするために発言しようとしている。発言の少ない者への言葉がけをしようとしている。
3 合格	20分程度の話し合いを続け，言うべきときには意見を述べることができる。相手の発言に関心をもって聞き，問うたり感想を述べたりして，相手の発言に関わっている。
2 あと一歩	単発的に意見を述べることはできるが，なかなか話し合いの中に入っていけない。友だちに促されて意見を述べることもあるが，周囲の友だちや教師の助けが必要である。
1 かなりの改善が必要	話し合いの場に座って友だちの話を聞いているが，友だちの発言に反応したり，自分から発言したりはしていない。
0 採点対象外	話し合いに参加しなかった。

出所：宮本浩子・西岡加名恵・世羅博昭『総合と教科の確かな学力を育むポートフォリオ評価法・実践編』日本標準，2004年，123頁の資料をもとに作成した。

VIII 教育評価を活かした授業づくり

6 学習の歩みの記録：通知表とポートフォリオ

1 通知表

指導要録は，子どもの学籍，学習や行動を記録するものであり，各学校に備えつけることが法的に義務づけられています。それに対し**通知表**は，個々の学校が，家庭と協力して子どもの教育をおこなうことをめざして発行するものです。法的な発行義務はないため，なかには通知表のない学校も存在しています。

通知表は，各学期や各学年での総括的評価を子どもや保護者に知らせ，成果と課題を互いに確認するうえで，重要な役割を担っています。多くの学校の通知表は**指導要録の書式**を踏襲しています。つまり，各教科については指導要録に示された観点ごとの評価と総合評定が示され，総合学習については教師が自由記述で評価を記載しています。しかし，さまざまに書式を工夫している学校もあります。たとえば，図23に示した通知表では，具体的な指導内容が評価項目として並んでいます。このような通知表であれば，教師も子どもも目標や見通しを具体的に意識しながら指導と学習に取り組むことができます。近年では，**ルーブリック**を示した通知表も登場しています。とりわけ学期や学年を越えて評価する「長期的ルーブリック」を用いれば，子どもたちの発達を長期的

▷1　通知表
通知票，通信簿などともよばれる。学校により「あゆみ」「伸びゆく子」など，独自の名称を使用していることも多い。なお通知表の歴史は，山根俊喜「通知表・指導要録の課題」田中耕治編著『新しい教育評価の理論と方法』（Ⅰ　理論編）日本標準，2002年に詳しい。

▷2　指導要録の書式
⇒Ⅷ-1 図17参照。

▷3　ルーブリック
⇒Ⅷ-5 参照。

	実施時数	評定	評価の観点とその評価
社会	24	3	『くらしを守る』火事がおきたら・じけんやじこがおきたら・安心してくらせるまちに ◎ 消防署の見学や聞き取り調査をして，消防署の仕事や消防車の秘密について絵や写真を使って新聞にまとめることができるか ◎ 交番の警官がしている仕事を4つ以上あげ，どんなことを願って勤務しているか聞き取ることができるか 『人びとのしごととわたしたちのくらし』 ◎ スーパーマーケットで働く人が，集客のためにしている工夫や，環境を守るために行っている活動などについて調べる項目を作ることができるか ※見学，インタビューでしっかり情報収集を行い，見聞きしたことを忠実にまとめることができました。
理科	24	2	『植物をそだてよう』『植物のかたちをしらべよう』 ◎ 植物の発芽の様子やその後の成長の様子を観察し，記録や発表ができるか ◎ 植物の育ち方には一定の順序があり，その体は根・茎および葉からできていることを理解できるか 『チョウをそだてよう』『こん虫をしらべよう』 ○ 昆虫を育てたり，観察したりして，その育ち方や食べ物，体のつくりについてきちんと記録し，考察することができるか

図23　評価項目を具体的に示した通知表の例

出所：福井県中名田小学校の通知表（5年生前期）。ここでは，田中耕治編著『教育評価の未来を拓く』ミネルヴァ書房，2003年，110頁より転載。

に評価することが可能となります。また，教師だけでなく，子どもや保護者も自由記述で評価を記入する通知表もあります。

❷ ポートフォリオ評価法

　近年では，通知表とともに，子どもの具体的な作品を残すポートフォリオを活用する学校も増えています。ポートフォリオとは，子どもの作品，自己評価の記録，教師の指導と評価の記録などを，ファイルなどに系統的に蓄積していくものです。ポートフォリオづくりを通して，子どもの学習に対する自己評価を促すとともに，教師も子どもの学習活動と自らの教育活動を評価するアプローチを，ポートフォリオ評価法といいます。[4]

　ポートフォリオ評価法を実践するにあたっては，次の六つの原則を守る必要があります。①ポートフォリオづくりを，子どもと教師の共同作業としておこないます。②子どもの具体的な作品を蓄積します。ここでいう作品には，いわゆる完成品だけでなく，完成品をつくる過程で生み出されるメモや下書き，活動の録画・録音，集めた資料，教師による書き取りや聴き取りも含まれます。③蓄積された作品を何らかの形で整理します。場合によっては，日常的に資料をためておくワーキング・ポートフォリオから，情報が集約されたパーマネント・ポートフォリオをつくり直します。④教師と子どもの評価基準を突き合わせるために，ポートフォリオ検討会をおこないます（図24）。⑤ポートフォリオ検討会は，実践の過程を通して定期的におこなうことが必要です。⑥長期にわたって継続します。

　図25は，指導要録の観点ごとに作品を整理した「観点別長期ポートフォリオ」[5]です。このポートフォリオでは，教科名と観点の見出しシールを貼ったクリアファイルを用意し，各学期末にそれぞれの観点の学力が身に付いたことを示しているを思われる作品を入れていきました。これにより，子どもは各学期の達成点を確認し，次の学期の目標をより明確に設定できました。また教師も，個々の学習が子どもにどのように受け止められているかを知り，カリキュラム評価に役立てることができました。さらに，保護者面談でもポートフォリオを活用することによって，よりよく説明責任を果たすことができました。[6]

（西岡加名恵）

▷4　詳しくは，西岡加名恵『教科と総合に活かすポートフォリオ評価法』図書文化，2003年を参照。

▷5　詳しくは，宮本浩子・西岡加名恵・世羅博昭『総合と教科の確かな学力を育むポートフォリオ評価法・実践編』日本標準，2004年を参照されたい。

▷6　中央教育審議会初等中等教育分科会教育課程部会「児童生徒の学習評価の在り方について（報告）」（2010年3月24日）では，評価に関する保護者の理解を促進するためポートフォリオを活用することが推奨されている。

図24　ポートフォリオ検討会の様子
出所：徳島市福島小学校・宮本浩子教諭の提供。

図25　観点別長期ポートフォリオ
出所：徳島市福島小学校・宮本浩子教諭の提供。

IX　学級編成・生活指導と授業

1　学級とは，その可能性

1　学級の誕生

○一斉教授の始まり

今日見られるような学級の歴史的起源は，チェコの宗教改革家・教育改革家であるコメニウス（Comenius, J. A.）の論に見出すことができます。それまで個人が基本であった教授に対し，コメニウスは主著『教授学』（1632年）で「あらゆる人にあらゆる事柄を教授する普遍的な技法」の必要を提起し，教授は「年齢と発育の段階」にしたがっておこなわれなければならないとする考え方を示しました。その後19世紀に入って近代化・工業化にともない多数の子どもを一堂に集めて授業をする一斉教授のかたちが広まるにつれて，一定の知識内容を効率よく多数の子どもに教授する方法として，学習内容の難易度や学習の進度にあわせて集団を編成する学級・学年組織が整えられてきました。

▷1　チェコ語による『教授学』が1632年，そのラテン語訳『大教授学』が1657年に出された。

○日本における学級の起源

日本においては，明治の「学制」（1872年に定められた日本の最初の近代学校教育制度）において，修業年限，等級区分，進級制度などについて規定されたのが始まりです。当初は学習進度に対応した等級制がとられていましたが，次第に暦年齢と一定の人数（60〜80人）を基準にした学年・学級制がとられるようになりました。その後，学習の個別性と社会性に着目して，学級より小さい小集団を生かした教授法の工夫なども試みられ，また学級を学習集団としてだけでなく，子どもたちが学校生活を通して社会性を育む生活集団としても位置づける実践が戦前においても展開されてきています。

2　今日の学校制度と学級

現在の学級制度は，小・中・高等学校設置基準（文部科学省令）でその基本が定められ，「公立学校の学級編成及び教職員定数の標準に関する法律」，「公立学校の適正配置及び職員定数の標準等に関する法律」などにもとづいて，都道府県が基準を定め，学校を設置する自治体がこの基準に従って具体的実施にあたるかたちになっています。

現在の学級の定数は，小・中・高等学校通じて40名が基準とされ，教員の定数もそれをもとに決められています。しかし，近年「**個に応じた指導**」の充実や基礎的な学力の定着のために，教科や個別の授業ごとにこの学級定数より少

▷2　個に応じた指導
⇒ⅥI-2 参照。

ない人数で，少人数授業をおこなう試みや，自治体独自に国の定数を超える教員を配置して少人数学級の編成にあたる例もあります。

❸ 学級とは

　歴史的起源を見るとわかるように，学級は，学習集団としてまず組織されるとともに，学校生活の基礎的単位，子どもたちが生活を通して社会性を身につけていく生活集団としての性格を併せもつものとして位置づけられてきました。つまり，「学級」を子どもたちを単に「配当したもの」というところから，子どもたちにとっての学校での生活基盤，学習の基盤としての「学級」へといかに高めていくかということが，教育の課題であるともいえます。

　近年，少人数授業の展開のために，教科や学習内容によって基本となる学級以外に学習集団を多様に組織することもおこなわれ始めています。その場合は，学級担任と子どもたちとの親密感や信頼関係づくり，教室移動や教具の使用などをめぐるトラブルへの対応などに，配慮・工夫が求められます。学級が子どもたちにとって一つの「社会」であるという視点が常に重要です。

❹ 学級の今日的意義

　制度としての学級は公的な性格を帯びています。仲良しグループや遊び集団，あるいは家族のような私的な集団ではありません。しかしそれが生活集団としての性格ももっているということは，私的な関係がそこに存在し，私的な要素と公的な要素が絡みあって日々の学校生活が学級を中心に展開されていることを意味しています。

　一般社会での生活も，公私二つの側面をもっていますが，生活の「私化」（privatization）が近年進んでいるといわれています。個々人が商品化されたサービスを利用して生活することが多くなったために，生活のなかで占める私的な領域が拡大している現象です。この社会の変化は，子どもたちの学校生活にも影響を及ぼしています。そのために，学級・学年，児童会や生徒会などの公的な集団による自治的活動を活発に進めていくことが難しくなっています。その一方で私的な友人関係，小グループが学級の雰囲気や活動に影響を強くしています。

　しかし，そうであるからこそ，私的な交わりから，公的な自治活動へとつながっていく，活動の展開を組織していく指導，その母集団としての学級の役割は大きいといえます。社会における公共性のあり方も，国や自治体の経営に任せるという「公共」ではなく，市民の参加と協同による新たな公共性が模索されていますが，そうした背景のもとで，学級は新たな公共性の創り手・担い手を育てる自治の学校としての役割を期待されているといっていいでしょう。

（築山　崇）

参考文献
山脇直司『公共哲学とは何か』ちくま新書，2004年。

IX 学級編成・生活指導と授業

2 学級編成の方法

1 学級編成と教育的意図

○均質集団としての無意図的編成

通常は，当該年度に同一の生活年齢を有する児童生徒が1学級の定員を超えるときに分割編成していくわけですが，それは多くの場合，性別・学力・居住地域など著しい偏りが出ないようにしながら，子ども相互の関係などにも配慮しておこなわれます。学級相互が均質であることが前提になっていますから，この場合，学級は教師にとっても子どもにとっても，「あらかじめ与えられた条件」であり，偶然の出会いとしての性格をもったものといえます。

○教育的意図をもった均質集団編成

近年では，小学校における「学級崩壊」や中・高における問題行動の深刻化などを背景として，教師と子どもの関係づくり，指導上の特別な課題と教師側の条件などを考慮して，一定の教育意図・配慮のもとにかなり綿密で計画的な編成作業がおこなわれることが多くなっています。その場合でも，編成されたクラスは，学力分布，指導の困難性などの要素をみたとき，著しい偏りがあるのではなく，複数クラスが均質に編成されているようにすることが一般的です。

2 能力別学級編成と能力混成型学級編成

○学習の習熟度と学級

▷ 学習指導要領
⇨ IV-2 参照。

1998年版の**学習指導要領**で「各教科等の指導に当たっては，児童が学習内容を確実に身に付けることができるよう，学校や児童の実態に応じ，個別指導やグループ別指導，繰り返し指導，学習内容の習熟の程度に応じた指導，児童の興味・関心等に応じた課題学習，補充的な学習や発展的な学習などの学習活動を取り入れた指導，教師の協力的な指導など指導方法や指導体制を工夫改善し，個に応じた指導の充実を図ること」が謳われ，2008年版の学習指導要領でもその方針が継承されたことから，「学習内容の習熟の程度に応じた指導」が広がっています。

その場合でも，学級を習熟度別に編成するという「能力別編成」がおこなわれているわけではありません。習熟の程度に応じた指導は，教科ごとの授業において，学級より少ない人数で学習集団を編成するという方法がとられています。「少人数学習」の編成です。その際問題になるのが，生活集団と学習集団

（恒常性と変動性）の関係です。

○学級と学びの共同性

「習熟度別編成」については、IX-6 で詳しく説明しますが、「能力混成型学級編成」は、従来一般的におこなわれてきた方法で、学年が進むにつれて、実際には学力の差が顕著になることによる指導上の難しさもありますが、「わかり方」は一様でないことを子どもたちが知ることで、一つひとつの事柄に対する理解がより深いものになったり、集団で考えあうことが理解を深めるという、学びの共同性に気づいていくという教育的効果もあります。

小中学校の教育課程は、その習得が進級の条件とされるのではなく、規定の年限授業を受けることによって進級を認定していく「履修主義」をとっていますので、均質集団編成をとったばあい、一つひとつの学級は必然的に「能力混成型」となります。

③ 学年制と複式学級

学年制は、暦年齢を基準に教育課程を段階的・系統的に割り当て（編成）していく学習集団の編成方法で、1学年の子どもの数が多くなるにつれて、学級数を増やすかたちをとります。逆に子どもの数が少ない場合、2学年あるいはそれ以上の学年にまたがる子どもを一つの学級に編成する複式学級の方法もあります。この場合、教師は1回の授業に課題や内容の異なる複数の学習活動を準備して臨むことになります。

わが国において複式学級は、大都市への人口集中が進んだ高度経済成長期に農山村など過疎地に多く見られましたが、大都市の中心市街地における人口減少にともなって、大都市でも複式学級が見られたり、学校・学級規模を維持するために学校の統廃合がおこなわれたりしています。

この問題は、学習指導上の問題であると同時に、生活集団としての学級ということを考慮したとき、子どもの社会性を養うための学級規模の問題でもあります。

④ 学級編成の現代的課題──指導困難と学級編成

小学校では、従来2学年ごとのクラス替え、担任の交代がおこなわれてきましたが、近年とくに高学年における指導の困難の高まりから、1年ごとにクラス替えや担任の交代をする学校が増えてきています。子ども同士の関係を組み替えることによる指導上の問題の解決や教師の負担の軽減・均等化を図るといったメリットもありますが、指導の継続性、子どもと教師の信頼関係の形成など課題もあります。

（築山　崇）

参考文献
碓井岑夫『学校の改革と学級自治』教育出版、1983年。

IX　学級編成・生活指導と授業

3　学級運営と生活指導

　「学級運営（経営）」という語は，教科の授業における学習指導だけでなく，生活指導もふくめ，学級における教育活動が計画的に進むように，人的物的条件整備にとりくむという意味で用いられています。この IX-3 では，子どもたちにとっての生活集団としての学級の「運営（経営）」について，自治の力（社会制作の力）の形成を目指す実践（公的な集団づくり）と，競争的環境のなかで孤立させられている今日の子どもたちをつなぐ実践（私的な交わりを大切にした関係づくり）について述べます。

1　学級開き

　学年の最初，始業式のあとの担任教師と子どもたちとの出会いは，互いの第一印象を通じて，学級生活のスタートが切られる大事な瞬間です。新入学か進級かによって教師，子どもそれぞれの情報量に違いはありますが，教師のリーダーシップで学年当初の学級のトーンはつくられていきます。「学級開き」という「イベント」では，担任が1年を通じて大事にしていきたい学級づくりの方針（「理解と思いやりをもって」「自分から進んで行動しよう」「学習の規律を大事にしよう」など）を示したり，子ども一人ひとりに決意・目標を発表させたりと，前向きのトーンで新たな出発をしようとする雰囲気づくりに心がけることが大切です。ただし，集団の前で自分を表現するのが苦手な子どもや，対人関係に不安をもっている子ども，学習に自信を失っている子どもなどもいるので，緊張を解いて安心して学級生活に入ることができるようにする配慮も必要です。

2　自治的集団

　担任教師のリーダーシップでスタートした学級生活も，4，5月を過ぎ子どもたちのなかに仲良しグループが形成されたり，一定の慣れが生まれてくるようになります。それは，教師のリーダーシップに対抗する子ども集団の力が芽生えてくる時期にもあたります。教師は，リーダーシップを握り続けるのではなく，その指導のもとで，子どもたち自身が学習や生活のあり方をつくりだしていく自治的集団へと成長していくように指導の展開を図っていかねばなりません。

　自治的集団を形成していく上での基本的な力・要素は，話し合いを組織し，討議にもとづいて決定を下し，その決定にもとづいて規律ある生活を営んでいけることであり，そのような力をつけていくための指導が自治的集団を育てる

指導といえます。その方法には，子ども相互の関係をアンケート調査などによって把握し関係の調整を図る，ソシオメトリック調査やグループダイナミクスの手法にもとづく指導や，対人関係に求められる力を社会的スキルとしてとらえ，ロールプレイなどの手法を利用したトレーニングによってその習得を目指し，子ども相互のトラブルの解決と望ましい集団関係の形成を目指す方法などがありますが，ここでは，次に，わが国の民間教育研究団体（の一つ全国生活指導研究協議会）が体系化した独自の「集団づくり」の方法を紹介します。

③ 学級集団づくり（班・核・討議づくり）

この方法は，学級を子どもたちが自治的能力を獲得していく基本集団としてとらえ，学級内小集団である班の活動（「班づくり」），そのリーダーである核の育成（「核づくり」），討議にもとづく決定の過程である「討議づくり」を基本的要素としているので，「班・核・討議づくり」ともよばれています。班の活動の具体的展開が中心になりますが，学校生活における集団の単位は，あくまでも学級に置くので，基本的性格は「学級集団づくり」であり，それを基盤にして，学年集団・全校集団づくりへと発展させていく展望をもったものです。この「班・核・討議づくり」が最初に定式化されたのは，1963年の『学級集団づくり入門』（全国生活指導研究協議会編，明治図書出版）においてで，その後1971年にその『第二版』，そして，1990年に『新版 学級集団づくり入門 小学校』1991年に同『中学校』編が，発行されており，そのつど子どもと社会の状況，教育をとりまく情勢などを反映して，指導方法は新たな展開・提起をみせています。

④ 今日的状況の下での新たな集団づくり

今日，生活の「私化」が進む状況の下で，子どもたちの世界にも自治的な集団づくりを進めていく上で新たな困難が生じてきたり，私的な交わりをもつなかから親密な集団をつくり出していくことができない子どもたちの存在が見られるようになるなど，子どもの世界における個と集団の関係の変化が進むなかで新たな指導の手立てが求められています。かつて「班・核・討議づくり」の実践で，班競争が盛んに組織されたことがありましたが，排他的な競争原理が社会に広がっている今日，互いを高めあえるような競い合いを組織することは困難になっています。また，学級討議や学年・全校集会など公的な討議を組織すること自体の困難も増しています。そうした状況の下では，私的なつながりができていくような仕掛け，私的なグループの活動を励ましながら，公的な集団活動の核を育てていく柔軟な指導が必要です。文化祭や体育祭などの行事（文化的活動）のとりくみも，小グループの活動に配慮したり，楽しさの追求に力を注ぐなど，学級が一つになって値打ちのある内容にとりくむかたちとは違うあり方も取り入れていく，活動の幅が求められています。

（築山　崇）

▷ その一端は，以下でふれるが，ここでは，『新版』の内容をもとに，最初の提起以来共通する基本的原理とでもよべる内容を簡単に紹介しておく。
「討議づくり」は，「民主的な討議の確立と自主管理を課題とし，集団の自治を実現していくもの」と定義され，「学級集団づくりの中心的側面」といわれている。「班づくり」では，自治の基礎集団であると同時に，一人ひとりの子どもにとってもっとも人格形成力をもつ第一次集団であるような班をつくっていくことが課題とされている。「核づくり」は，「民主的な集団の自己指導を確立すること」を課題とするもので，「リーダーとしてのやる気と自覚を持った子どもを導き出していく面と，それに対して支持や拒否を示すことのできる集団を作り出していく面」からなっているとされている。「学級集団づくり」は，学級集団の主導権（ヘゲモニー）の推移を指標とした集団の発展段階を見通しながら，「班・核・討議づくり」という手法によって進められていくのである。

(参考文献)
全生研常任委員会編『新版 学級集団づくり入門 小学校』明治図書出版，1990年。
同編『新版 学級集団づくり入門 中学校』明治図書出版，1991年。

IX 学級編成・生活指導と授業

4 学習規律と学習集団の指導

1 授業の成立と学習規律

　「学級崩壊」の最大の指標が授業の不成立におかれていたように，授業と生活指導の接点は，学習の集団化・協同に見ることができます。学習活動が成立し展開していくためには，前提として授業者である教師と学習者である子どもたちとの間に基本的な信頼関係が築かれていること，学ぶことの基本的な価値について初歩的なものであっても合意が存在することが必要です。そのうえで，よりスムーズに学習過程が展開し，学習者の理解が深まり，定着するためには，一定のルール（規律）が守られることも必要になります。この IX-4 では，このルール（規律）について，2，3例をあげながら述べるとともに，とくに学級内小集団（班）の学習活動における活用について説明します。

2 発言ルール

　通常，授業は教師の指導案にもとづいて展開されますが，その際，教師による発問とそれに対する子どもたちの発言が，授業の展開の成否の鍵を握っているといっても過言ではありません。もっとも一般的な形は，学級全体に対する教師の発問，挙手による子どもの発言による応答です。そこに，他の子どもの発言に対する自分の意見・感想を述べたり，賛否の意思表示をしたり，考え方に同意しつつさらに詳しい事例をあげたり，補足的な説明を加えたりと，複数の子どもたちの発言が相互に関連しあって，集団的な思考の展開を進めていくこともあります。そのような発言の組織ができれば，教師の発問は，生きた学習指導としての意味をもつことになります。

　近年，子どもの主体的参加を促す方法として，授業にディベートを取り入れることが多くなっています。ディベートは，あるテーマについて論争点を明確にしたうえで，グループ（チーム）ごとに肯定・否定など主張・立場を決め，主張の論理性・説得力などを競うゲームですが，その際，「発言者の数・スピーチ時間」など一定のルールをあらかじめ定めておく必要があります。ゲーム（競技）である以上，このルールが厳格に守られることが重要ですが，この発言ルールそのものをさまざまに工夫することでゆたかな議論の展開が可能になります。第三者的立場から，チーム双方に疑問を投げかける役割を設定することなども考えられます。

❸ ハンドサイン

ハンドサインとして一般に用いられているのは，発言の回数を指で示す例がありますが，これは，数十人が一緒に学習している学級という場で，できるだけ多くの子どもの発言を教師が保障しやすいようにする手助けとなるものです。そのほかに賛成意見か反対意見かわかるようにあらかじめ手の形を決めておく（じゃんけんの要領で）ことも考えられ，また場合によっては，発言に確信があるかないかで手の表示方法を変えることで，少なくとも挙手はできるようにし，子どもが少しでも参加しやすい手だてとして活用することも考えられます。そのほか「つけたし」「事例紹介」「わからない」「質問したい」といった意思表示も，あらかじめ定めたサインで表現することで，発言への抵抗を減らすことも方法としては有効です。

❹ 学級内小集団（班）の活用

学級内小集団（班）を学習に活用する方法としては，先にあげたディベートのチームとすることも考えられますが，基本となるのは，教えあい，学びあいとしてのそれです。班ごとにテーマをもった調べ学習や，分担・協力しての発表，全員が一定の水準に到達するように協力して練習にとりくむなどそのスタイルは多様に考えられます。

教えあいによってつまずきや誤解を克服していくだけでなく，算数・数学の問題の解き方，国語の文学教材の読み取りの多様性など学習の質を高める学びあいを実現していくことは，人間という存在がもっている共同性にやがて気づいていく礎ともなるものです。

「総合的な学習の時間」で扱われる環境，国際，情報化，福祉といったテーマに迫っていくとき，小集団で個々のメンバーの関心を生かしながら，総合的にテーマに迫ることや，調査・発表や体験型の学習にもこの小集団の活用が有効です。発表に求められるプレゼンテーション技法の指導も小集団を介することで進めやすくなるといったことが期待できるでしょう。

❺ 自主的・主体的学習の組織へ

このように学習集団の指導においては，参加型の学習，体験型の学習など教師主導の講義型の授業ではなく，子どもの自主的・主体的学習を組織することに力点を置いていくことが大切です。またそれは表現・コミュニケーション能力を高めていくことで，生活指導が目指す自治の主体づくりにもつながっていくものです。

（築山　崇）

参考文献

魚住忠久編著『ディベート学習の考え方・進め方』黎明書房，1997年。

IX 学級編成・生活指導と授業

5 学級崩壊

1 「学級崩壊」とは

「学級崩壊」とは、ひとまず、「私語、立ち歩き、器物破壊、エスケープ、遅刻、教師への反抗などによって授業が成立しなくなり、子どもたちが担任の指示に従わず、学級としての生活の全体が崩れてしまうといった現象」をさす用語と定義することができます。公的な定義としては、文部省（当時）の委嘱を受けて調査にあたった「学級経営研究会」（代表 吉田茂国立教育研究所長）による、「学級がうまく機能しない状況」で「子どもたちが教室内で勝手な行動をして教師の指導に従わず、授業が成立しないなど、集団教育という学校の機能が成立しない学級の状態が一定期間継続し、学級担任による通常の手法では問題解決ができない状態に立ち至っている場合」というものもありますが、それが小学校におけるものであること、学級全体を覆う問題として現れている点がこの問題の鍵といえます。

▷1 学級経営研究会『学級経営の充実に関する調査研究』（最終報告書）文部省委嘱研究（平成10年・11年度）、2000年。

▷2 1998年ごろには、テレビ・新聞等マスコミで盛んに取り上げられ一種の社会現象となった観があるが、先駆的な報道としては、1997年4月の日本テレビ「ドキュメント'97」で放映された「学級崩壊」というそのものずばりのタイトルの番組がある。

2 学級崩壊の要因と社会的背景

まず、子ども集団（子ども相互の関係）の質的変化、個々の子どもが抱えるストレスの増大、子どもと大人とのコミュニケーション不全、「幼さ」の広がりなど子どもたちのなかの要因があります。さらに、子どもたち自身が主体的に活動して楽しむ時間的ゆとりが乏しくなり、一人ひとりの子どもとていねいなかかわりがもちにくい学校体制（クラス定員、教員数など）、子どもたちをとりまく圧倒的な消費（商品）文化と学校・教師が与えようとする諸価値とのずれなどもあり、さまざまな要因が地域的条件とも絡んで、先にあげたような指導困難をもたらしていると考えられます。

したがってそれは、今日の学校教育の体制や構造全体と子どもたちの現実との間にある基本的な矛盾の現れであり、個々の技術的な指導の改善によって解決する性格の問題ではないといえます。「学級崩壊」現象が、大都市地方都市を問わず、また教師の経験や力量とも必ずしも相関なしに生じている事実がこのことを物語っています。先の「学級経営研究会」の調査報告書でも、「問題はむしろ、指導力のある教師を持ってしても、かなり指導が困難な学級が存在するということです」と指摘されています。

3　学級崩壊の克服（方法）とその意味

　問題の要因背景が上に述べたような内容ですから、問題解決に向けたとりくみの方向性は、子どもの参加を基本にすえた授業や自治活動、子どもとのコミュニケーション・相互理解の形成への独自の手立て、父母・地域での子育てのとりくみの協同など、教育実践を、現代の子どもたちにふさわしいものに発展させていくものとして、考える必要があります。以下、もう少し詳しくこの問題の克服に向けた課題・方法を提起しておきたいと思います。

◯子どもとの関係づくりの課題

　子どもたちとの信頼関係を築いていくために、子どもたちの怒りや疑問、不安に共感し、子どもの存在をありのままに受けとめることから始めることが大事です。自分の思いにこだわる、一見「わがまま」とも映る状況は、「幼さ」として多くの教師が感じていることです。しかし、そこには「幼さ」だけではなく、「押し付け」「決め付け」に反発し、納得を得たいという思いを読み取ることもできます。反抗や崩れといった表現から子どもの願いを読み取っていくには、まず、教師（大人）と子どものパートナーシップを築くことから出発しなければなりません。

◯子どもの視点から、学校・教師をとらえなおす

　多種多様な商品や情報に囲まれ、常に欲求を刺激され、不満や焦り、葛藤を抱えている現代の子どもたちが、その内面を表現し、相互の共感・理解を広げていくような働きかけが、求められています。

◯学びの意味が実感できる授業づくり

　塾通いの広がりによって、学校の授業の空洞化が懸念されています。「わからない」「意味がない」「おもしろくない」「ドリルがいや」などと、子どもたちは、さまざまに授業に対する不満を表し、学習から遠ざかろうとします。最終的に相対評価による序列づけの役を担っている教師は、子どもにとって競争社会の代弁者のにおいをぬぐいきれません。その意味で、評価のあり方が、子どもと教師の関係づくりの重要な環をなしているといえます。同時に、学習したことが材料になって、ふだんの生活のなかでなんとなく眺めていたことが違って見えるといった、学習に対する生活的な意味づけの問題も重要です。

◯父母との協同・地域づくりの課題

　最後に、教師、父母それぞれが孤立することなく、子どもたちの現実について、彼らの悩みや課題についての理解を共有し、解決に向けて協同の活動を進めていくことの大切さをあげておきたいと思います。これは、教師、父母、地域住民が、教育・子育てにおける協同から始めて、地域に新たな市民的協同をつくりだしていくことで、子どもが時代の担い手として育っていく土台としての地域を創造することでもあります。

（築山　崇）

参考文献

築山崇「学級崩壊の現状と解決の展望」『児童心理』1998年9月号。

尾木直樹『「学級崩壊」をどう見るか』日本放送出版協会、1999年。

学級経営研究会「学級経営をめぐる問題の現状とその対応——関係者間の信頼と連携による魅力ある学級づくり」2000年3月。

IX 学級編成・生活指導と授業

6 習熟度別学級編成と授業

1 学習における習熟度をめぐる議論の経過

IX-2「学級編成」で述べたように，学級の歴史をたどると，近代以前の個人教授から，近代化・産業化の過程でつくられてきた学習の進度や能力にもとづく等級制，暦年齢を基準に一定の学習内容を割りあてる縦の集団としての学年を組み合わせた学級―学年制を経て，今日では，学級―学年制を基本としながらも「個に応じた指導」を重視するというねらいのもとに，学習の進度による編成である「習熟度別」編成が，小中学校に取り入れられつつあるという経過があります。

2 今日の習熟度別学級編成にかんする論議の状況

「個に応じた指導」を強調する論調は，すでに1996年の中央教育審議会答申等で打ち出されていましたが，2000年5月の「教職員配置の在り方等に関する調査研究協力者会議」による「今後の学級編制及び教職員配置について（報告）」，中央教育審議会の2003年10月の答申「初等中等教育における当面の教育課程及び指導の充実・改善方策について（答申）」で打ち出された次のような方向性が，現行の学習指導要領で具体化されています。

答申第2章「新学習指導要領のねらいの一層の実現を図るための具体的な課題等」4「個に応じた指導」の一層の充実(2)当面の充実・改善方策において，「………各学校においては，児童生徒の発達段階やそれぞれの特性，学校の実態，教科等や指導内容の特質を十分踏まえるとともに，児童生徒の実態や指導のそれぞれの場面に応じて，少人数指導，個に応じた選択学習，個別指導やグループ別指導，学習内容の習熟の程度に応じた指導，繰り返し指導等，効果的な方法を柔軟かつ多様に導入することが重要である」と述べられています。このような方針に対しては，「習熟の程度」という名目で，成績による学習指導の格差づけにつながるのではないか，習熟の程度が低いとみなされた子どもたちの学習意欲を損なうものではないかといった懸念や批判が向けられてきています。「答申」でも，「………いたずらに児童生徒に優越感や劣等感を生じさせたり，学習集団による学習内容の分化が長期化・固定化するなどして学習意欲を低下させたりすることのないように十分留意して指導の方法や体制等を工夫することが望まれる」など「個に応じた指導」をおこなううえでの配慮が強調

されていますが，いまだ議論の余地を残しているのが現状です。

3 習熟度別編成と学習指導の展望

○異なる編成方法が並存することによる問題

　習熟度別編成によって生じる問題には，すでに述べたような子どもたちの自己認識や学習意欲にかかわる問題とともに，子どもの発達段階による個と集団の関係認識の違いの問題，そこから派生するきわめて実際的な指導上の困難などの問題があります。

　たとえば，小学校の場合，担任の教師が大部分の教科の授業を担当し，子どもたちは，同一学級のメンバーで，それぞれの教科の授業を受けるかたちが従来とられてきました。それは，子どもと教師，子ども相互の安定した関係が学校生活にとって必要であることに配慮したもので，子どもの対人関係能力の発達の視点も加味したものといえます。帰属集団が安定しないことの子どもにとっての負担とともに，教科によって，教室や座席が変わることに伴う指導（教室間の移動，持ち物の管理など）や，教師と子どもとのある程度の親密さや信頼関係を築くための働きかけなど，教師にとっても新たな負担が生じるという問題があります。

○学級経営・集団活動の展開・指導上の課題と展望

　習熟度別編成や少人数指導は，生活集団としての学級の性格を大きく変え，自治の学校としての学級の指導に新たな課題をもたらすものとなっています。たとえば，従来，学級を基礎に，学習における個別化と共同（協同）を追求してきた実践においては，教科ごとに編成される習熟度別の学級・集団（グループ）と一定の定数で編成された均質集団としての学級の双方を視野に入れた，学級経営や学習・文化の協同のとりくみなどを追求していく実践も試みられています。

　また，習熟度別に編成された集団においては教えあい，刺激しあうといった集団による学習のメリットを引き出す，あるいは調査・発表など学習活動における具体的な協同活動の展開といった，自治と協同に基礎をおく学習集団形成という教育課題をより鮮明なものとします。それは，いじめや暴力など子ども相互の関係におけるトラブルの解決やクラブ・児童会・生徒会活動など自治的・文化的活動と結んだ民主的な集団形成を軸としてきた学級経営（形成）をより豊かに，質の高いものにしていくという課題でもあります。

　「個に応じた指導」の方法は，習熟度別編成が唯一のものでないことは，上記の「答申」でも，「効果的な方法を柔軟かつ多様に導入する」という表現で述べられているところであり，今日の子どもと社会の状況のリアルな認識にもとづいた，よりふさわしい方法が探究されていかなければなりません。

（築山　崇）

▷　この点については，IX-3でも述べているので参照のこと。

（参考文献）
　佐藤学『習熟度別指導の何が問題か』岩波ブックレット，2004年。

X 特別なニーズをもつ子どもへの対応

1 特別なニーズをもつ子どもたちへの対応の諸相

1 特殊教育から特別支援教育へ

2003年3月、文部科学省から「今後の特別支援教育の在り方について」の最終報告が発表されました（以下、Xでは「最終報告」と表記）。この報告では、「これまでの特殊教育の対象の障害だけでなく、その対象でなかったLD、ADHD、高機能自閉症も含めて障害のある児童生徒に対してその一人一人の教育的ニーズを把握し、当該児童生徒の持てる力を高め、生活や学習上の困難を改善又は克服するために、適切な教育や指導を通じて必要な支援を行うもの」として、これまでの「特殊教育」という用語に代わり、「特別支援教育」が提起されました。これは、90年代以降の特別なニーズ教育（Special Needs Education）を志向する世界的な動向をふまえた変化であるということができます。その背景には、特別支援学校（旧 盲・聾・養護学校）や特別支援学級（旧 特殊学級）に在籍する児童生徒、また、通級による指導を受ける児童生徒の比率が近年増加傾向にあること、重度・重複障害のある児童生徒が増加していること、そして、LDやADHD、高機能自閉症といった通常の学級での対応が課題となっている児童生徒の存在への認識の高まりなど、対象の量的拡大傾向、障害・ニーズの多様化にともなう質的な複雑化があげられます。

従来の特殊教育が、医学的な障害概念に依拠し、障害の種類や程度に応じて特別な場で指導をおこなう教育であったのに対し、この特別なニーズ教育とは、障害の有無にかかわらず、学校生活を営むうえで特別な教育的ニーズをもつ（指導における特別な配慮や工夫、教育的対応を必要とする）子どもに、ニーズに応じた特別な支援を提供しようとする教育のあり方を指します。障害という医学的な診断にこだわるのではなく、不登校児や外国籍の子どもなども含めた幅広いニーズが想定されているといえます。このようなニーズ観は、1978年にイギリスのウォーノック報告で提唱され、今日の障害児教育の国際的な主流となっています。

表10からもわかるように、従来の特殊教育と比較して、特別なニーズ教育の特徴は大きく2点あげられます。第一に、障害観の変化です。障害を個人の属性として固定的・生来的なものととらえるのではなく、環境との相互作用のなかで生じるものとしてとらえます。たとえば、肢体不自由で歩行が困難でも、車イスで校内を自由に移動できる設備が整っていれば「障害」としては顕在化

▷1 高機能自閉症
対人関係の難しさやコミュニケーションの苦手さ、ことばの発達の遅れ、知的発達の遅れ、特定のものに対する強いこだわりといった行動上の特性などを特徴とする自閉症のなかで、知的発達の遅れをともなわないものを指す。

▷2 ウォーノック報告
1978年に提出された報告書の通称。世界で初めて特別な教育的ニーズという概念を導入して、対象の拡大を示唆した。今日の世界的な特殊教育から特別なニーズ教育への転換および推進の直接的な契機となった。

しにくいと考えられます。また，障害という既定の枠組みではなくニーズと必要なサービスで子どもの実態を把握することにより，対象が大きく拡大されると理解されます。特別なニーズ教育発祥の地イギリスでは約20％，5～6人に1人がなんらかの特別なニーズをもつと想定されています。日本の場合は，特別支援学校・特別支援学級での教育，あるいは通級による指導を受けている児童生徒はおよそ1.9％（2007（平成19）年）です[3]が，今日ではLDやADHD，高機能自閉症など，通常の学級で特別な教育的ニーズをもつ子どもにも目が向けられるようになり，対象の拡大が想定されているといえるでしょう。

表10　特殊教育と特別なニーズ教育のちがい

	特殊教育	特別なニーズ教育
障害観	・医学モデル（欠陥モデル） ・個人還元モデル	・環境との相互作用モデル 　（ICIDH 2など参照）
対象	・「障害」をもつと認定された障害児	・特別な教育的ニーズをもつ子ども
対応	・障害の種類と程度に応じて，教育的対応を決める（機械的に教育を受ける場を振り分ける）。	・子どもが環境との相互作用の過程で現出させているニーズに応じて，サポートのあり方を考える。

表11　日本の特殊教育と特別支援教育のちがい

	特殊教育	特別支援教育
対象	視覚障害／聴覚障害／知的障害／肢体不自由／病弱・身体虚弱／その他（情緒障害／言語障害）（およそ1.4％）	「これまでの特殊教育の対象の障害だけでなく，その対象でなかったLD，ADHD，高機能自閉症も含めて障害のある児童生徒」（「最終報告」より）（およそ6.3％）
教育を行う場	・盲・聾・養護学校 ・特殊学級 ・通級による指導（1993年～）	・盲・聾・養護学校 ・特殊学級 ・通級による指導 ・通常学級 「通常学級に在籍する特別な教育的支援を必要とする児童生徒への対応も積極的に行う」（「最終報告」より）

　第二に，特別な支援を受けられる場として，特別支援学校や特別支援学級といった特別な場に限定されるのではなく，通常の学校，学級も含めた多様な場における対応が図られる点があげられます。ここから，特別なニーズ教育が「特別な」場でおこなわれる「特別な」教育として，通常教育と切り離された形で展開されるのではなく，むしろ，通常教育そのものが変革される必要性を問うものであるということができるでしょう。つまり，特別なニーズ教育とは，通常の教育と二者択一で追求されるものではなく，通常の教育を変えていくなかでこそその実現がめざされるものであるといえます。

　では，特別支援教育の構想のもとで，わが国における今日の特別支援学校や特別支援学級はどのように変化していくことが予想されるでしょうか。

2　特別支援学校

　これまで，盲学校（視覚障害），聾学校（聴覚障害），養護学校（知的障害・肢体不自由・病／虚弱）と障害種別に設置されていた各種学校は，学校教育法等の一部改正（2007（平成19）年4月1日施行）にともない，特別支援学校に一本化されました。

　最終報告では，盲・聾・養護学校（現　特別支援学校）が地域の特別支援教育のセンターとして，「その学校に在籍する児童生徒の指導や保護者からの相談に加えて，地域の小・中学校等に在籍する児童生徒やその保護者からの相談，

[3] 文部科学省「特別支援教育資料」（平成19年度），2008年。

個々の児童生徒に対する計画的な指導のための教員からの個別の専門的・技術的な相談に応じるなどにより，地域の小・中学校等への教育的支援を積極的に行うことで，地域社会の一員として，地域の特別支援教育のセンターとしての役割を果たすこと」の重要性が指摘されました。この方向性は，2007（平成19）年4月に出された「特別支援教育の推進について（通知）」でも引き継がれています。

障害種別に学校を設置し，特定の障害のみを受け入れる盲・聾・養護学校の制度から，特別支援学校に一本化されたことにより，複数の障害種別の子どもを受け入れることが可能になりました。このように，地域の実情に応じて柔軟かつ弾力的に学校を設置・運営する試みは，一部の地域で先駆的に取り組まれてきたものです。たとえば京都市では，2004（平成16）年から**総合制・地域制養護学校**が導入されました。今後，地域における特別支援学校の存在意義や役割をどこに求めるのかという問題とあわせて，自治体の模索や取り組みの蓄積に学びながら議論を深めていくことが必要な課題です。

▷4 総合制・地域制養護学校
養護学校における障害の重複化，多様化に対応するため，従来のように障害種別（知的障害，肢体不自由，病弱・身体虚弱）に学校を設置するのではなく，肢体に障害のある子どもと発達に障害のある子どもがともに学ぶことのできる「総合養護学校」として改編し，障害の種別にかかわらず一人ひとりのニーズに応じた教育を受けられるようにする試み。

3 特別支援学級

特別支援学級は，障害種別に通常の学校内に特別な教育課程をおこなう場として設置することができます。対象児童生徒の推移をみると，知的障害・情緒障害学級の対象児の増加傾向が顕著です。X-2でふれる今日のインクルージョンの提唱などとかかわって，これまで特別支援学校の対象であった児童生徒が通常の学校に入学し特別支援学級に入級するといった例も増え，対象となる障害の重度化，重複化，多様化が大きな問題となっています。

最終報告では，「小・中学校に在籍しながら通常学級とは別に，制度として全授業時間固定式の学級を維持するのではなく，通常の学級に在籍した上で障害に応じた教科指導や障害に起因する困難の改善・克服のための指導を必要な時間のみ特別な場で教育や指導を行う形態（例えば『特別支援教室』（仮称））とすることについて」の検討の必要性が指摘されました。しかしながら，ここで，安易に固定式の特殊学級をなくすという議論には慎重でなければならないでしょう。2007（平成19）年度にスタートした特別支援教育のなかでは，「特別支援学級」が維持されています。今後は，障害の多様化をふまえて，ますます柔軟かつ弾力的な対応が必要となると思われます。たとえば，通級による指導と特別支援学級の役割を校内でいかに位置づけるか，通常の学級での支援が課題となっているLDやADHD，高機能自閉症など学校全体のなかでニーズをもつ子どもの指導に対して，特別支援学級の人的・物的リソースをどのように活かしていくことができるかといった問題とあわせて，従来の特殊学級（現 特別支援学級）が果たしてきた機能と役割を包含しつつ発展させていくことが今後の課題です。

▷5 児童生徒が在籍校で通級による指導を受ける自校通級方式，在籍校とは別の学校に通う他校通級方式，他校の教員が巡回して指導する巡回通級方式の3タイプがある。

❹ 通級による指導

　1990年代に入って，特殊教育から特別支援教育への転換が模索されるなかで一つの焦点となったのは，通常の学級における特別な教育的ニーズをもつ子どもたちへの対応についてでした。そこで，通常の学級に在籍する障害児に対応する方策として1993年に制度化されたのが通級による指導です。この通級による指導は，教科等の指導のほとんどを通常の学級で受けながら，週に一定時間（週1～3時間，年間35～280時間）クラスを離れて特別な教室に通って，障害の状態や個別の課題に応じた指導を受けられるというものです。

　この通級による指導は，通常学級に在籍していても，障害の状態に応じた特別な指導を受けられるという点において，これまでの「特別な場」に措置されなければ「特別な教育」を受けることができないという硬直した教育現場に風穴をあける画期的なものであったといえます。現在，通級による指導の対象には，言語障害，情緒障害，弱視，難聴，肢体不自由，病弱および身体虚弱に加えて，自閉症，LD，ADHDの子どもも含まれることが明示されました（2006年「通知」）。このことは通常学校で学ぶさまざまな困難を抱えた子どもたちにとって，制度上の壁を取り除く大きな一歩となりました。しかし，その実態は子どもの学習課題に応えるために十分な時間の保障ができない，知的障害児は依然として対象に含まれないなど，引き続き検討すべき課題も残されています。

❺ 通常の学級は今……

　文部科学省が2002（平成14）年度におこなった全国実態調査では，通常の学級に在籍する知的発達に遅れはないものの学習面や行動面で著しい困難を示す児童生徒の割合がおよそ6.3％であるという結果が報告されました。これは，40人学級では2～3人，30人学級では1～2人の子どもが，なんらかの特別な教育的ニーズをもっているという計算になります。つまり，特別な教育的支援を必要としている児童生徒が「どの学級にも存在する可能性がある」のです。このように，LD，ADHD，高機能自閉症など，通常の学級で特別なニーズをもつ子どもへの対応が，緊急かつ重要な課題となっています。これまでは，障害をもつ子どもへの対応は特別支援学校や特別支援学級といった特別な場に限定されたものでした。しかしこれからは，特定の障害や措置にかかわらず，子どものもつニーズに応じて学校としての全体的・総合的な対応の模索が求められていきます。具体的な方策としては，**特別支援教育コーディネーター**の配置や**個別の教育支援計画**の作成などが提案されています。以上のことからわかるように，特殊教育から特別支援教育への転換は，一部の障害をもった子どもへの対応だけの問題ではなく，学校教育そのものの変革を意味しているという意識をもって取り組んでいくことが大切です。

（窪田知子）

▷6　特別支援教育コーディネーター
学校内の特別支援教育のコーディネーターとして，保護者や福祉・医療などの外部の関係諸機関との連絡調整役を務め，校内のニーズをもつ子どもに対する支援体制（校内委員会）の中心となる人物。

▷7　個別の教育支援計画
障害のある子どもを生涯にわたって支援する視点から，教育，医療，福祉などの関係諸機関や保護者が子どもの実態にかかわる情報を共有化し，教育上の指導や支援の目標や内容，関係者の役割分担などについて示した計画。
Cf. 学校における教育課程や指導計画などをふまえて，より具体的に子ども一人ひとりの教育的ニーズに応じて，指導目標や指導内容，方法などについて記す「個別の指導計画」とは区別される。

参考文献

清水貞夫『特別支援教育と障害児教育』クリエイツかもがわ，2004年。

特別なニーズ教育とインテグレーション学会編『特別なニーズと教育改革』クリエイツかもがわ，2002年。

渡部昭男・新井英靖編著『自治体から創る特別支援教育』クリエイツかもがわ，2006年。

特別支援教育の在り方に関する調査研究協力者会議「今後の特別支援教育の在り方について（最終報告）」文部科学省，2003年。

X 特別なニーズをもつ子どもへの対応

2 分離と統合をめぐる議論

1 障害児教育の歴史──分離教育

　障害児の教育は，近代化とともに整備されていった健常児の学校教育から遅れることおよそ100年，20世紀に入ってようやくその萌芽を迎えました。草創期の障害児学校教育の特徴を一言であらわすならば，分離教育であった点を指摘することができるでしょう。それは，重度の障害児を「教育不可能」として就学猶予・免除という形で公教育から締め出し，障害の種類・程度別に，通常の学校教育体系から切り離して障害児の教育の場を設定して教育をおこなおうとするものでした。それは，一方で，障害をもった子どもにも適切な教育の場を保障しようという積極的な一面をもちながら，他方，能力によって機械的に教育を受ける場を振り分けることで子どもを選別するものでもありました。やがて，このような硬直した分離教育のあり方に対して懐疑や批判の目が向けられるようになり，統合に向けた新しい方向性の模索が始まることになります。

2 統合に向けた国際的動向──インテグレーション

　1960年代以降，障害児教育は大きな転換期を迎えます。世界的に公害問題や環境汚染の深刻化，地域・民族紛争の激化などが進み，これまでの近代社会を支えていた価値観が大きく変容するなかで，差別の撤廃や権利思想に対する意識が高まっていきました。その流れは，70年代以降の障害児教育において，**インテグレーション**▷1という形で展開されていくことになります。たとえばアメリカでは，1975年に全障害児教育法が制定され，すべての障害児に無償の公的教育を保障することや，可能な限り**メインストリーミング**▷2を進めることなどが規定されました。また，イギリスでは，1970年教育法によって就学免除の規定が廃止され，1978年のウォーノック報告で，約2％の子どもを障害児として括り出し障害種別に教育の場を提供する従来の対応を一転させて，学齢児の約20％の子どもがなんらかの特別な教育的ニーズをもつと想定して大幅に対象を拡大し，世界に先

▷1 **インテグレーション (integration)**
一般には，障害をもった子どもが通常の学校や学級で教育を受けることを指す。ただし，形態として統合されることに意味があるのではなく，そこで教育を受ける権利が実質的に保障されてはじめて意味があることに注意が必要である。

▷2 **メインストリーミング (mainstreaming)**
アメリカでインテグレーションとほぼ同義で用いられたことば。障害をもつ子どもをもっとも制約の少ない環境（LRE）で，つまり可能な限り通常の学級の健常児とともに教育することをめざす主張を指す。

表12　国際的な動向の年表

	世界の主な動き	日本の主な動き
1975年	障害者の権利宣言（国連）	
1981年	国際障害者年（国連）"完全参加と平等"	養護学校教育義務制の実施（1979年）
1982年	障害者に関する世界行動計画	
1983年	国連障害者の10年（～1992年）	学習障害に関する調査協力者会議発足（1992年）
1989年	子どもの権利条約（国連）	
1993年	障害者のための機会均等化に関する規準規則（国連）	通級による指導（1993年）
1994年	サラマンカ宣言（ユネスコ）	

駆けて，特殊教育に代わる特別なニーズ教育という考え方を実践させてきました。

わが国においては1979年に養護学校教育の義務制が開始し，80年代にかけて分離教育としての障害児教育がようやく発展の段階を迎えたということができます。こうした障害の重たい子どもにも教育の場を拓こうとする動きが進展すると同時に**共同教育**▷3や**交流教育**▷4の模索も始まり，障害児と健常児がともに学ぶことの意義や可能性が追求されてきました。これは，国際的な**ノーマライゼーション**▷5の思想の広がりやインテグレーション推進の動向の影響を受けた，日本版のインテグレーション追求の表れであったということができるでしょう。

③ インクルージョン

今日，障害児教育における「統合」の議論は，あらたな局面を迎えています。90年代以降，インテグレーションに代わって，**インクルージョン**▷6の主張が展開されるようになりました。インテグレーションが通常教育と特殊教育に分かれていることを前提として両者の統合をめざすものであるのに対して，インクルージョンはまず分けないことを前提として，通常教育と特殊教育が統一された学校システムを構築し，そのなかで特別な教育的ニーズをもつ子どもへの対応を図ろうとする主張です。インクルージョンは，その定義が多様に解釈され未完の概念であるともいえますが，インテグレーションが根源的に抱える，通常教育と特殊教育をまず分けて考えるゆえに両者の分断を乗り越えがたいという本質的な弱さを克服するものとして，今日注目を浴びています。

インクルージョンは，障害や特別なニーズをもつ子どももともに学ぶことのできる学校づくりをめざすものです。しかしながら，それは必ずしも，特別な教育的ニーズをもち，特別な教育的対応を必要としている子どもをただ通常の学校や学級に措置することを意味するものではありません。また，これまでの特殊教育を担ってきた盲・聾・養護学校（現 特別支援学校）や特殊学級（現 特別支援学級）の存在や役割を否定するものでもありません。インクルージョンをめざすことは，障害や特別なニーズをもつ子どもにも適切な教育を提供するための条件整備や必要な支援を講じることまでをその責任として含むものです。そこで，通常学級の定員や画一的な教授方法の見直し，**ティーム・ティーチング**▷7などの指導体制の工夫などが求められます。そうした意味で，インクルージョンは通常教育の改革という視点をもってはじめて実現されるものであるといえるでしょう。そのなかで，ニーズに応じて「分離」すること，たとえば特別支援学校や特別支援学級の存在意義や役割をどう理解するかといった視点からの議論が今度の課題として求められています。

（窪田知子）

▷3　共同教育
障害児集団と健常児集団を基礎として，生活・学習上の課題を共有しあい，対等な関係を築きながら共同の活動にとりくむことを通じて，互いの理解を深めともに学びあう教育活動。交流教育と厳密に区別されない場合もある。

▷4　交流教育
障害児と健常児がともに学びあう多様な形態を指す。たとえば，盲・聾・養護学校と通常の学校，校内の特殊学級と通常の学級など，さまざまな学校・学級間で交流がおこなわれている。学校・学級単位での交流もあれば，児童生徒一人が個別に参加する交流もある。

▷5　ノーマライゼーション（normalization）
1950年代以降，北欧で生まれた思想で，70年代以降の世界の障害者運動をリードした。障害児・者が可能な限り通常の環境と社会生活の方法に近い形で日常生活を送ることができるようにすることを当然の権利としてめざす主張。

▷6　インクルージョン（inclusion）
一般的には，学校があらゆる子どもを受け入れ，一人ひとりのニーズに対応するすべての子どものための学校（school for all）となることをめざす主張と理解される。

▷7　ティーム・ティーチング
⇒Ⅶ-8　Ⅹ-5参照。

参考文献
清水貞夫『特別支援教育と障害児教育』クリエイツかもがわ，2004年。
中村満紀男・荒川智編著『障害児教育の歴史』明石書店，2003年。

X 特別なニーズをもつ子どもへの対応

3 LDの子どもたちへの対応

1 LD（学習障害）の定義

　学習障害は，一般に Learning Disabilities の訳語として理解され，知的な発達に大きな遅れはないのに，学習面で特異なつまずきや習得の困難をもつ子どもに対して用いられる概念です。言語・聴覚・視覚の認知における障害であると考えられています。たとえば，勉強一般は平均的にできるのに，文字の読み書きだけが極端に苦手な子ども（会話はできるけれど，正しく読めない／書けない），描く・つくるといった手指の操作面で極度に不器用な子どもなどがLD（学習障害）をもっていると想定されます。男女別の出現率は4：1程度で，男子の方が多いとされています。小学校に入ってから，学習時の困難として担任教師によって発見されることが多いようです。

　LD（学習障害）についての研究は，1960年代，アメリカを中心に注目を浴びるようになって進み，今日に至ります。ディスレキシア（Dyslexia）とよばれる読み書き障害や微細脳機能障害の研究ともかかわりが深いものであるといわれています。

　日本でLD（学習障害）への関心が高まり，本格的な対応が模索され始めたのは，1980年代後半に入ってからのことです。1992年に，学習障害に関する調査研究協力者会議が発足し，1999年の最終報告で，その定義・判断・実態把握基準の試案が示されました。そこで示されたLDの定義は表13に示したとお

表13　医学的なLDの定義と教育学的なLDの定義のちがい

DSM-Ⅳの定義（医学的なLDの定義）	文部科学省の定義（教育学的なLDの定義）
・読字障害（Reading Disorder） ・算数障害（Mathematics Disorder） ・書字表出障害（Disorder of Written Expression） 「それぞれ，読みの到達度／算数の能力／書字能力が，その人の生活年齢，測定された知能，年齢相応の教育の程度に応じて期待されるものより十分に低い」 （アメリカ精神医学会著，高橋三郎・大野裕・染矢俊幸訳『DSM-Ⅳ精神疾患の分類と診断の手引』医学書院，1997年参照）	「学習障害とは，基本的には全般的な知的発達に遅れはないが，聞く，話す，読む，書く，計算する又は推論する能力のうち特定のものの習得と使用に著しい困難を示す様々な状態を指すものである。 　学習障害は，その原因として，中枢神経系に何らかの機能障害があると推定されるが，視覚障害，聴覚障害，知的障害，情緒障害などの障害や，環境的な要因が直接の原因となるものではない」 （学習障害及びこれに類似する学習上の困難を有する児童生徒の指導方法に関する調査研究協力者会議「学習障害児に対する指導について（報告）」1999年）

りです。これは，DSM-Ⅳ（アメリカ精神医学会）に代表される読み・書き・算数に限定された医学的定義の範疇を超えて，聞く・話す・推論するといった教育的定義にまで広げて解釈したものであるといえます。現在は，特別支援教育の対象としてその名が連ねられ，対応の検討が急務の課題となっています。

❷ LD（学習障害）児への対応——実際の指導と今後の課題

　LD（学習障害）児の多くは通常の学級に在籍していると考えられることから，これらの児童生徒への対応は，通常の学級における指導が基本となります。

　LD（学習障害）は，普通に練習して克服できるようなものとは質的に異なります。しかし，認識面などでは平均的な能力をもっており，他者と比べて自分の苦手さを感じ取る力も十分備わっているため，適切な対応を怠ると，自己肯定観が低くなりがちで，不登校や不適応といった二次障害を引き起こす恐れもあります。そこで，学習障害という形で抱えている苦手さそのものを治療する・克服するという発想ではなく，それが学習上の問題として顕在化しないように対応を図るという発想が必要となります。すなわち，通常学級での日常的な支援を工夫することが重要な視点となります。

　たとえば，聴覚の認知に弱さをもつ子ども（短期記憶が苦手な子どもなど）には，絵や文字，板書などを取り入れて視覚的に情報を提示するといった工夫が必要でしょう。字を書くことが苦手な子どもには，たとえ高学年になっても，罫線や方眼入りのノートを使用するなどの配慮が必要となるかもしれません。このように，教材の種類やその示し方，板書の仕方，ノートのとり方の指導などの工夫が大切です。書くことや計算することが特別に困難な場合には，ワープロあるいは電卓などの機器を併用することも効果的です。どの学級にも学習上の困難をもつ子どもが存在する可能性を考えると，今後はすべての教師が通常の授業のなかでこうしたLD（学習障害）児の特徴を正しく理解し，必要な手立てを講じるなどの配慮が求められていくことになります。これは，今後の教員養成課程における課題であるともいえます。そのほか，校内の複数の教員が協力して少人数による指導や個別指導をおこなう**ティーム・ティーチング**の活用や放課後の個別指導なども，学習障害児の指導には大きな力を発揮すると考えられています。しかし，こうした指導は，担任だけの努力でできるものではありません。学校全体で問題意識を共有して，LD（学習障害）児の指導の体制を構築していくことが必要かつ不可欠となります。

（窪田知子）

▷ ティーム・ティーチング
⇒Ⅶ-8　Ⅹ-5 参照。

参考文献
　特別なニーズ教育とインテグレーション学会編『特別なニーズと教育改革』クリエイツかもがわ，2002年。
　窪島務編著『読み書きの苦手を克服する子どもたち——「学習障害」概念の再構築』文理閣，2005年。
　学習障害及びこれに類似する学習上の困難を有する児童生徒の指導方法に関する調査研究協力者会議「学習障害児に対する指導について（報告）」文部省，1999年。
　西田清『AD／HD・LDの発達と保育・教育』クリエイツかもがわ，2004年。

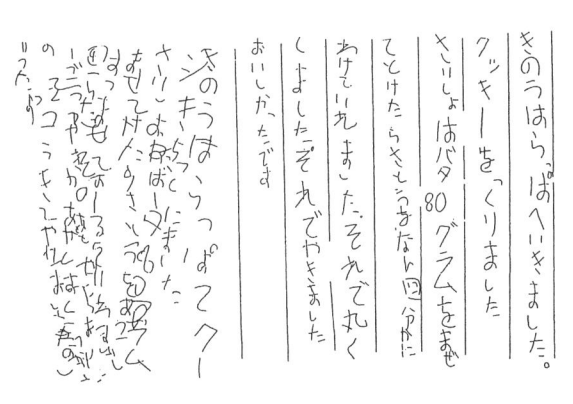

図26　罫線で支持されたLDの子どもの書字

出所：特別なニーズ教育とインテグレーション学会編，2002年，45頁。

Ⅹ 特別なニーズをもつ子どもへの対応

4 ADHDの子どもたちへの対応

1 ADHDの定義

　ADHDとは，Attention－Deficit／Hyperactivity Disorderの頭文字をとったもので，注意欠陥／多動性障害とよばれています。LDが主に学習上の困難として現れるものであったのに対して，ADHDは行動面に現れるというのが特性です。DSM-Ⅳを参考に文部科学省が2003年の最終報告で試案として提起した定義には「ADHDとは，年齢あるいは発達に不釣り合いな注意力，及び／又は衝動性，多動性を特徴とする行動の障害で，社会的な活動や学業の機能に支障をきたすものである。また，7歳以前に現れ，その状態が継続し，中枢神経系に何らかの要因による機能不全があると推定される」とあります。このように，「不注意」「多動性」「衝動性」の3点がADHDの特徴です。

　たとえば，授業中そわそわとして席にじっと座っていられない，何度注意されてもルールを守ったり順番を待ったりすることが苦手，忘れ物が多いなどが，ADHDの子どもによく見られる姿です。外見からは障害がわかりにくいため，行動面での問題だけがクローズアップされて，身勝手な子，乱暴な子，しつけのなっていない子と誤解されることも少なくなく，本人や家族を悩ませる大きな問題の一つとなっています。

　ADHDの症状が顕在化してくるのは3〜4歳ころで，保育所や幼稚園に通い始めて，「みんなと同じことができない／少しもじっとしていられない／落ち着いて先生の話を聞くことができない／すぐに手を出して友達とトラブルが絶えない」などの多動性や落ち着きのなさ，衝動性が目立つようになってからが多いようです。男女別の発現率は4：1程度で，LD（学習障害）児と同様に，男子に多いといわれています。

　LD（学習障害）を併発していることがあり，半数以上の子どもがLDの傾向をもつという報告もあります。また，なかには，高機能自閉症やアスペルガー症候群といった**広汎性発達障害**の傾向をあわせもっている人もいます（図27）。

▶ 広汎性発達障害（Pervasive Developmental Disorder）
自閉症に代表されるような，対人関係やコミュニケーションに困難さをもち，また，行動や興味が限定されていたり，特定のものに強いこだわりをもつなどの特徴を呈する発達障害を一般に広汎性発達障害とよぶ。言葉の遅れをともなわないアスペルガー症候群などもこの広汎性発達障害の一つであると理解される。

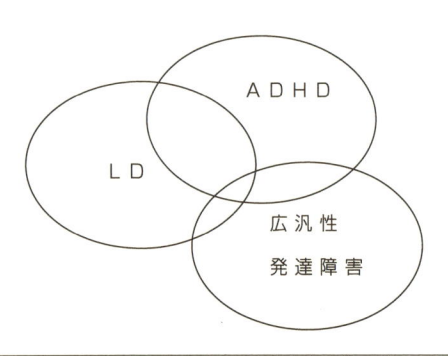

図27　LDとADHDと広汎性発達障害の発現状況の重なり

❷ ADHDの子どもたちへの対応──実際の指導と今後の課題

ADHDの子どもたちへの対応としては，主に，行動療法，薬物療法，そして教育との連携があげられます。行動療法は，自己をコントロールすることが苦手なADHDの子どもに対して，望ましい行動をしたら褒める（肯定的な注目），望ましくない行動をしたら注目を取り去るといったかかわり方を通して，第三者がフィードバックをうながすことによって，子ども自身が自分で自分の行動を振り返って調整できるように援助するものです。薬物療法としては，脳の神経伝達物質ドーパミンに作用のある薬（コンサータ）の服用が一般的です。しかしながら，このような治療をおこなう際にも，やはり教育との連携という視点を欠かすことはできません。

知的な発達に問題のないADHDの子どもは，通常の学級での対応が基本となります。ADHDの子どもは，その特性ゆえに，集団のなかでの集中の弱さや落ち着きのなさを抱え，45分間学習に集中することがむずかしかったり，時には授業の妨げとなる行動（うろうろと席を立つ，大声を上げるなど）をとったりすることもあります。しかし，1対1で個別に対応すると，30分でも40分でもいすに座って力を発揮できる子どもも多いのが特徴です。その子どもが本当は学習についていけるだけの力をもっていること，その子どもの本来の力を認めて，どうすればそれがより発揮しやすい学習環境を整えることができるかといった観点から，対応を考えていくことが大切です。

ADHDの子どもは興味が移りやすく，気が散りやすい傾向があることから，教室内の掲示の工夫（あまり刺激が多くならないようにする）や，座席の位置についての配慮もときには必要でしょう。注意集中の持続が短い場合は，問題の量を減らしたり，間に休息や気分転換の時間を認めることも必要かもしれません。また，問題行動や友達とトラブルを起こしたときに，過去の経験と結びつけて自分をコントロールすることが苦手なため，どのような態度・行動をとることが望ましいのかを根気よく伝え，練習を繰り返して自己管理能力を高める指導も必要です。

多動性がきわだっている場合，授業中であっても教室を飛び出してしまう子どももなかにはいます。そういった場合には，その子どもが自分で戻ってこられるように時計などを使って「5分経ったら戻っておいで」などとルールを決めることによって自分で行動を調整できるようにはたらきかけるなどの工夫が考えられます。その一方で，教室を飛び出した子どもに対して校内の教員がどのような態度で接し，また，どのような受けとめ方をしていくのか，教職員全体で問題意識を共有して，学校全体として一貫した対応を図ることも重要です。

（窪田知子）

参考文献

西田清『AD／HD・LDの発達と保育・教育』クリエイツかもがわ，2004年。

司馬理英子『のび太・ジャイアン症候群──いじめっ子，いじめられっ子は同じ心の病が原因だった』主婦の友社，1997年。

品川裕香著，高山恵子監修『気になる子がぐんぐん伸びる授業──LD・ADHD・アスペルガー症候群すべての子どもの個性が光る特別支援教育』小学館，2006年。

文部科学省編『小・中学校におけるLD（学習障害），ADHD（注意欠陥／多動性障害），高機能自閉症の児童生徒への教育支援体制の整備のためのガイドライン（試案）』東洋館出版社，2004年。

X　特別なニーズをもつ子どもへの対応

5　学力格差と低学力の問題

1　学力の問題をどう考えるか

　わが国における子どもたちの学習について「七・五・三」と説明されることがあります。これは，1980年代，高等学校で約7割，中学校で約5割，小学校で約3割の子どもが落ちこぼれて授業についていけていないという実態を揶揄したものです。裏を返せば，学校の授業内容を理解しているのは，小学校で7割，中学校で5割，高校で3割しかいないということになります。また，国立特殊教育総合研究所が1995年におこなった調査研究によれば，国語と算数のどちらか，または両方に2学年以上の遅れを示す子どもは，2年生で3.47％，3年生で4.61％，4年生で7.41％，5年生で9.4％，6年生で9.08％にのぼることが明らかにされています。

　この事実は，わが国の教育界に大きな波紋を投げかけました。文部科学省が，義務教育段階ではすべての子どもが基礎学力を身につけるようにと，ミニマムスタンダードとしての**学習指導要領**を示したことはマスコミにも大きく取り上げられ，今日の社会問題にまでなりました。また，教育評価のあり方にも大きな影響を与えました。2002年度に改訂された**指導要録**では，クラスのなかでの位置を表すにすぎない**相対評価**に代わって，学習の目標に到達したかどうかを表す**目標に準拠した評価**が採用されました。

　特別なニーズをもつ子どものへの対応としては，このような子どもたちをどのように受けとめることができるでしょうか。

　ここでは，X-3 でふれたLD（学習障害）の概念とのかかわりから説明してみたいと思います。LDという用語や概念が普及する以前から，学習上の困難を経験している子どもの存在は指摘されてきました。潜在的な学習能力と比べて実際の学業成績が有意に低い子どもたちは学業不振児（under-achiever）とよばれ，知的な発達がボーダーレベルの子どもたちは学業遅進児（slow learner）とよばれていました。学業遅進児は，いわゆる軽度の知的障害をもつかもたないかの境界域の子どもたちで，これまでも特殊教育の文脈から対応の検討が，十分ではないにせよなされていたと考えられます。一方，学業不振児は，できるはずなのにできない子どもとして，主に通常学級のなかでの対応の必要性が認識されてきたと考えられます。

　LDは，Learning Disabilities の訳語であると X-3 で紹介しました。実は，

▷1　**学習指導要領**
⇒ IV-2 参照。

▷2　**指導要録**
⇒ II-4 参照。

▷3　**相対評価**
評価の規準を集団での位置関係に求める評価のあり方。評価の客観性を確保できるという利点から広く学校教育現場でおこなわれてきたが，必ず「1」の子どもがいることを前提とするため，教育の効果や学力の実態を映し出す評価とならないなどの問題点が指摘され，2002年度改訂の指導要録からは姿を消した。VIII-1 も参照。

▷4　**目標に準拠した評価**
すべての子どもが共通の目標へ到達することをめざす学力保障の立場から，相対評価に代わるものとして登場した評価のあり方。教育目標そのものを評価規準として，子どもの学力の実態を把握し，教師の教育活動の反省と子どもの学習への支援がおこなわれることが期待される。

もう一つ，Learning Difficulties という概念が存在します。前者はアメリカの潮流で，後者はイギリスの潮流を汲んでいます。前者の Learning Disabilities は「障害」として認定することを前提に対象を把握しようとするものであり，後者の Learning Difficulties は，医学的な「障害」としての認定にこだわらず，学習上の困難として顕在化した状態に対応しようとするものであるといえます。LD という言葉をあえて用いるかどうかについては議論の余地があると思われますが，子どもが学習していくうえで経験しているつまずきや困難（difficulties）に着目して，それが一人ひとり学習者としての異なるニーズを生起させているととらえ，それを無視して授業や指導をおこなうことによっていわゆる落ちこぼれを生み出すことになるという現実に目を向けることも必要なのではないでしょうか。これは，広く特別な教育的ニーズをもつ子どもへの対応として，通常の学校や学級で考えていかなければならない課題です。

*以上，「相対評価」「目標に準拠した評価」の側注は，田中耕治編著『教育評価の未来を拓く——目標に準拠した評価の現状・課題・展望』ミネルヴァ書房，2003年を参照した。

❷ 今後の課題

では，授業についていけない，いわゆる「落ちこぼれ」の子どもたちを生み出さない教育指導は，どうすれば可能なのでしょうか。わが国のように1クラス30〜40人学級で一斉授業を基本とする場合，子どもたち一人ひとりの学習の理解度や速度を把握し，一人ひとりのニーズにあわせた教材や指導の工夫をしたり，授業を担任一人で展開したりすることは容易ではありません。そこで，たとえば，LD や ADHD なども含めた子どものもつ特別な教育的ニーズに対応するという視点からも今日注目を浴びている，**ティーム・ティーチング**が一つの対応策としてあげられます。

▷5　ティーム・ティーチング
⇒Ⅶ-8 も参照。

ティーム・ティーチングは，学校の教員配置や指導体制などに応じて，さまざまな形態が考えられます。たとえば，学力格差が顕著に表れやすい算数・数学などの科目を取り上げて，一つの学級もしくは学年を学力の実態やニーズにあわせていくつかの学習集団に編成し，それぞれの集団にあった授業をおこなう工夫としてティーム・ティーチングを利用することもできます。また，一人の教師が一斉授業をおこないながら，もう一人の教師がクラス全体を見渡して支援の必要な子ども，あるいはあらかじめニーズを把握している子どもに対して，その場で適宜はたらきかけるような指導も可能でしょう。学力格差やニーズのちがいに応じた教材や指導の工夫を協力して開発するような形での協同も，一つのティーム・ティーチングのあり方として考えられるかもしれません。

このように，特別な教育的ニーズをもつ子どもは障害児に限定されるものではなく，通常の学級に数多く存在する学習上のつまずきや困難を抱えた子どもたちまで含むものとして広くとらえ，通常の教育のあり方を見直すなかで，学力格差の問題にもとりくんでいくことが必要でしょう。それが，今日の特別支援教育に求められる方向性なのです。

（窪田知子）

（参考文献）
佐藤暁『発達障害のある子の困り感に寄り添う支援——通常の学級に学ぶ LD・ADHD・アスペの子どもへの手立て』学研，2004年。
清水貞夫『特別支援教育と障害児教育』クリエイツかもがわ，2004年。
特別なニーズ教育とインテグレーション学会編『特別なニーズと教育改革』クリエイツかもがわ，2002年。

XI 各領域における授業づくり

1 国語科の授業づくり

1 我が国の国語教育における二つの流れ

戦後国語科の大きな潮流として、経験主義にもとづく単元学習と能力主義にもとづく系統学習との二つに大別することができます。ここでは、それぞれの立場の考え方、授業づくりについて見ていきます。さらに、新しい学力観に立った国語科の授業づくりにも触れます。

2 単元学習（経験主義）

単元学習とは、学習者の興味や関心、必要に根ざす話題をめぐって組織されるひとまとまりの活動（単元）によって、生きて働くことばの力、自己学習力、個性の伸長などがめざされる学習のことをさします。昭和20年代に、**経験主義**の考え方の影響を受けた「経験単元（生活単元）」の形で**学習指導要領**に掲げられ、子どもの興味や関心に即した単元、方法を考案し、話し合い、調査研究するといった作業を通して、あらゆることばの使い方に熟達させることを目標としました。けれども「経験単元」はその後、現場教師に浸透しないままに学力低下の批判を受け、経験重視から能力、系統を重視する教育に移行していきました。

今日再び注目される「国語単元学習」は、大村はまの実践がその代表といえ、昭和50年代以降に広く浸透してきたものです。大村は、たとえば読書生活の指導における「どのようにして本をえらぶか」といった単元（**問題単元**）や、「詩集を編む」「本をつくる」といった単元（**作業単元**）を通して、学習者が一つの目標を達成するために、全員で協力し、さまざまな学習活動を進めていくなかで、話し合いの能力、文章を書く能力、文字力・語彙力・文法力などを育てられるような実践を数多く残しています。

3 系統学習（能力主義）

昭和20年代の経験主義学習が、国語科独自の教科としての価値や存在理由を曖昧にし、学力低下を招いたという批判から、教科や教材の知識や技能の論理体系を重視し、これを系統的に学習させようという考え方が登場します。これが能力主義にもとづく系統学習です。能力主義の立場では、国語科の目標は学習者の言語能力の育成であり、教育内容は能力そのものとなります。1977（昭和52）年度版学習指導要領では、それまでの「聞くこと・話すこと」「読むこ

▷1 経験主義
⇒XIII-3 参照。

▷2 学習指導要領
⇒IV-2 参照。

▷3 1947（昭和22）年、1951（昭和26）年の学習指導要領。

▷4 問題単元
学習者が、一つの「問題」について解明・解決するために展開する学習のひとまとまりのこと。

▷5 作業単元
学習者の作業を中心に構成された学習活動のひとまとまりのこと。

と」「書くこと」という言語活動による区分を，「表現」「理解」「言語事項」の言語能力による区分に変え，能力重視の方針が強調されました。▷6

授業づくりの視点として，この時期に代表とされるいくつかを取り上げましょう。とくに言語事項の系統的指導の必要性を主張したものとして，**教育科学研究会（教科研）国語部会**や**児童言語研究会（児語研）**のものがあげられます。▷7 ▷8
さらに文学教育においても，「認識の方法」を指導すべきだとする文芸教育研究協議会（文芸研，会長・西郷竹彦）の主張がありました。

◯教科研
国語科の内容・構造を「（1）言語教育＝系統的に教える日本語指導」と，「（2）言語活動の教育」に分割し，さらに（1）を文字・発音・文法・語彙の指導と分け，それぞれテキストを作成しました。

◯児言研
読みの指導について，初めの「通読」が子どもの興味を減滅させると批判し，第一読において言語の分析，総合が重要な指導目標だと考えます。初めから部分的な精読，味読へ入っていき，一語一句一文を的確に理解させながら読む「一読総合法」を主張しました（表14）。

◯文芸研
文芸作品の指導を中心に，「認識の方法」を系統的に指導することを掲げました（表15）。とくに《たしかめよみ》では，作品の仕掛けとしての「視点」をふまえ，登場人物になりきる「同化」と，第三者として感想をもつ「異化」の両方が読み手のなかに「共体験」として成立することをめざしました。

❹ 新しい学力観にたつ国語科

1998（平成10）年度版学習指導要領からは，「伝え合う力」の育成，主体的な学習が目指されています。音声としての国語が強調され，「聞くこと・話すこと」に重点をおいた討議法（グループディスカッション，ディベートなど）などが注目されているほか，個人差に応じる授業（作文指導やスピーチ指導など），作業法（調べ学習やプレゼンテーション活動など）の導入があげられています。そして2008（平成20）年3月に告示された新学習指導要領では，こうした活動の質を高めるため，目的や相手意識を持った言語活動として充実させることが強く示されています。戦後の二つの潮流をふまえ，子どもの「経験」の深化と，国語学力との有機的な統一をめざす授業づくりがさらに求められています。　　　（赤沢真世）

▷6　すでに1958（昭和33）年度版学習指導要領においても，経験単元への強い批判から，能力主義的系統学習が叫ばれていた。

▷7　教育科学研究会（教科研）国語部会
奥田靖雄，国分一太郎らにより，1956（昭和31）年に結成された。

▷8　児童言語研究会（児童研）
大久保忠利らにより，1963（昭和38）年から実践的に提唱された。

（参考文献）
飛田多喜雄・野地潤家監修『国語教育基本論文集成29　国語科授業論(2)　授業方式論』明治図書出版，1993年。
輿水実・大槻一夫『国語科授業入門』明治図書出版，1972年。
大村はま『大村はま国語教室第1巻　国語単元学習の生成と深化』筑摩書房，1982年。
大村はま『読むことの指導と提案』筑摩書房，1983年。
西郷竹彦『文芸研国語教育事典』明治図書出版，1989年。
文部省『新しい学力観に立つ国語科の授業の工夫』1995年。

表14　一読総合法による授業の進め方

① 《題名よみ》
　　…予想・見通し
② 《たちどまり読み》
　　…全体を部分にわけ，それぞれの部分で
　《ひとり読み》
　　…疑問，思ったことなどを書き込む
　《話し合い・討論》
　　…感想，意見を出して，関係づけをおこなったり，小見出しづけや次の部分の予想を立てたりする

表15　文芸研の読みの教授・学習過程

① 《だんどり》（導入）
② 《とおしよみ》（展開）
　　〈ひとりよみ〉
　　〈よみきかせ〉
　　〈はじめのかんそう〉
　　〈たしかめよみ〉（共体験）
③ 《まとめよみ》（主題化・典型化）
④ 《まとめ》（整理）
　　〈おわりのかんそう〉〈くらべよみ〉

XI 各領域における授業づくり

2 算数・数学科の授業づくり

1 数学的リテラシー

算数・数学の授業づくりの目的は，子どもたちに数学的な「力」をつけることにあります。そこで，まず，数学的な力とはどういうものかを考えてみましょう。OECD（経済協力開発機構）がおこなってきたPISA調査では，この力を「数学的リテラシー」ととらえて，こう説明しています。「様々な場面や状況において，数学を用いて問題を設定し定式化し解決し問題の解を解釈する能力」。「リテラシー」という語には，単に知識として習得しているだけでなく，世界に参加していくために必要な場面・状況で使えるという意味がこめられています。

算数・数学の授業というと，定理や公式を覚えて教科書の問題を解くことだと思っていませんか。それも無意味ではありませんが，それだけでは，数学的リテラシーはつけられそうにありません。では，どんな授業が必要でしょうか。これを考えるときに参考になるのが「数学的問題解決の図式」（図28）です。

2 数学的問題解決の図式

この図式では，数学を，現実世界からは自立したものでありつつ，しかも現実世界の問題を解決するための道具となりうるものとみなしています。ただし，数学を道具として使うには，(1)現実世界の問題を数学の問題に〈定式化〉し，(2)その問題を数学的な〈技法〉で解いて解を求め，(3)この解を再び現実世界に〈解釈〉してもとの問題の解決とする，という回り道をしなければなりません。回り道をする代わり，数学を使えば，直接「行動」によっては解決不可能な（あるいは，解決困難な）問題を解決できるのです。たとえば，70人の子どもを4人がけのいすに座らせるにはいすを少なくとも何脚準備すればよいかという問題を考えてみましょう。このような簡単な現実世界の問題でも，行動で解こうとすれば実際に子どもを座らせてみるしかありません。が，数学を使えば，まず「70÷4」と〈定式化〉し，それをわり算の〈技法〉で計算し，出てきた「17あまり2」という解を〈解釈〉することによって，18脚準備すればよいということがわかります。

算数・数学の授業でこのような力をつけるためには，教師は上の図式の矢印を逆向きに見て，子どもたちに数学的問題解決のプロセスをたどらせるための教育内容や教具を開発する必要があります。数学の世界と現実の世界を結びつ

▷1 PISA (Programme for International Student Assessment) 調査
OECDが，15歳児対象に，読解・数学・科学を主な領域として，2000年から3年ごとにおこなっている国際調査。いちばん最近の2012年調査には，65の国と地域が参加した。PISAの結果は各国の教育政策にも大きな影響を与えている。
II-1 参照。

図28 数学的問題解決の図式

＊PISA調査でも，ほぼこれと同じ図式（「数学化サイクル」）が使われている。

出所：銀林浩『人間行動からみた数学』明治図書出版，1982年，172頁。

▷2 リテラシー
「リテラシー」はもともと「読み書き能力」を意味する言葉だが，現在では，ある分野の知識・技能を使いこなす能力という意味に使われるようになっている。たとえば，メディア・リテラシー，コンピュータ・リテラシーなど。

▷3 国立教育政策研究所編『生きるための知識と技能』ぎょうせい，2002年。

けるために考え出されたのが「量の理論」や「タイル」であり，数学的な技法の一つである筆算を体系化したのが「水道方式」でした。

3 授業づくりの展開──「三つのC」

ところで，数学的リテラシーは，内容（content）・認知（cognition）・状況（context）という三つの側面からなっています。これを「三つのC」とよびましょう。「内容」とは数学的な内容，「認知」とはその内容にとりくむのに必要な認知的プロセス，「状況」とは数学が用いられる状況（家庭，職業生活，市民生活，科学などの場面）のことです。もっとも，三つのCはいつもセットで扱われてきたわけではありません。また，それぞれのCの中身も変化しています。

○ **内　　容**

いちばん早くから議論されてきたのは，「内容」です。(ア)数学という学問を教えるのか，(イ)生活に必要な数学を教えるのか，が大きな対立点とされてきました。図28の図式でいえば，(ア)は現実世界と切り離して数学を体系的に教えるべきだと考える立場であり，(イ)は生活のなかの問題解決の道具としてのみ数学を教えるという立場だといえます。たとえば，戦後直後のわが国の「**生活単元学習**」は(イ)の立場であり，1950〜60年代のアメリカでの「**教育内容の現代化**」は(ア)の立場にたっていました。これに対し，図28の図式は，(ア)(イ)をどう統合するかについて一つの答えを示しています。

○ **認　　知**

「認知」への着目は，比較的最近になって見られるようになったものです。たとえば，「教育内容の現代化」においては，ピアジェ（Piaget, J.）の発達心理学が，子どもの数概念の形成の筋道などを示してくれるものとして注目されました。70年代後半ごろからは，認知心理学や学習科学の分野で，特定の内容を素材にして，理解や知識獲得や問題解決がどのようになされるのかという研究が盛んにおこなわれてきました。筆算や文章題や幾何学の証明などが素材として取り上げられています。

○ **状　　況**

「状況」についての関心は，算数・数学教育を「生活」とどう結びつけるかという課題として古くから論じられてきました。さらに80年代半ばごろからは，「認知」の研究と連動しながら，学習に必要な「状況」を授業のなかでどうつくりだすかに関心が向けられるようになっています。代表的なプログラムに「ジャスパー・ウッドベリの冒険」があります。これは，ビデオを使ってジャスパーの遭遇した問題状況を見せ，そのなかで子どもたちが問題発見・解決，概念形成を行うよう組み立てられたプログラムです。

算数・数学科の授業づくりの現在の課題は，「内容」と「認知」と「状況」をどう結合させるかにあるといえるでしょう。

（松下佳代）

▷4　「量の理論」「水道方式」「タイル」はいずれも数教協（数学教育協議会）によってつくり出された教育内容，教具である。これらの成果は現在では教科書にも取り入れられている。ⅩⅣ-5 参照。

▷5　生活単元学習
⇒ⅩⅣ-3 参照。

▷6　教育内容の現代化
⇒ⅩⅢ-4 参照。

▷7　ブルーアー，J. T. 著，松田文子・森敏昭監訳『授業が変わる』北大路書房，1997年，第4章参照。なお，このプログラムについては，Ⅲ-1 でも紹介した。

XI 各領域における授業づくり

3 理科の授業づくり

1 「理科」のはじまり

「理科」という教科が日本に誕生したのは1886年のことです。1872年の「学制」発布以降に設けられた，「博物／窮理／化学／生理学」などの分科的教科が，「小学校令」とそれにもとづく「小学校ノ学科及其程度」（ともに1886年）によって廃止され，合科的な教科として生まれ変わりました。当時，理科は高等小学校において週2時間教えられ，1908年以降は尋常小学5年からの教授開始となっていました。1891年の「小学校教則大綱」には「理科は，通常の天然物及現象の観察を精密にし，其相互及人生に対する関係の大要を理会せしめ，兼ねて天然物を愛するの心を養ふ」ことが理科を教える目的として明記されており，その教育内容は「果実・穀物…（中略）…金銀銅鉄等，人生に最も緊切の関係あるもの。日・月・星・空気…（中略）…燃焼・錆…（中略）…時計・寒暖計…（中略）…天秤・磁石・電信機等，日常児童の目撃し得る所のもの」（小学校ノ学科及其程度）というように，自然科学の系統性よりも子どもにとって身近な自然物・現象を重視した選択・配列がおこなわれる傾向が強かったことがわかります。

2 「児童実験」「生徒実験」奨励の動き

明治期の実学教育の重視にともない，理科においても実験・観察の採用が強調されていきます。とくに1914年の第一次世界大戦勃発以降，日本の科学技術の水準を高めるために理化学研究所などの施設整備が急速に進められ，その余波は学校教育にも及びました。1917年に師範学校・中学校の「理化学生徒実験設備補助」として20万円の支出が帝国臨時議会で決議され，翌年，文部省（当時）から「物理及化学生徒実験要目」が示されました。児童生徒の自己活動にもとづいた実験・観察の普及・徹底を図るための教授法開発の研究も，教員講習会の開催や教育現場での授業研究の動きに支えられて，一層加速していきました。

同じころ，欧米留学中に理科教授法を学んだ東京高等師範学校訓導の棚橋源太郎（1869-1961）は帰国後，イギリスのアームストロング（Armstrong, H. E.）が提唱した「発見的教授法（heuristic method）」にもとづく「実験室教授法」を『新理科教授法』（1913年／1918年改訂版）のなかで紹介し，授業のなか

▷1 国定「小学理科書」時代
1910年の「小学校令施行規則」の改訂にともない，理科では教科書を使用するのであれば，国定のものに限るとされた。1900年ごろから活性化し始めた理科の教材研究の動きも，教科書の国定化にともない，教科書解説型の著作が目立つなどの変化が見られるようになった時期である。

に生徒実験を位置づけるよう主張しています。

　こうした動きに連動して，実験・観察の教授法や教材研究を展開する民間の教育研究団体の動きも活発化していきました。なかでも1918年に発足した「理科教育研究会」は，さまざまな地域の事情，子どもを取り巻く環境の特殊性を活かして全国の理科教育の実践家たちが相互に情報発信し，互いに実地授業を批評しあうなかで授業づくりの力量を高めていく研究と実践の融合の場となっていきました。

　ところが，**国定「小学理科書」時代**における教材研究にかんしては，理科書に掲載された教材から離れて新しい教材を開発するといった手法はもはや必要とされる時期ではなく，とくに，大正期後半には「児童実験」の実施の方法に対する批判の声が大きくなり，「児童実験」を採用しながらも実際の授業は教師からの教え込みになっている現状に対して「教師の指導力不足」が指摘されるようになりました。そうしたなか，「日本で最初の独創的な理科教育の実践的な理論」を提唱したといわれる神戸伊三郎（奈良女高師附小訓導／1884-1963）は，子ども生来の「科学心の萌芽」を育てる理科の学習指導法（「新学習過程」論）を提唱し，子どもの疑問を起点とした授業過程にかんする独自の研究と実践を提案していきました。

③　戦後の理科教育──子どもの素朴概念への着目と教材の体系化

　戦後の理科教育は1960年代に進んだ**「教育の現代化」**の影響を大きく受けていきます。**スプートニク・ショック**以降，特に中等教育段階における理科のカリキュラム改革が急速に進行し，**PSSC物理**や**BSCS生物**といったカリキュラムが日本でも紹介され，自然科学の諸体系を反映させた教育内容の系統化が図られていきました。

　1960年代の「現代化」の動きは「わかる授業」を志向する教師たちの授業づくりを促進していきました。特に，**板倉聖宣**を代表とする**仮説実験授業**は授業書づくりを通して，子どもの自然認識の発達の研究と自然科学の系統性の研究との融合を図っていきました。子どもが日常生活の経験において形成してきた常識的な考え方や見方をくつがえすために一連の問題群や教材を開発し，それらを活用して子どもの科学的認識の獲得を目指す授業づくりの多様な試みが展開されていきました。

　1980年代以降，認知科学の研究の発展とともに，授業前後における子どもの自然認識の獲得・定着にかんする調査が広く実施され，授業後においても科学的概念の定着が充分に図られていない状況が報告されました。そうした現状を受け，子どもが日常生活の経験において形成する概念（「**素朴概念**」）の特徴に関する研究が一層進められ，認知科学の研究成果を踏まえた授業研究の展開が図られています。

（吉永紀子）

▷2　教育の現代化
⇒XIII-4 参照。

▷3　スプートニク・ショック
1957年10月に旧ソ連が世界初の人工衛星を打ち上げたことにより，当時冷戦関係にあったアメリカが科学技術の分野で最先端にあるという意識を覆されてしまった。その影響で，教育，科学技術，軍事の各方面における改革の必要性が強く認識されるようになった。これら一連の動きを指す。

▷4　PSSC物理
アメリカの物理教育の振興を目指してつくられたPSSC物理（Physical Science Study Committee）はアメリカのみならず，世界各国の中・高校の物理教育に改革と進歩をもたらした。

▷5　BSCS生物
1959年に設立されたBSCS生物（Biological Sciences Curriculum Study）は，アメリカの生物学者の研究団体が母体となって推進されたカリキュラム改革プロジェクトであり，生物学者のみならず，教育学者や現場の教師によって活動が展開された。

▷6　板倉聖宣，仮説実験授業
⇒XIV-6 参照。

▷7　素朴概念
⇒III-2　VIII-4 参照。

（参考文献）
理科の授業実践史を読み解く上では，板倉聖宣・長谷川純三編著『理科教育史資料第3巻　理科教授法・実践史』東京法令出版，1986年および永田英治『日本理科教材史』東京法令出版，1986年，『新理科教育入門』星の環会，2003年が参考となる。

XI　各領域における授業づくり

4　社会科の授業づくり

1　学習指導要領の変遷

　社会科という教科は、1947（昭和22）年、最初の学習指導要領において新設された教科です。以後、現在にいたる60年近くの間に、学習指導要領のレベルでも、内容構成がさまざまに変化してきましたし、現場での実践についても、いくつもの立場があります。

　まず学習指導要領についていえば、社会科は、「いわゆる学問の系統によらず、青少年の現実生活の問題を中心として、青少年の社会的経験を広め、また深めようとする」というように、とくに小学校では、総合的な教科として出発しました。「初期社会科」といわれる1947（昭和22）年版・51（昭和26）年版では、中学校・高等学校でも、地理・歴史にかんする独立した科目とともに、「一般社会科」が設けられていたのです。この初期社会科学習指導要領は、「仕事を通じて人々はどんなふうに協力するか」（小6）などの問題・単元からなっており、授業方法としても、ごっこ遊びや調べ活動など、生活経験のなかで知識・技能を獲得するという「**経験主義**」的な手法が重視されていました。

　これに対し、1955年版以降の社会科は、小学校高学年以降、地理、歴史、公民といった各分野に学年ごと・科目ごとに分化する「系統主義」の色彩を強めていきます。さらに1989（平成元）年版では、社会科は小学校低学年では廃止され、また高等学校では、地理歴史科、公民科に分離しました。

2　経験主義的社会科授業

　初期社会科学習指導要領の影響もあり、また、当時民間で旺盛に研究・実践されたコア・カリキュラム（地域の社会や自然、学校生活などに材を採ったテーマ学習を「コア」として大半の授業時数を割き、読書算などを別途「周辺課程」として配するカリキュラム編成法）の「コア」に社会科が置かれることが多かったこともあり、1940年代後半から50年代前半にかけては、経験主義的な社会科授業が数多く行われました。戦後初期という悪条件のもと、実践の水準は玉石混淆でしたが、たとえば地場産業の苦境を打開する道を探究した永田時雄による「西陣織」、地元を襲った水害を、防水対策、復興支援など政治の面から見た吉田定俊による「水害と市政」などが注目を集めました。

　なお、学習指導要領が「系統主義」と化し、現場でも初期社会科的な実践が

▷1　1947（昭和22）年版学習指導要領社会科編Ⅰ。

▷2　経験主義
⇒ⅩⅢ-3参照。

▷3　小学校低学年の社会科と理科が廃止され、生活科が新設された。ⅩⅠ-11参照。

▷4　永田時雄「単元『西陣織』〈中小企業〉（五年）の研究」『カリキュラム』1954年2月号、48-58頁。

▷5　吉田定俊「単元『水害と市政』の検討」『カリキュラム』1953年12月号、41-51頁。

影を潜めていくなかにあって、「社会科の初志をつらぬく会」(現在、別称として「個を育てる教師のつどい」)が発足し、経験主義的な社会科授業を現在にいたるまで追究してきていることも忘れてはならないでしょう。

3 系統主義的社会科授業

初期社会科に対しては、早くから、「はいまわる経験主義」といういい方に象徴される、学習成果に対する疑問、社会の成員・機構間にもっぱら相互依存のみを想定し、矛盾・対立を直視しない社会観への批判など、さまざまな異論がありました。

こうしたなか、教科内容の系統を重んじる立場から、歴史教育者協議会、教育科学研究会社会科部会(のち教科研から独立し、社会科の授業を創る会→人間の歴史の授業を創る会)などは、それぞれに社会科教育の系統案を提起し、またそれにそった実践を展開しました。もちろん、内容の系統を重視するといっても、それは単なる教えこみを意味するものではなく、たとえば「人間の歴史を創る会」では、ものづくりなどの学習活動、「実物大の原始人の絵」などの教材・教具を豊富に開発しています。

4 「暗記教科」からの脱皮をめざして

1960年代以降、受験競争が激化するにつれ、社会科は学習者から、「暗記教科」というイメージを強くもたれるようになっていきます。こうした状況を克服すべく、さまざまな努力が重ねられてきました。

たとえば小学校では、学習者の知的好奇心を刺激する事実・問題など「授業のネタ」を開発するアプローチ、中学校では、歴史上の人物や現代の社会問題の当事者への「共感」を通じて社会への目を開いていくアプローチ、高等学校では、史料のよみとりにもとづく討論を積極的に位置づけた実践などがあげられます。

さらに、生徒による授業を積極的にとりいれた実践、現在、社会的にも論争になっている日本近現代史、さらにはそれについての記述をめぐる教科書裁判までを大胆に俎上に載せた授業なども注目されます。

近年、「学力低下」を懸念する世論が高まっていますが、そこで社会科の学力が問題になることはほとんどありません。2005(平成17)年10月の中央教育審議会答申「新しい時代の義務教育を創造する」でも、国語、理科・数学、英語、情報が今後の重要教科・分野とされる一方、社会科についての言及はありませんでした。しかし、今後の日本社会の進路にかかわるさまざまな「改革」の進行、中国、韓国、北朝鮮などアジア諸国との間での種々の政治課題をみれば、将来の日本社会の形成者としての子どもたちの社会認識についての教育の重要性は、ますます高まっていることは明らかでしょう。

(山崎雄介)

XI-4 社会科の授業づくり

▷6 社会科の初志をつらぬく会(初志の会)
⇒ XIV-3 参照。

▷7 久津見宣子『人間ってすごいね先生』授業を創る社、1988年など。

▷8 有田和正の一連の著作を参照。

▷9 安井俊夫の一連の実践など。 I-4 参照。

▷10 加藤公明『日本史討論授業のすすめ方』日本書籍、2000年。

▷11 加藤好一『教師授業から生徒授業へ』地歴社、1997年。

▷12 久保田貢『15年戦争発表・紙上討論の授業』日本書籍、1999年。

XI 各領域における授業づくり

5 英語科の授業づくり

▷1 行動主義心理学学習理論
ある刺激（S）が，望ましいと考えるある特定の反応（R）と結びついたとき，そこに学習が成立したと考える。つまり，条件反射の原理を言語学習に適用したもので，刺激（S）→反応（R）というモデルで表される。

▷2 オーラル・イントロダクション
これは，教師が新しい教材について，やさしい英語にパラフレーズして解説的に口頭導入するというものをさす。

▷3 オーラル・インタラクション
オーラル・イントロダクションが教師一人による口頭導入であるのに対して，オーラル・インタラクションは教師が生徒の発言を促し理解度を見極めながら，やり取りを通じて新規の内容を導入していく方法である。

▷4 言語習得モデル
第一次言語資料（大人のことば）→言語習得装置（Language Acquisition Device：LAD）→文法というモデルで表される。

▷5 認知学習理論
ブルーナー（Bruner, J. S.）などに代表され，規則の「発見」，新しい文の「創造」の二つをもっとも重視する。

▷6 この基盤としては，クラッシェン（Krashen, S. D.）の言語習得モデルがある。Input された言語が「言語習得装置

1 英語科の授業づくりの特徴

英語科は，他教科とやや異なった授業づくりの核をもち，それは教授法（教授理論）とよばれます。戦前から戦後を通して，英米圏で開発・発展された外国語教授法が導入され，それらの変遷とともに授業づくりのあり方は変化してきました。ここでは主に３つの教授法とその授業づくりの視点をまとめます。

2 日本に影響を与えた教授法の変遷

●第一期　オーラル・アプローチ（Oral Approach）（オーラル・メソッド（Oral Method））の時期〈主に戦前から1950年代〉

戦前のパーマー（Palmer, H. M.）によるオーラル・メソッド，そして戦後日本に大きな影響を与えたフリーズ（Fries, C. C.）のオーラル・アプローチがこの時期の教授法として代表的なものです。ともに**行動主義心理学学習理論**[1]に依って立つもので，音声言語を重視し，模倣と記憶の繰り返しによって言語の習慣を形成させることをめざすものでした。したがって，このような言語観にたったオーラル・アプローチでは，次の二点が重視されました。

（ア）　模倣し暗記する学習，文型練習の反復練習（pattern practice）
（イ）　誤りの訂正（誤りは，間違った言語習慣体系へと向かってしまう）

また，パーマーの**オーラル・イントロダクション**[2]（Oral Introduction）の提唱も注目に値します。これは音声としての言語習慣形成を強く意識した点で現在でも意義あるもので，生徒とのやりとりを交えた**オーラル・インタラクション**[3]（Oral Interaction）として今日に引き継がれています。

●第二期　認知学的アプローチ（Cognitive Approach）の時期〈主に1960年代から70年代〉

この時期には，オーラル・アプローチを支えた学習理論が，言語使用に不可欠な人間特有の「創造性」を無視しているという批判から，新しい学習理論が提唱されました。それがチョムスキー（Chomsky, N.）の**言語習得モデル**[4]や**認知学習理論**[5]（Cognitive-code Learning Theory）です。

この理論では，言語習得にかんして，子どもは不完全な大人のことばから，そこに含まれている抽象的な規則や概念を自ら「発見」する能力を備えており，

表16　第二期の教授法による文法指導の一例

《関係代名詞》
Situation：一枚の絵を見せる。その中にはペンを借りている女の子が一人。両隣は男の子が座っている。
挿入文A：The girl sat on Ronald's left.　基本文B：The girl borrowed his pen.
→ *The girl, who sat on Ronald's left, borrowed his pen.*
このように，基本文Bに挿入文Aを組み入れる練習をくり返し行い，生徒が文結合変形に関する規則を「発見」できるようにする。

出所：片山嘉雄他編『新・英語科教育の研究』大修館書店，1998年，141頁。

その「発見」した規則を繰り返し運用することによって，新しい文法的な文を自動的に「創造」できると考えます。したがってこのような学習理論は，以下の点を授業づくりの特徴としてもっています（指導例については表16を参照）。

（ア）　文法の重視。教師は生徒が規則を「発見」できるように教材を準備。
（イ）　生徒の誤りは，その生徒の現時点の能力にあった「中間言語」として肯定的にとらえ，生徒自身に「発見」させるように仕向ける。
（ウ）　生徒による「学習」を尊重する。暗記学習よりも認知学習を重視する。
（エ）　生徒が「発見」した規則を実際に「創造的」に使用できるための，コミュニケーションの場面・機会を提供する。

第三期　コミュニカティブ・アプローチ（Communicative Approach）の時期〈1980年代から現在〉

　この時期は，言語活動を重視し，学習者の発想とことばのもつ機能を中心としたコミュニカティブ・アプローチが提唱されました。この教授法は，これまでの文構造・文型先導型の指導法が，自然な表現行為（表現したい気持ち→それに対応した言語形式へ）と逆の過程を取ることへの反省から生まれ，学習者の活発な表現行為を尊重し，意志伝達のための生きたことばの習得をめざすものです。
　したがって授業は，それぞれの発想に対応した表現形式をパターン化して整理し，対応する言語形式に置き換える過程を指導することが中心になります（表17）。最近では**タスク活動**を取り入れた授業例もよく取り上げられています。

③ 日本独自の英語科教育のあゆみ——自主教材編成による授業づくり

　最後に，英語科においても我が国独自の授業づくりが展開されていたことを述べておかねばなりません。主なものとしては日教組，新英語教育研究会の成果があげられます。教材・教育内容を「与えられたもの」としてではなく，教師自らが，現実の実生活とむすびついた教材を自主編成するものです。我が国の英語科が，概して欧米からの教授法を輸入する形で指導法のみに焦点化していたなかで，子どもの生活経験に根ざした英語科の教育内容とは何かという点に注目したこうした成果は，小学校における外国語活動と中学校以降の英語科教育の在り方や接続を考える上で，極めて重要な授業づくりの視点を示しています。

（赤沢真世）

XI-5　英語科の授業づくり

（LAD）」に至る前に，「情意フィルター」があるとするもので，この「情意フィルター」の高低によって学習者がその言語を習得できるかどうかが左右されると考える。したがって，指導に際しては，学習者の「情意フィルター」をなるべく低くするよう，情意面への配慮が必要とされる。

▷7　タスク活動
たとえば買い物や電話での予約などのある特定の課題を，学習者が学習した言語形式のなかから選択しながら，相手との自然なコミュニケーションを通して遂行するという活動のことをさす。詳しくは，高島英幸編著『英語のタスク活動と文法指導』大修館書店，2000年を参照。

表17　発想による表現形式のパターン例

発想	表現形式
判断	I think〜. I guess〜. I'm afraid〜.
希望・願望	I'd like to〜.I want 〜.I wish〜.
要求	Please〜. Would you〜, please？

出所：片山嘉雄他編『新・英語科教育の研究』大修館書店，1998年，209頁。

▷8　新英語教育研究会の自主教材編成による授業づくりの成果は，たとえば新英語教育研究会編『新英語教育叢書③　英文法の授業11のアプローチ』三友社出版，1995年がある。

参考文献
片山嘉雄・遠藤栄一・佐々木昭・松村幹男編『改訂版新英語科教育の研究』第3版，大修館書店，1998年。
新英研関西ブロック公刊書編集委員会編『新しい英語教育の研究——その実践と理論』第9版，三友社，1975年。
日本教職員組合『私たちの教育課程研究　外国語教育』一ッ橋書房，1971年。

XI　各領域における授業づくり

6　図画工作・美術科の授業づくり

1　学習指導要領にみる図画工作科と美術科の沿革

　図画工作科は，国民学校期の「芸能科図画」と「芸能科工作」を統合して，戦後の1947年に生まれた教科です。当時は中学校でも図画工作科と称されていました。1947年発表の「学習指導要領　図画工作編（試案）」では，「自然や人工物を観察し，表現する能力を養う」，「家庭や学校で用いる有用なものや，美しいものを作る能力を養う」，「実用品や芸術品を理解し鑑賞する能力を養う」の三つが図画工作教育の目標としてあげられていました。実用品への着目が特徴的です。

　その後，1958年の学校教育法施行規則改正により，中学校の図画工作科は美術科に改められます。美術科の内容は，芸術性創造性を主とした表現および鑑賞活動に限定され，木工・金工・製図といった実用的・生産技術的内容は，新設された技術科にまわされることになりました。

　1968年の小学校学習指導要領改訂では，各学年の内容が，「A　絵画」「B　彫塑」「C　デザイン」「D　工作」「E　鑑賞」の五つに整理されました。翌年改訂の中学校学習指導要領では，「A　絵画」「B　彫塑」「C　デザイン」「D　工芸」「E　鑑賞」の五つです。その後，1977年の改訂で小中学校とも「A　表現」「B　鑑賞」の二つにまとめられました。以後現在までこの構成が続いています。

　1977年の小学校学習指導要領改訂で，低学年の内容に「造形的な遊び」が入りました。「造形的な遊び」とは，さまざまな素材に自由に働きかけて創造的活動をおこなっていくものです。創造のプロセスを重視するため，形に残る作品をつくることを必ずしも目指しません。「造形的な遊び」は1989年の改訂で「造形遊び」と改められ，中学年にまで拡大されました。さらに，1998年の改訂では高学年にまで広がり，小学校全学年を通して実施されることになりました。

2　美術教育のさまざまな立場

○創造美育協会

　1952年に久保貞次郎が中心となって結成しました。久保が唱えた創造主義美術教育では，子どもは創造活動に必要な要素を生まれもっており，その発露を妨害している抑圧（とくに感情の抑圧）を教師が取り除けば，子どもは必ずよい作品をつくるのだと考えます。創造美育協会は1950年代に発展し，1956年に

▷1　技術科
⇒ XI-9 参照。

▷2　2008年版の学習指導要領における目標の規定は以下の通り。図画工作科：表現及び鑑賞の活動を通して，感性を働かせながら，つくりだす喜びを味わうようにするとともに，造形的な創造活動の基礎的な能力を培い，豊かな情操を養う。美術科：表現及び鑑賞の幅広い活動を通して，美術の創造活動の喜びを味わい美術を愛好する心情を育てるとともに，感性を豊かにし，美術の基礎的な能力を伸ばし，美術文化についての理解を深め，豊かな情操を養う。

▷3　たとえば，校庭や公園で石や木の実を集めて積み上げたり並べたりする活動など。

は愛知支部が『よい絵・よくない絵』を出版しました。この本は，創造主義美術教育の立場から，具体的な作品を載せて批評を加えたもので，反響をよびました。[4]

○新しい絵の会

1952年結成の「新しい画の会」が前身となって，1959年に発足しました。中心となった人物は箕田源二郎です。創造美育協会が唱える心理的な解放による創造を楽観論として批判し，現実生活への認識の深まりを保障することを重視しました。生活画の実践を発展させています。[5]

○キミ子方式

1975年に松本キミ子が開発した描画法です。表18に示したような具体的なルールをもっています。たとえば植物を描く場合，まず根を描いて，次に茎を下から伸ばす，というように成長の順・方向で描いていきます。最初に構図を決める必要がないため，対象をしっかりと自分の目で観察し，描写することが可能になります。従来の常識とは異なるこの描き方によって，「ほんものそっくり」に描くことができる喜びを多くの人にもたらしました。キミ子方式は仮説実験授業研究会との連携によって1980年代に普及します。[6]

表18　キミ子方式のルール

1．三原色と白で描く
2．下描きをせず，直接，絵の具で描く
3．描きはじめの一点を決め，となりへ，となりへと描く
4．画用紙が余れば切る。足りなくなったら足す

○酒井式描画法

酒井臣吾が開発した描画法で，1980年代後半から**教育技術の法則化運動**の一環として発展しました。法則化運動の他の指導技術と同様，授業中に教師が出すべき指示が具体的に述べられています。線描の基礎として，「かたつむりの線」とよばれる，ゆっくり長く描く線を重視しており，子どもは練習課題によってこれをまず体得します。作品づくりにおいては，「始点」と「終点」の「つなぎ」の段階が重要です。たとえば「いもほり」という作品の場合，教師の指示に従って，いも，手，顔の順で描いたあと，手と顔をどのようにつなぐかに子どもは知恵を絞り，個性を発揮します。これにより，「捨象」「構図」「動勢」などの原理を，そうした用語を使わずに子どもに教えることができるとされています。[8]

3　問い直される図画工作科・美術科の役割

キミ子方式，酒井式描画法といった具体的な指導法の登場は，図画工作や美術の時間に何を教えたらよいかわからず途方に暮れていた教師をおおいに引きつけました。その一方，描き方の指定は子どもの個性を殺すものだという批判も向けられます。しかし，いずれの指導法も，「自由に描きなさい」という指導が実際には多くの「図工が苦手な子」「図工嫌い」を生み出してきた状況に鋭い問題意識をもって生まれてきたものです。自由な表現を「教える」ことができるのか。また，図画工作科・美術科でおこなうべきことは何か。両教科の年間授業時数が削減されている今，考え直さなければなりません。[9]　（渡辺貴裕）

▷4　その後も改訂され出版されている。最新のものは，創造美育協会愛知支部編『原色　よい絵・よくない絵事典　新装版』黎明書房，2003年。

▷5　箕田源二郎『子どもたちに美術のうたを』新日本出版社，2003年。

▷6　キミ子方式を用いた授業については，松本キミ子『宇宙のものみんな描いちゃおう』太郎次郎社，1987年が参考になる。

▷7　**教育技術の法則化運動**
⇒ XIV-9　参照。

▷8　酒井臣吾『酒井式描画指導入門』明治図書出版，1988年，同『シナリオ　酒井式描画指導法』明治図書出版，1990年などにまとめられている。

▷9　図画工作や美術の時間の枠を越え，アーティストとの連携によっておこなう芸術活動のなかに興味深い実践が生まれている。学校と芸術活動との結びつきを再考する手がかりとなろう。四宮敏行『学校が美術館』美術出版社，2002年，佐藤学・今井康雄編『子どもたちの想像力を育む──アート教育の思想と実践』東京大学出版会，2003年などが参考になる。

XI 各領域における授業づくり

7 音楽科の授業づくり

① 学習指導要領にみる小中学校音楽科の沿革

　1947年発表の「学習指導要領　音楽編（試案）」は，「音楽美の理解・感得が直ちに美的情操の養成となる」として音楽教育独自の意義の追求を謳い，「手段」としての音楽教育を否定しました。これは，音楽教育が徳性の涵養や皇国民錬成のための手段であった戦前の音楽教育からの転換を意味します。また，従来の中心であった歌唱に加え，器楽さらに創作の実施を強く推奨しているのも特徴です。◁1

　1958年告示の学習指導要領では，小中学校とも鑑賞および歌唱の共通教材が指定されました。共通教材の指定はその後の学習指導要領においても継続され，他教科にない特徴になっています（ただし1998年の改訂で，中学校においては指定がなくなり，小学校でも歌唱教材のみの指定となりました）。また，小学校の器楽において，トライアングル，木琴，ハーモニカなど楽器名が明示されるようになり，器楽教育の普及が加速しました。◁2

　1968年告示（中学校は1969年）の学習指導要領では，教科内容の一分類として「基礎」が導入されます。「基礎」は，リズム，旋律，和音，楽譜にかんする基礎的知識をまとめたものです。ただし，本来領域の枠を超えて存在しているはずの「基礎」が，他の「鑑賞」「歌唱」などの領域と並列されていたので，「基礎」だけを切り離して指導が行われるなどの問題を招きました。◁3

　1977年の改訂で「基礎」は消え，「表現」と「鑑賞」の二本柱となります。その後もこの二本柱による構成が現在まで続いています。◁4

② 技術習得と音楽する喜び

　戦後の音楽教育は，先に述べたように，音楽教育独自の意義を追求するところから始まりました。しかし，これが実際には，音楽の技術習得への偏重につながってしまった面があります。その結果，リコーダーの運指や読譜・記譜の度重なる訓練によって，小学校入学時には音楽好きであった子どもを卒業時には音楽嫌いにさせてしまうといった状況が生まれました。しかも，その一方で確実な技術を身につけられたわけでもありませんでした。

▷1　1872年の学制以降，「唱歌」という教科名にあらわれているように，音楽教育は歌唱中心であった。1941年の国民学校令によって教科名が「芸能科音楽」へと変更され，器楽や鑑賞も含められたが，それらはあまり実施されていなかった。

▷2　共通教材をめぐっては，国民的アイデンティティの形成に役立つという意見，国家による過剰統制であるとする意見，文部省唱歌中心の選曲を疑問視する意見など賛否が出されてきた。

▷3　たとえば，「リズムフレーズの拍の流れを感じとりながら，リズム唱やリズム打ちをしたり，それを記譜したりすること」，「長調のⅠ，Ⅳ，Ⅴの和音を聞き分けたり，分散和音唱したり，単音抽出唱したり，和音奏したりすること」など（いずれも小学校第3学年）。

▷4　戦後の音楽科の歴史については，木村信之『昭和戦後　音楽教育史』音楽之友社，1993年が詳しい。

表19　小学校学習指導要領　各学年の内容分類の変遷

年	内容分類
1947	歌唱教育，器楽教育，鑑賞教育，創作教育
1951	歌唱，器楽，創造的表現，リズム反応
1958	鑑賞，表現（歌唱，器楽，創作）
1968	A基礎，B鑑賞，C歌唱，D器楽，E創作
1977	A表現，B鑑賞
1989	A表現，B鑑賞
1998	A表現，B鑑賞

（注）年号は発表ないし告示年

表20　小学校3年生の共通教材の変遷

	表現	鑑賞
1958	「春の小川」（文部省唱歌） 「もみじ」（文部省唱歌） 「汽車」（文部省唱歌）	「おもちゃのシンフォニー」（ハイドン） 「金と銀」（レハール） 「金婚式」（マリー）
1968	「春の小川」（文部省唱歌） 「もみじ」（文部省唱歌） 「村まつり」（文部省唱歌）	組曲「アルルの女」第2のなかのメヌエット（ビゼー） 「金婚式」（マリー） 「軽騎兵」序曲（スッペ）
1977	「春の小川」（文部省唱歌） 「うさぎ」（日本古謡） 「ふじ山」（文部省唱歌）	歌劇「軽騎兵」（スッペ） 「メヌエット」ト長調（ベートーベン） 「ポロネーズ」管弦楽組曲　第2番ロ短調から（バッハ）
1989	「うさぎ」（日本古謡） 「茶つみ」（文部省唱歌） 「春の小川」（文部省唱歌） 「ふじ山」（文部省唱歌）	歌劇「軽騎兵」序曲（スッペ） 「メヌエット」ト長調（ベートベン） 「ポロネーズ」管弦楽組曲　第2番ロ短調から（バッハ）
1998	「うさぎ」（日本古謡） 「茶つみ」（文部省唱歌） 「春の小川」（文部省唱歌） 「ふじ山」（文部省唱歌）	（指定なし）

　技術習得が強調された要因としては，学習の成果を客観的に評価しやすいことがあるでしょう。しかし，それによって音楽の喜びを子どもから奪ってしまってはなんにもなりません。

　学校の音楽教育における「子ども不在」を批判して，「音楽教育の会」（1957年結成）は「わらべうたを出発点とする音楽教育」を主張しました。この運動は1960年代にかなりの広がりをみせ，「二本立て方式」[5]の音楽カリキュラムの提案や教科書草案の作成へとつながりました。最近では，イギリスのジョン・ペインター（Paynter, J.）に端を発する「創造的音楽学習」が注目を集めています。創造的音楽学習では，決められた音を鳴らすのではなく，子どもが身のまわりの音に気付き，自分のイメージを伝えるのにふさわしい音を見つけ，即興的な音楽表現をおこなっていくことが重視されます[6]。

　両者は時代も方法論も異なりますが，「音楽する」喜びを子どもに取り戻そうとした点で共通しています。

3　岐路に立つ音楽科

　小学校の音楽科の年間授業時数は，従来ほぼ各学年70時間程度であったのが[7]，2002年度より，第3，4学年は60時間に，第5，6学年は50時間に削減されました。中学校でも同様に減少傾向にあります。しかも，子どもをとりまく音楽状況は戦後初期より大幅に変化し，子どもはテレビやCDラジカセ・コンポを介して絶えず音楽に接し，また，各種音楽教室が巷にあふれています。こうした状況のなか，従来の「表現中心主義」を批判し，「賢い音楽消費者を育成する音楽科へ」という主張さえ生まれています[8]。義務教育かつ全員必修である小中学校音楽科においていったい何を子どもに提供するのかが問われています。　　　（渡辺貴裕）

▷5　わらべうたを出発点として多様な音楽活動を経験させることと，音を自覚化するために音楽の法則性を系統的に教えることの二本立てである。

▷6　松本恒敏・山本文茂『創造的音楽学習の試み』音楽之友社，1985年，ジョン・ペインター，ピーター・アストン著，山本文茂他訳『音楽の語るもの』音楽之友社，1982年などが参考になる。

▷7　ただし1958年および1968年改訂の学習指導要領では，1年生の年間授業時数は102時間となっている。

▷8　八木正一・吉田孝編『新・音楽科宣言』学事出版，1996年。

参考文献

　河口道朗『音楽教育の理論と歴史』音楽之友社，1991年。

XI 各領域における授業づくり

8 体育科の授業づくり

1 体育の授業づくり

　体育（Physical Education）は，1930年代に米国で生まれた「身体（運動）を通じての教育」（ウィリアムス：Williams, J. F. 1866-1966）の思想にもとづいて，身体（運動）を手段として教育の一般的な目標に貢献する教科と考えられてきました。しかし，1960年代以降，社会生活における各種スポーツや舞踊などの地位向上を背景に，さまざまな身体運動を運動文化やスポーツと総称し，それらの動作や知識，技能，価値観の習得そのものを自己目的とする体育論が登場するようになりました。ただし，運動文化の内容の習得を体育の内在的価値と考え，運動文化の内容の習得が子どもの健康や教育の目的に貢献する機能を外在的価値と考えて，両者を統合する主張も表れています。

▷1　佐々木賢太郎『体育の子』新評論，1956年。

▷2　生活綴方
⇒XIV-4参照。

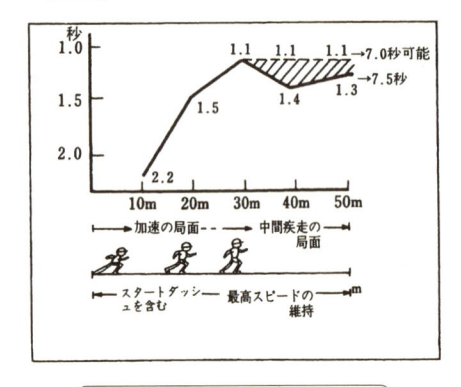

図29　50m走のスピードの変化
出所：中村敏雄編『戦後体育実践論　第3巻』創文企画，1998年，233頁。

　1956年に出版された佐々木賢太郎の『体育の子』[▷1]は，体育の運動や自分のからだのことを作文に綴らせることを通して，子どもに生活のなかの自分のからだや運動を見つめさせる実践記録でした。子どもたちは作文を書くことを通して貧困な生活のためにからだに力が入らない現実に気づいていくとともに，自分たちのからだに合わせてスポーツのルールを変えることの意味を学んでいきました。生活綴方[▷2]の方法を体育に導入した佐々木の授業は，人間形成という教育の一般目標に体育が貢献することをめざした授業の典型といえるでしょう。

　また1960年代以降，教育内容，教材，教授行為という授業の要素が自覚され始め，「この練習で教える教育内容は何か」「この運動技能を教えるためによりよい教材は何か」という発想が生まれてきます。たとえば，短距離走でトップスピードを維持する運動技能を教えたいと考えた出原泰明は，50m走の練習で10mごとのタイムを子どもに取らせます。すると図29

図30　短距離走教材「田植えライン」
出所：中村敏雄編『戦後体育実践論　第3巻』創文企画，1998年，234頁の図を一部改変。

にあるように30mあたりでスピードが落ちることがわかります。また、図30にあるように50m走の足跡に印をつけていくと各自の走り方と練習課題が理解できるのです。図29や図30に示された生徒の活動は、トップスピードを維持する運動技能という教育内容を教えるための教材と考えられます。この学習で自分の走り方の課題を理解した子どもは、その課題を修正するために次の時間の実技の練習に励むことになるのです。

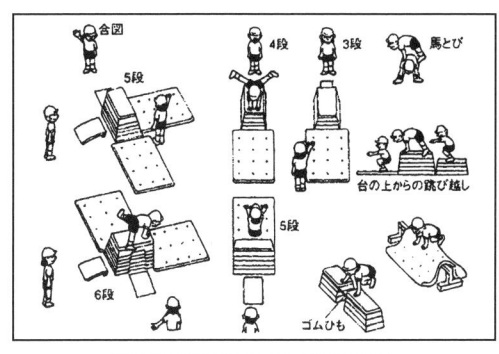

図31 個別化された学習形態

出所：中村敏雄編『戦後体育実践論　第3巻』創文企画、1998年、102頁。

　1980年代後半になると、全国体育学習研究会が中心となり運動が子どもに与える楽しさを中心に、個別化された学習形態を工夫した授業づくりが進められました。運動技能の習得に個人差のある子どもたちは、図31にあるように、自分たちの現在の力にあった運動を個別に楽しみながら練習するのです。たしかに、運動が得意でない子もできないことを気にすることなく楽しく練習でき、運動の得意な子はより難しい課題に挑戦できるのでした。しかし、運動の得意な子と得意でない子の教えあいが生まれにくいことや、さまざまな運動課題を一人の教師では指導できないことなどから、運動が得意でない子どもの運動技能の達成度が低くなるという問題も指摘されています。

② 保健学習の授業づくり

　1949年の「学習指導要領小学校体育編」及び1951年の「学習指導要領中学校・高等学校編」以後、「体育科」および「保健体育科」の内容に保健学習が含められました。1980年代以降、仮説実験授業研究会の提唱した「**授業書**」方式をとりいれた保健学習の授業づくりが保健教材研究会により集団的にとりくまれています。そこでは、教育内容、教材、発問という授業の要素が意識されて「授業書」が作成され、実際の実験授業にかけられ、授業の結果を踏まえてよりよい「授業書」が数多く生み出されています。

▷3　授業書
⇒XIV-6　参照。

　また、1998年に改訂された「学習指導要領」で、「適切な行動をとる実践力」が強調されたことを受け、飲酒や喫煙、薬物乱用にかんして適切な意思決定や行動選択をおこなうために必要な技能を、ブレーン・ストーミングやロールプレイ・ゲーム、ディベートという学習活動によって養成しようとするライフスキル学習が展開されてきています。

　しかし、具体的な健康課題に対応しうる実践的能力を身に付ける保健指導とは異なり、保健学習は今すぐに役立つ事柄だけを扱うべきではありません。保健学習では、子どもたちとの対話を通してけがや病気、からだの発育、食生活、安全等に関する知識を理解させる授業づくりが求められています。

（木原成一郎）

参考文献
佐々木賢太郎『新版　体育の子』新評論、1971年。
中村敏雄編『戦後体育実践論　第3巻』創文企画、1998年。
久保健他編『健康教育大事典』旬報社、2001年。

XI 各領域における授業づくり

9 技術・家庭科の授業づくり

1 技術・家庭科の系譜

　戦前日本における技術教育は，1881（明治14）年「小学校教則綱領」において，「土地ノ情況ニ因リ」「農業」「商業」「工業」を開設することが許されていたことからもわかるように，近代学校成立当初から，その必要性が認められていました。1926（大正15）年の「小学校令中改正」で高等小学校教育が拡充され，「手工」と「実業」が男女の必修となりました。旧制中学校でも，「作業」が全学年の必修とされ，それ以外に「実業」が設けられています。戦後成立した「職業科」は，これらの系譜として位置づけることができるでしょう。

　一方，現在の家庭科にあたる「家事」「裁縫」は，女子のみの必修科目とされていました。「家事」はその設立当初，高等小学校において理科から独立した加設科目として設けられていました。また，女子の中等教育機関である高等女学校においては，良妻賢母の育成を目標として掲げ，「家事」「裁縫」が最重視されていました。ここには，家父長制にもとづく性別役割分業の考えが色濃く反映していることがうかがえます。戦時下になると，「家政」「保健」「育児」「被服」が「家政科」として設定されていきました。

2 技術・家庭科の成立

　戦後の教育改革のなかで，中学校において男女必修の「職業科」が設けられました。その教育内容は，「農業」「工業」「商業」「水産」「家庭」から1科目以上を選択させるというものでした。性別によって選択を規定する記述はなかったものの，戦前の「家事」「裁縫」を継承した「家庭」に対しては，事実上女子の選択科目であるという意識が根強く残ることになりました。

　また，家庭科教育関係者から，家庭科が職業科の選択科目として位置づいていることに対して不満の声があがりました。そこで，1951（昭和26）年の学習指導要領において，「職業・家庭科」に名称が変更されます。これが，現在の技術・家庭科の前身となりました。職業・家庭科では，「実生活に役立つ仕事」，すなわち，農業，工業，商業，家庭の4領域を教育内容とし，このなかから選択して履修することとされました。この職業・家庭科は，1950年代後半から起こった**教育の現代化**の影響で系統的な技術教育の振興が求められるようになったことをうけて，1958（昭和33）年，「技術・家庭科」とその名称が変

▷　教育の現代化
⇨XIII-4 参照。

| 1947 昭和22 | 1951 昭和26 | 1958 昭和33 | 1977 昭和52 | 1989 平成元 |

| 教科名 | 職業科 | 職業・家庭科 | 技術・家庭科 |
| 履修方法 | 男女共修：選択制（実質的には男女別履修） | 男女別履修 | 相互乗り入れ | 男女共修 |

- 5科目（農業・工業・商業・水産・家庭）から1あるいは数科目を選択して履修
  → 4分類12項目に内容を分類し，各学年の最低履修項目数を定め，地域社会の必要と学校や生徒の事情によって適当なものを選択して履修
  → 6群（農業・工業・商業・水産・家庭・職業知識）の中から，水産以外の各群について少なくとも35時間ずつ学び，残りは，地域や性別にかかわりなく選択して履修

- 各学年，男子向き，女子向きの教育内容を設定

- 学習内容を技術系列と家庭系列に分類
  男子は技術系列に加えて家庭系列から1領域を選択，女子は家庭系列に加えて技術系列から1領域を選択して履修

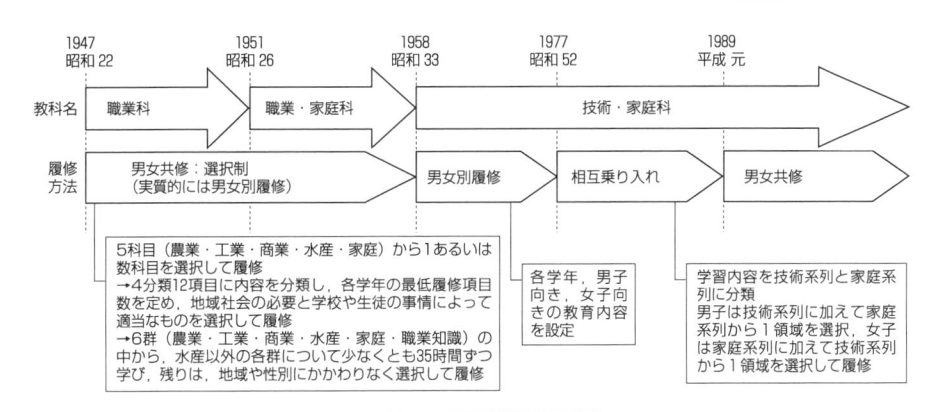

図32　技術・家庭科の変遷

出所：日本産業技術教育学会技術科教育分科会編『技術科教育の研究』朝倉書店，1993年，6-11頁を参考に筆者作成。

更されます。ここで注目すべきは，男女別の教育内容の履修が規定され，男子には生産技術を，女子には生活技術をという傾向が見られたことです。

この傾向に対して，1977（昭和52）年の改訂では，「相互乗り入れ」とよばれる形で教育内容に変更が加えられました。教育内容を男女別ではなく，技術系列と家庭系列に分類したのです。そして，男子は技術系列の5領域と家庭系列から1領域を選択，また女子は家庭系列の5領域と技術系列から1領域を選択して履修することにし，男女の学習内容が近づけられました。さらに，1989（平成元）年の改訂では，男子は技術系列，女子は家庭系列という扱いもなくなり，木材加工，電気，家庭生活，食物の4領域が男女の区別なく必修領域として設定されました。ここにおいて，男女共修の技術・家庭科が開始されることになります。

2008（平成20）年の改訂においては，少子高齢化や情報化の進展，ものづくり教育の充実というような観点から，技術分野では，「ディジタル作品の設計・制作」「生物育成に関する技術」などが必修化されました。また，家庭分野においては，「幼児との触れ合いとかかわり方の工夫」「日常食や地域の食材を生かした調理」が必修となっています。

3 今日的課題

このように，技術・家庭科が成立してから男女共修に至るまでには，長い年月が必要でした。これは，戦後の教育改革において，戦前の高等女学校で良妻賢母の養成という観点から重視されていた家事科，裁縫科のイメージをぬぐいきれなかったことが原因の一つであると考えられます。今後，男女共修としての技術・家庭科を展開するにあたって，従来の固定的な性別役割分業にもとづく意識を改め，技術教育や職業教育の側面も十分に考慮にいれたうえで，教育内容を吟味し，さらに時代の変遷に応じた設備も充実させていく必要があると考えられるでしょう。

（森（柴本）枝美）

参考文献

常見育男『家庭科教育史』光生館，1959年。

日本産業技術教育学会技術科教育分科会編『技術科教育の研究』朝倉書店，1993年。

XI　各領域における授業づくり

10　道徳の授業づくり

1　戦後道徳教育の歴史

　戦後の道徳教育の歴史は、おおよそ三つの時期に大別されます。まず、第一期は、終戦直後から1958年までの時期です。この時期は、「公民教育」という名のもと社会科を中心としながら道徳教育が行われました。道徳教育のための特定の時間は設けられず、全ての教育課程を通じておこなった点に、この時期の特徴があります。

　第二期は、1958年の「道徳」特設から1980年代初頭までの時期です。新たに設けられた「道徳」の時間は、全教育課程で行われてきた道徳教育を「補充」「深化」「統合」する時間と位置づけられました。第二期の特徴は、特設化を契機に道徳教育の目標や内容が明確化されていった点にあります。1966年には、道徳教育によって育てられるべき日本人像を明確にするかたちで「期待される人間像」が中央教育審議会によって発表されました。これを受け、1968/69年改訂の小中学習指導要領では、あらためて天皇への「敬愛」と結びついた「愛国心」や「国家への忠誠」の涵養が強調されることになりました。戦前の修身を思い起こさせる価値観・態度の育成が目指されたこと、そして、これに対する批判が活発に巻き起こった点も、第二期の特徴です。

　第三期は、1985年の臨時教育審議会の発足前後から現在までの時期です。「道徳の時間」が設けられて以降、99％の小中学校で「道徳」の時間が設置されました。しかしながら、実際に道徳の授業を行っていた学校は少なく、大半の学校が道徳の時間を学級会や学級指導、学校行事などに充てていました。こうした実態を受け、道徳教育実施の徹底がはかられていったのが第三期です。

　道徳教育の方針にも変化がありました。「人間尊重の精神」や「生命への畏敬の念」、「愛国心」、「郷土愛」に加え、「心のゆとり」や「主体性」といった目標が新たに付け加えられました。これは、この間の高度経済成長と産業構造の変化に対応したものでした。世界でも有数の経済国家となったこの時期の日本では、「物質的な豊かさ」に加え「精神的な豊かさ」が求められるとともに、製造業からサービス業への産業構造の変化や企業の海外進出に対応できる新たな日本人像が模索されたのです。第三期は、経済大国を担う新たな日本人像として「心のゆとり」や「主体的な日本人」が提案され、それにもとづく道徳教育が日本中に浸透していった時期にあたります。

▶1　2013年、教育再生実行会議の第一次提言を受けた「道徳教育の充実に関する懇談会」は、2018年度をめどに道徳を「特別の教科」とする報告案をまとめた。道徳の教科化については、教科化そのものの必要性も含め、検定教科書の導入、評価方法など、検討を要する様々な問題が指摘されている。

2 これまでの道徳授業

「道徳」の時間が特設されて以降、その目標や内容に若干の修正や追加があったものの、これまで一貫して道徳授業では、学習指導要領に掲載されている道徳的諸価値を自覚させ、道徳的に望ましい態度の育成がねらいとされてきました。授業で使われる教材としては、テレビやラジオ作品もしばしば使われましたが、副読本を中心とする「読み物資料」がその大半を占めてきました。

道徳授業の難しさは、「読み物資料」から道徳的諸価値を読みとらせた上で、さらにそれを子どもたちに自覚させ、志向するような態度を育成することが目標になっている点です。この目標を達成するかなめとされたのが「発問」でした。具体的には、「このとき、〇〇さんはどんな気持ちだったでしょうか」というように登場人物の葛藤や気持ちを読みとらせ、共感させることができるような発問が用いられました（表21）。「読み物資料」に登場する人物の気持ちや行動に共感させることで、そこに含まれる道徳的諸価値を自覚させ、道徳的に望ましい態度を育成しようとしたのです。

3 新しい道徳の授業づくりの模索

こうした道徳授業に対しては、たとえば「徳目注入授業」といった批判もありました。共感によって道徳的諸価値の自覚をはかるという構造は、非常に簡潔明快なのですが、実際の授業では「読み物資料」をなぞるだけになりやすく、子どもたちの思考をにぶらせ、単なる価値内容の教え込みになる傾向があります。これが「徳目注入」という批判を呼び込むことになったのです。

近年、新しい道徳の授業が模索されています。たとえば、末期ガン患者の手記を用い、医者と患者双方の立場から「安楽死」について考える授業があります。子どもたちは「生命の大切さ」と「尊厳ある生」との間で揺れ動きます。こうした道徳的価値の葛藤を子どもたちに引き起こす授業を「モラルジレンマ授業」といいます。この他にもシナリオなしで、場面設定だけで心理劇を演じることを通して自らの行動を振り返る「ロールプレイングを使用した授業」や「今、一番大切にしていることは何か」といった質問に答えることで、自らの価値観を明確にしていく「価値明確化」の授業など、現在ではさまざまな形の道徳教育が試みられています。

こうした新しい道徳の授業では、道徳的価値が明示的に含まれている資料よりも、むしろ道徳的な問題を子どもたちに突きつけるものが選ばれ、さらに子どもたちの思考を深めるために「疑似体験」や「対話」が用いられています。道徳的な諸問題に遭遇することで、道徳的価値について子どもたちに考えさせ、道徳的価値についての「知」が膨らんでいくような道徳教育が、今模索されているのです。

（二宮衆一）

表21 「あと，ひとこと」

仲間の二人から「へいの上を歩こう」と危険な遊びを誘われたぼくは、小さな声で、「やめとく」としか言えず、腹を立てて帰った。後で、母から二人がけがをしたと聞き、「えらかったけど、少し足りなかったわね」と言われた。

（注）「あと，ひとこと」『みんなのどうとく　3年』学習研究社、2003年を参考に執筆者がまとめたものである。たとえば、この資料を用い「『えらかったけど、少し足りなかったわね』といわれたときの僕はどんな気持ちだったでしょう」といった発問をおこなう。

出所：金井肇・全国道徳授業実践研究会編著『構造化方式に基づく「心のノート」を生かす道徳授業　小学校・中学年』明治図書出版、2003年、52頁。

▷2　宇佐美寛『「道徳」授業に何が出来るか』明治図書、1989年や深澤久『道徳授業原論』日本標準、2004年などを参照。

▷3　荒木紀幸『続　道徳授業はこうすればおもしろい』北大路書房、1997年を参照。

▷4　諸富祥彦『道徳授業の革新──「価値明確化」で生きる力を育てる』明治図書、1997年参照。

▷5　オープンエンドの授業を目指す試みも行われている。片上宗二編著『オープンエンド化による道徳授業の創造』明治図書、1995年参照。

▷6　最近の道徳教育については、徳永正直他『道徳教育論』ナカニシヤ出版、2003年が参考になる。

XI　各領域における授業づくり

11　生活科の授業づくり

1　生活科とは

　生活科は，1989（平成元）年の学習指導要領改訂で，従来の低学年の社会科と理科を廃止して，新しく設けられた教科です。1992（平成4）年から全国の小学校で全面実施となり，現在に至っています。

　生活科という教科が新たに設置された背景と要因としては以下のことがあげられます。

- 思考と活動の未分化な小学校低学年の児童の発達特性に適合した教科が求められたこと。
- 就学前教育と小学校教育の接続・発展を図ることが求められたこと。
- 児童の自然離れと生活習慣や生活技能の不足へ対応すること。
- 従来の低学年の社会科と理科の学習指導が，表面的な知識の伝達に陥る傾向があったことへの反省があったこと。

　2008（平成20）年改訂の学習指導要領では，生活科の教科としての目標は次のようになっています。

　「具体的な活動や体験を通して，自分と身近な人々，社会及び自然とのかかわりに関心をもち，自分自身や自分の生活について考えさせるとともに，その過程において生活上必要な習慣や技能を身に付けさせ，自立への基礎を養う」。

　このような目標にもとづき，小学校の第1学年および第2学年において，学校と生活，家庭と生活，地域と生活，公共物や公共施設の利用，季節の変化と生活，自然や物を使った遊び，動植物の飼育・栽培，自分の成長，以上の8項目が内容とされています。

2　生活科の授業

●生活科の位置づけ

　生活科では，児童が，見る・聞く・触れる・育てる・遊ぶなどの直接体験をすることが重視されます。したがって学校探検，身近な自然の観察，動植物の飼育・栽培，季節や地域の行事への参加，地域の人々との交流，などの体験・活動が生活科のカリキュラムに取り入れられます。このような直接体験を通して，児童が，身近な人々，社会，自然とのかかわりに気付き，さらに自分自身のよさに気付くことがめざされます。

○生活科の指導計画

　たとえば、「あきとともだち」という単元の指導計画が表22のように構想されています。

　この単元で、子どもは山の中で、木の実を拾ったり、クモやカマキリをつかまえたり、めずらしいキノコを見つけて驚くといった体験・活動をします。そして、その「驚き・発見・喜び」について、「おはなしカード」を使い、「さがした秋」の発表会をおこなっています。また、探検で集めてきたものを使って、友だちどうしで教えあい、モノづくりにもとりくんでいます。このような体験・活動をとおして、「知的な気づき」を育て、「自分の驚き・発見・喜びを生き生きと表現できる力」「自分一人でなく、友達と協力し合いながら活動できる力」などといった、「自立への基礎に連なるさまざまな資質・能力」を育てることが生活科の授業ではめざされます。

　このように生活科の授業は、子どもの主体性を尊重しつつも、教育目標を明確に教師がもって、学校・地域・家庭・自然に積極的にかかわっていける力を育てるものでなければなりません。体験させること自体が目的なのではなく、あくまで体験はリアルな認識と、対象にかかわっていく技を子どもに獲得させるための手段であることをおさえておく必要があります。また、3年生以降の理科と社会科の授業との「接続」を見通して、生活科の授業の内容を構想していく視点も必要です。

（鋒山泰弘）

表22　「あきとともだち」の指導計画

小単元	時数	学習内容，学習目標	備考
がっこうのなかのあきをさがそう	3	・校区の自然の様子を観察し、秋を見つけることができる。 ・さがした秋をみんなの前で発表することができる。 ・いもほりをする。	虫眼鏡 おはなしカード 筆記用具 スクラップ用の台紙
がっこうのそとのあきをさがそう	5	・学校の近くにある山に出かけて、秋の自然の様子を観察し、おはなしカードに書くことができる。 ・近くの山や草原にある秋の宝物探しをして木の葉や落葉、虫などを集めることができる。 ・探した秋をみんなの前で発表することができる。	ビニール袋 虫かご おはなしカード 筆記用具
あきのたからものであそぼう	3	・探検で集めてきたものを使って遊んだり、虫の世話をすることができる。 ・工夫した点などを発表できる。	竹ひご マッチ棒 セロテープ ノリ
あきをたべよう	4	・さつまいも使ったオヤツ作り。 ・しいの実を使ったオヤツ作り。 ・「収穫の会」を行う。	オヤツ作りの材料、エプロン、マスク

出所：京都教育センター編『科学への目を育てる生活科』法政出版、1993年、9頁より。

XI　各領域における授業づくり

12　総合的な学習の授業づくり

1　「総合的な学習の時間」の位置づけ

　1998（平成10）年の教育課程審議会答申において，「総合的な学習の時間」は，「自ら学び自ら考える力などの〔生きる力〕は全人格的な力であることを踏まえ，国際化や情報化をはじめ社会の変化に主体的に対応できる資質や能力を育成するために教科等の枠を超えた横断的・総合的な学習をより円滑に実施するための時間」と，創設の趣旨が述べられています。

　2008（平成20）年改訂の学習指導要領の「総合的な学習の時間」の「目標」は，「横断的・総合的な学習や探究的な学習を通して，自ら課題を見付け，自ら学び，自ら考え，主体的に判断し，よりよく問題を解決する資質や能力を育成するとともに，学び方やものの考え方を身に付け，問題の解決や探究活動に主体的，創造的，協同的に取り組む態度を育て，自己の生き方を考えることができるようにする」ことです。そして，「指導計画の作成と内容の取扱い」では学習活動の内容について述べられており，各学校の多様な取り組みが奨励されています。

2　「総合的な学習」の授業をどのように創るか

　「総合的な学習の時間」が，設置されるようになった経過とは別に，わが国では，「総合学習」という名称で，教科の枠を超えた教育に取り組んできた伝統が付属学校や私立学校などで見られます。私立和光小学校の「食を通してみえる現代」というテーマでの小学校5年生の「総合学習」の実践を例に，総合的な学習の授業づくりに応用できる手順を見てみます。

○総合的な学習の主題を決める

　最初に「本物の○○をつくり食べる」というテーマが子どもたちに与えられ，なにをつくるかについては話し合いで決めさせます。子どもの間で，「豆・大豆」を食材とする食べ物をつくるか，「麺類」をつくるかどうかで意見が分かれます。そこで教師の方から，「豆グループは豆腐を，麺グループはそばをそれぞれ試作してみて，コンクールをして，勝ったほうをとりあげてはどうか」という提案がなされます。そばづくりを選択した子どもたちは，インターネットや図書館でそばのつくり方を調べたり，資料をとりよせます。豆腐づくりを選択した子どもたちは，豆腐屋に行って聞き取り調査活動をします。そばと豆

▷1　具体的には，「学習活動については，学校の実態に応じて，例えば国際理解，情報，環境，福祉・健康などの横断的・総合的な課題についての学習活動，児童の興味・関心に基づく課題についての学習活動，地域の人々の暮らし，伝統と文化など地域や学校の特色に応じた課題についての学習活動などを行うこと」とされている。

▷2　和光小学校の総合学習の実践については，民衆社，2000年発行の，行田稔彦・鎌倉博編著『和光小学校の総合学習——はっけん・たんけん・やってみる』，行田稔彦・古川武雄編著『和光小学校の総合学習——たべる・生きる・性を学ぶ』，行田稔彦・平野正美編著『和光小学校の総合学習——いのち・平和・障害を考える』が参考となる。また，奈良女子大学附属小学校の総合学習については，田中耕治編著『「総合学習」の可能性を問う』ミネルヴァ書房，1999年が参考となる。

▷3　成田寛「コンクールが火をつけた『本物の豆腐づくり』の探究活動」『食農教育』第4号，1999年。

腐を子どもたちがつくり，その出来栄えを競う「コンクール」が開かれます。子どもたちには，単につくるだけでなく，そばづくり，豆腐づくりを通してわかったことを発表することが課題として課されます。それらを総合して評価した結果，教師の方から豆腐づくりの方が勝っていたことが報告され，以後の学習テーマとして「豆腐」が選ばれます。

◯ 主題を探究する

子どもの間では，「食べ物の値段から見える現代世界」という位置づけで，「どうしてこんなに豆腐の値段が違うのか」という問題についての追求がおこなわれます。たとえば，ある子どもは「お豆腐の値段はどうやって決めるのですか？」「高いお豆腐と安いお豆腐の違いは何ですか？」などの質問を2軒の豆腐製造会社に送ることによって，調べました。また，ある子どもは，なん軒もの豆腐屋を回って調べました。そのような情報から，子どもたちは，凝固剤の違いによって豆腐の値段が異なることを確かめました。豆腐を生産する側から得た情報に，文献などを使って調べた子どもからの知識が加えられることによって，硫酸カルシウム，グルコノデルタラクトンなどの凝固剤の使用で，豆腐が安く，大量に生産することが可能になったことが整理されていきます。子どもの関心は，豆腐の値段から凝固剤のもつ安全性と豆腐の美味しさに移っていきます。小さな豆腐屋での聞き取りをした子どもたちは，硫化カルシウムやグルコノデルタラクトンなどの凝固剤を使った豆腐はおいしくないし栄養も悪いということを主張します。このようなさまざまな意見に対して，教師は一つの結論を出すことは求めずに，子どもは豆腐づくりの経験から始まった学習を自分なりにまとめます。

◯ 総合的な学習のポイント

このような総合的な学習の授業づくりのポイントは次の点にあります。

・主題にもとづく知識の総合の経験――自分たちの手で実際に食べ物をつくる，食糧生産者と対話する，よりよい食品とは何か検討するなどの，学習経験のひとまとまりのなかに，多様な分野の知識に触れる機会をつくります。

・主題を探究するための問題づくりの経験――大きな主題の方向性は教師が与えるにしても，それを追求していく過程で，どのような具体的な問いを設定して追求することが必要なのかを，子ども自身が考えるための経験をさせます。

・主題を探究するための方法を実践する経験――文献やインターネットによる方法はもとより，フィールドワーク，質問紙の作成による調査など，多様な知識獲得の方法を実践する機会を子どもに与えます。

・主題の探究のための協同の経験――主題の探究において，子どもが多様な情報源から獲得した知識をもちより，多様な視点から問題を協同して掘り下げていく機会を与えます。

（鋒山泰弘）

XII 授業研究の方法

1 授業研究の概念の歴史的展開

1 「授業研究」のはじまり——授業の定型化に連動して

○ペスタロッチ主義からのスタート

日本における教師の文化としての「授業研究」の起源は明治10年代にまでさかのぼることができます。1872（明治5）年の学制の公布にともない，各地に小学校の立ち上げが進められるなか，東京師範学校ではアメリカ人教師スコット（Scott, M. M.）の実演と講話によって紹介された**一斉教授**の方式の伝習がおこなわれました。これはアメリカの師範学校の方法に従って，日本の教員養成をおこなった最初の事例となりました。スコットの講演を記録した『小学教師必携』は各地の小学校教師たちの手に渡り，それまで寺子屋で教えていた師範たちも一斉教授の方式の研修を受けて小学校の教師になっていきました。このようにして，日本の教室には「実物」や「掛図」を活用して「問答」を中心におこなうアメリカの**ペスタロッチ**主義（開発主義）の実物教授（object lessons）を基盤とした一斉授業スタイルが導入されていきました。

明治10年代には，アメリカにおける教員養成の方法や教授法が導入された東京師範学校の訓導たちの手によって『改正教授術』がまとめられます。そこには授業の技術やスタイルとともに「批評の諸点」が記されており，明治10年代後半から20年代はじめにかけて，現場の教師たちの間に授業研究の一つのモデルが成立していき，授業の研究が活発化していきました。

○授業の定型化の進行

明治30年代に入ると，小学校の就学率が急激に上昇し，時を同じくして公教育体制の確立が進められていくなか，教育内容への国家による規制が強化され，教科書の国定化によって一層の徹底が図られていきます。この時期は，従来のペスタロッチ主義（開発主義）にかわってドイツの**ヘルバルト**主義の教授理論が授業の定型化を進行させていきました。なかでも，**ライン**が提示した「予備―提示―比較―統括―応用」という形式的段階が教師の教授の手続きとして導入され，定められた教材を前提としたその伝達の手続きが全国の小学校における一定の教授方式として普及していきました。

こうした状況において「教授にかんする知識技術を改良すること」が教師たちに求められ，1900年ころまでには授業の観察・批評を基盤とする校内研修も浸透していき，発問法や板書の研究などが盛んにおこなわれるようになりまし

▷1　一斉教授
⇒ⅥI-1 参照。

▷2　諸葛信澄『小学教師必携』青山堂，1873年。

▷3　ペスタロッチ（Pestalozzi, J. H.）
⇒ⅩⅢ-1 参照。

▷4　若林虎三郎・白井毅『改正教授術』普及社，1883年。

▷5　ヘルバルト（Herbart, J. F.），ライン（Rein, W.）
⇒ⅩⅢ-2 参照。

た。また民間においても「実地授業批評」「授業批評会」とよばれる授業研究が活発におこなわれましたが、教育内容の国定化が進行するなかでは「どのように教えるか」という教授法の伝習・研修的側面に重きが置かれる状況が続きました。

大正期以降は、高等師範学校附属小学校といった実験校や私立学校を中心に展開された授業実践と研究が、機関雑誌の発行や公開研究会の参観等を通して公立学校の教育実践と授業研究に大きな影響を与えていきました。戦時中、教育内容・方法に対する国家規制の強化にともない、授業研究の実施自体も困難な状況でしたが、戦前の授業研究の伝統は戦後・現在に引き継がれていくようになります。▷6

▷6 現在までに至る日本の授業研究の歴史については、稲垣忠彦・佐藤学『授業研究入門』岩波書店, 1996年に詳しい。

❷ 「研究授業」と「授業研究」

「研究授業」とはその呼び方にもあらわれているように、実践者自身が決定したテーマではなく、学校や研究機関から与えられたテーマにもとづいて授業がつくられ、その授業を特別に同僚や学外の参観者に「見せる」という響きをもったことばです。研究授業の歴史は、戦前にまでさかのぼることができます。発問法や板書、授業の様式などにかんする均一的な技術を制度的に普及させていこうとする側面をもっています。

これに対して「授業研究」というのは、どの教室のどの教師もが日常的におこなっている授業を、校内・学外の参観者にひらき、その参観を通して気づいた点や実践者自身の抱える課題を学級の文脈に沿って検討しあい、その後の授業づくりへの具体的な視点を明らかにして、授業実践上の課題を共有化していこうという意図が本来的には込められています。現場における授業研究で大事なことは、授業者に対して成果が還元され、授業の力量の向上と授業改善につながることですが、さらにその学校の教師集団全体の授業実践の改善につながる知見の共有を図り、組織的に力量形成をしていく土壌をつくることでもあります。

❸ 戦後の授業研究の展開

1960年代以降、「授業」という実践的活動が本格的な科学的分析の対象として見られるようになっていきます。▷7「授業の科学的研究」として専門分野の確立を先導したのが、5大学共同研究グループ（北海道大学・東京大学・名古屋大学・神戸大学・広島大学）とその発展形態としての**全国授業研究協議会（全授研）**▷8です。実践者と研究者との共同研究を基盤として、研究成果は機関誌『授業研究』にまとめられ、広く学校現場において読まれました。その後、一つの専門分野としての授業研究の成果が各教科教育の研究とともに積み重ねられていくにつれて、民間教育研究団体における授業研究の運動や地域の教育センターを軸に展開された現職研修の講座等も活発化していきました。（吉永紀子）

▷7 戦前と戦後の授業研究の系譜をたどるうえでは、稲垣忠彦『授業研究の歩み——1960-1995年』評論社, 1995年が参考となる。

▷8 **全国授業研究協議会（全授研）**
⇒XIV-7参照。

XII 授業研究の方法

2 授業の一般化と個性化

1 「技術知」としての授業

　授業実践の場を成立させている構成要素は「子ども」「教材（学習材）」「教師」です。授業ではこの3者間の相互作用が絶え間なくおこなわれています。教材を介して子どもにはたらきかけるとき，教師は1時間の授業のなかでも数え切れないほどの選択・判断を瞬時におこなっています。教師がある発問をしたときに子どもから予期せぬ反応や発言が得られた場合，その発言にどのように対応しようかと考えます。1時間の授業のどのあたりで出された発言であるか，その子どものこれまでの学習とのつながりや他の子どもの発言との関係はどのようなものかといった判断を下し，行為するのです。教材や子どもたちが同じでも，発問や指示，板書や評価言といった教育技術を教師がどのような選択と判断のもとで，どの場面でどのように使うかによって，授業はまったく異なってくるのです。つまり，授業というのは教師のもっている技術をとりまいている「知」によってその様相を変容させるものといえるのです。

2 「システム」としての授業

◯科学的技術の合理的適用としての授業

　医者や弁護士といった職業に典型的に見られる「専門性」の議論では，専門家の実践が専門領域の基礎科学と応用科学の確立によって成立・発展を遂げてきたといわれています。患者の臨床の事例や裁判の判例の研究をおこなうことで，事例に関連する問題解決のための原理や技術が体系化され，専門的技術や原理の普遍性が検証され一般化が図られていきます。ショーン（Schön, D.）はこれらを「科学的技術の合理的適用」としての実践とよびました。

　一方，1960年代以降，授業研究の分野においても，どの教師やどの教室でも普遍的に有効なプログラムや原理・技術が存在するとの前提のもとで，一般化された普遍的な教授システムの開発が目指され，そうしたプログラムを個々の授業実践に適用しようとしてきた経緯があります。授業研究においても「技術的実践＝科学的技術の合理的適用」モデルが浸透していったのです。

◯教育工学的アプローチによる教育方法の最適化

　行動科学と行動主義心理学に支えられて授業にかんする科学的研究が推進された1960年代，アメリカで発達した教育**工学的アプローチ**においては，授業を

▷1　工学的アプローチ
⇒ I - 9 参照。

規定のコースをたどるものとしてとらえ，一つのシステムとみなすことによって，「どのように教えれば，もっとも学びやすいか」を考える教育方法の最適化が目指されました。このアプローチは行動科学の理論を基盤に据えており，授業の過程を価値中立的な技術的過程としてとらえ，システムとしての授業を構成する多様な要素が観察可能な個々の変数に置き換えられて研究される「過程―産出モデル（process-product model）」が支配的になっていました。「過程―産出モデル」においては，教室で生じる事実や現象が「原因―結果」の明瞭な因果関係によって説明され，教授―学習過程を統制する合理的な技術を解明することが授業研究の主眼とされました。そこでは，どのような教師がおこなっても有効とされるという意味での「ティーチャープルーフ（耐教師性のある）」の教授法や教材のパッケージを開発することが目指されたのです。

　たとえば，教師から子どもに対して，ある授業技術を適用してAという刺激を与えれば，かならずA'という結果（成果）が生じるという「システム」として授業をとらえることによって，個別性や文脈性を超えて，授業の過程およびそこで使われる技術を一般化していくのです。教育機器の発達に伴い，このような教育工学的アプローチによって開発された教授法や教材パッケージをどのような教師がどこの教室でいつ使っても，ある一定の効果をあげることができると考えられ，教育機器の普及とともに教育方法の最適化をめぐる授業研究の方法が教育現場に浸透していきました。

▷2　「過程―産出モデル」については，佐藤学『教育方法学』岩波書店，1996年を参考にされたい。

3　教師教育としての事例研究

　ところが，授業とは本来個別的で文脈依存的な営みであり，教室が違えばそこで生まれる出来事も子どもの学びも異なります。個々の実践事例が個別の文脈において研究されることは，他ならぬ実践者自身の無意識的な思考や選択・判断が子どもの学びにどのような意味をもたらしたかを検討することであり，教師の発達を支える授業研究としてきわめて重要な機会となります。

　たとえば，新任期の教師が授業づくりにおいて抱えている課題と，ベテランと呼ばれる教師が抱えている実践課題とは質的に異なるものであり，たとえ似たような課題に直面していたとしても，その対処の仕方は，教師一人ひとりの授業に対する考え方やそれまでの教職経験などによって違ってきます。一人ひとりの教師がもっている授業づくりのスタイル（様式）の特性に即して授業研究がおこなわれることにより，その教師が直面している課題を明らかにし，その課題を乗り越えていくためにどのような力量が必要とされているのかを検討し，次なる実践の方向性をとらえていくことが可能になります。教師の仕事の要は授業をつくることです。したがって，個々の教師の個性を反映した授業の事実をもとに事例研究をおこなっていくことが，現職教師の発達を支える基盤となっていくのです。

（吉永紀子）

XII 授業研究の方法

3 実践記録と授業記録のとり方

1 実践記録と授業記録

　実践記録とは，教師の教育実践における実践的力量を形成・向上していくための研究活動や研修をねらいとしてつくられる記録であり，一つの実践記録がその教師と教師集団（同僚）にとっての教育方法の開発や教育技術の研究のために使われるものです。授業記録は，狭義ではその授業過程についての記録（逐語的記録を含む）をいいますが，広義ではそのほかに授業案や授業後のふり返りなども含める場合があります。授業記録をもとに教師が自らの実践をふり返り，これからの授業づくりを研究するために実践記録をまとめることもあります。

　授業記録はテープレコーダーやカメラ，ビデオなどの記録媒体の発展とともにその性格を変容させてきました。記録媒体がまだ教育現場に普及していない1950年代までは，主に参観者による速記録や，授業中の参観者の気づきを座席表等にまとめた「**カルテ**」，また授業者自身の記憶を頼りに授業の様子を時間軸にそって再現した物語風の記録として残されていました。1960年代に入り，テープレコーダーが利用され始めると，教師と子どもの発話行為を中心とした「客観的」な授業記録の作成が可能になりました。さらにビデオの普及により，子どもの学習の姿が具体的に記録されることから，ビデオ記録をもとに授業研究をおこなうことで子どもの学びの事実に即した授業研究の充実化が図られるようになりました。

2 授業記録のとり方——その1：教師による綴り方としての授業記録

　1950年代の，教師による一人称の語りを主とした，もっとも有名な実践記録は無着成恭編の『山びこ学校』です。戦前の**生活綴方**運動の流れを受け継ぎ，敗戦後，日本の教育を内側から変えていこうとした出発点ともいえるこの作品は，一人称の語り，すなわち実践者自身が記録者となっています。実践者の意図が実践を通してどのように実現されていったか，あるいは失敗していたかという物語が，子どもの生活の綴り方（学習作文や日記）とともに実践者の授業メモなどによって記録されています。

　この実践記録の特徴は1時間の授業の記録ではなく，より長い時間的スパンにおける教師と子どもの相互変容のプロセスが描かれていく点にあります。無

▷1　カルテ
⇒ Ⅷ-3 参照。

▷2　上田薫・静岡市立安東小学校『ひとりひとりを生かす授業——カルテと座席表』明治図書出版，1970年。

▷3　無着成恭編『山びこ学校』青銅社，1951年。

▷4　生活綴方
⇒ ⅩⅣ-4 参照。

着成恭の実践記録からは，現実の出来事の詳細な観察と研究の綿密さ，現実を記述・分析することに始まり，論理的思考にもとづいて実践における普遍を求めていく姿勢が貫かれている点がうかがえます。

❸ 授業記録のとり方――その2：島小方式による授業記録

斎藤喜博(1911-1981)が校長を務めた群馬県の島小学校では，授業改革の一環として独自の授業記録がつくられました。斎藤は形式的な教案や授業の経過を形式的につづる授業記録を廃止し，ノート記録（記録簿）に実践記録を「書く」ことを通して，教師たちの解釈する力，発見する力，疑問をもつ力を鍛えることを目指したのです。島小では授業を「みる」ということが重視されていたため，授業をみている間はメモなどをとらずに無心になってみることが推奨されていました。それは，子どもと教師の関係が刻一刻と変化し，その場の雰囲気というのはどれだけすぐれた機器であっても記録し得ない授業の動的性格を考慮してのことでした。

▷5　斎藤喜博
⇒ⅩⅣ-8 参照。

したがって，島小方式とよばれる授業記録のとり方としては，複数の教師が授業をみて，目には見えない教室の雰囲気や動作，子どもと教師のかかわり方を頭に焼きつけ，それらを描写した複数の記録をつくり，自分に見えていなかった授業の事実や授業者にも見えていなかった授業の事実の記録を互いに持ち寄ることで，一つの授業記録をつくることが目指されました。こうした授業記録を書くためには，子どもの思考の具体的な内実を読み取り，解釈し，そうした事実に対応していく力が必要であり，そうした力が鍛えられることによって，授業記録も充実したものとなっていくと考えられていたのです。

❹ 授業記録のとり方――その3：T-C型授業記録

テープレコーダーが教室に普及した1960年代以降，授業記録の一世代を確立したのが，教師（Teacher）と子ども（Children）の発言をテープから再現して記録するT-C型授業記録とよばれるものです。授業は，子どもと教師のやりとりから成り立っており，そのやりとりの言語表現の部分のみを再現したのがT-C型授業記録です。

教師の発問に対して子どもたちがどのような反応をしたのかをことばの記録として残していきますが，そこには問題点もあります。実践記録がその授業者のその後の授業づくりのみならず，他の教師たちの授業づくりの参考資料となる点を考えると，T-C型授業記録では，子どもの音声言語のみの反応しか読み取ることができず，授業の文脈や教室の風景が捨象され，発言していない子どもたちの思考や授業の雰囲気を伝えることができず，「追試」の参考資料としては不向きであるという点です。

（吉永紀子）

XII 授業研究の方法

4 授業の科学的分析

1 フランダースの相互作用分析

　教室には教材を媒介とした子ども―子ども間，子ども―教師間の多様なコミュニケーションが生まれています。1960年代の授業分析の手法として代表的なフランダース（Franders, N. A.）の相互作用分析（カテゴリ分析ともよぶ）では，教師からの働きかけのもとに生まれる社会的相互作用の結果としての授業の雰囲気が分析対象とされました。3秒という時間の単位ごとに教室内の言語行動，つまり「教師の発言」と「生徒の発言」を記録していく手法がとられました。その記録を10項目から成るカテゴリーに分類し，マトリクス（表）に記号化していくことによって，授業の特徴，とくに教師の指導パターンを客観的・数量的に明らかにしていくことがねらいとされました。

　カテゴリーは次の10項目からなっています。まず「教師の発言」にかんしては大きく「(I)間接的発言」と「(II)直接的発言」とに分類されます。さらにその下位項目として(I)には，①感情や雰囲気を受け入れる発言，②賞賛・励まし・承認する発言，③考えの受容と発展させる発言，④発問があり，(II)の下位項目としては⑤講義すること，⑥指示と教示を与えること，⑦批判・叱責することがあげられています。また「生徒の発言」にかんしても，⑧教師への応答，⑨自発的な発言，⑩沈黙，雑音（混乱）の三つの下位カテゴリーが設定されています。3秒ごとに記録した発言を，これら10のカテゴリーにしたがってマトリクスに記号化し，分類集計した結果を見れば，教師の教育経験の差に応じて，授業において用いることのできる教授スキルのレパートリーの広さが可視化されるのです。

　実証主義的・行動科学的アプローチにもとづくフランダースの相互作用分析の方法は，比較的簡単に記録・分析をおこなうことができるため，教室内の教師―子ども間のコミュニケーションの傾向性から授業の特徴を明らかにするという点において，授業の科学的研究の普及を推進しました。

　しかし，この手法で明らかにされる教室のコミュニケーションにはいくつかの限界があります。たとえば，実際に教室で営まれている学習においては，言語行動以外のコミュニケーションが存在し，そうした非言語的コミュニケーションあるいは「沈黙」に，複合的で多様な意味が包含されています。それに対して，フランダースの相互作用分析において分析対象とする行為は，基本的に

言語活動という目に見える・聞き取り可能な行為のみを切り出しているため，ある場面において行為者がおこなった発言に至るまでの背景や，別の行為者との間に生まれる非言語的コミュニケーションの多義性ならびにその影響を捨象してしまうという点です。また，3秒間という単位時間で区切られた授業の文脈は，すべて等価なものとして数量化され，マトリクス上に位置づけられていきますが，実際の授業場面における「時間」は均質化され得ない多様な意味を含んだ要素であり，あらかじめ決められたカテゴリーの枠内では意味づけられないという問題点も浮かび上がってきます。

② 教室のエスノグラフィー

　授業という世界を客観的・数量的に理解しようとする「授業の科学的研究」が進められる一方で，そうした授業の行動科学的な分析の限界について鋭い指摘がなされるようになってきました。授業という日常的におこなわれる複雑な営みは，子どもと教師，子どもと子どもとの間の長期間にわたる多様な社会文化的コミュニケーションの積み重ねであるため，そうした性格を考慮して授業を分析するとなれば，目に見える行為だけではなく，目には見えない関係性や時間性，出来事の意味・背景をとらえる研究の手法が求められることになるのです。

　近年，脚光を浴びている授業研究の手法として，教室のエスノグラフィーとよばれるものがあります。エスノグラフィーはフィールドワークの手法による調査研究とその成果をまとめたもので，観察の対象を可能な限り多角的な視点からありのままに描き出そうとするものです。調査者は特定のフィールドに長期継続的・定期的にかかわりながら，複雑かつ多様な相互作用が生まれる教室のコミュニケーション過程に密着し，ミクロレベルでの行動や相互作用のプロセスを観察の単位として記録し，その教室の教師や子どもが生きている意味世界を描き，解釈していくのです。

　エスノグラフィーを授業研究の手法とする際，注意しておくべき点があります。この手法では研究過程における調査者の主観は認められてはいますが，調査者の独断に陥ることのないよう，教室の文脈的意図に対する敏感さと洞察力の鋭敏さ，解釈への慎重さが求められるという点です。教室に生起する日常の認識や行為を観察し，ある活動と活動がどう関連づけられているかといった関係性の分析が重要な課題となります。教室内の配置，時間の過ごされ方や教師や子どもの発言など，目に見えるもの，耳から聴こえるものすべてを観察対象とし，事象間の関連を見出すことによって教室内に存在する文化を解明し，行為者の語りや思いの背景にあってそれを枠づけている意味や文脈を解釈していくことがエスノグラフィーの目指すところです。これはそれぞれに異なる教室社会での教育という営みの意味理解を深める手法であると同時に，我々が自明視してきた教室文化への再考を迫ることにもなるのです。

（吉永紀子）

XII 授業研究の方法

5 授業の理論化と教授学

❶ 民間教育研究団体による授業の理論化に向けての動き

　近代教授学の父とよばれるコメニウス（Comenius, J. A.）が著した『大教授学』（1657年）には「すべての事柄をすべての人に教授する普遍的技法」としての教授学が提示されています。学校教育において何を（内容）どのように（方法）教えるかという問題を扱うのが教授学という学問分野です。日本では1960年代以降，授業の科学的研究が，とくに5大学（北海道大・東京大・名古屋大・神戸大・広島大）の共同研究として組織された**全国授業研究協議会（全授研）**を中心に進められ，海外の教授学の成果や授業分析の方法，学習心理学の理論の導入を契機として「教授学の建設」が図られました。

　こうした授業の科学的研究の成果は，その後，各教科における教科教育研究の推進をもたらし，理科，算数・数学，文学教育，歴史教育などの個別教科の研究へと引き継がれていきます。学校での教科内容に現代の科学・技術・文化の発達をより反映させることを課題とし，「科学と教育の結合」を目指して**教育の現代化**運動を推進した民間研究団体に「**数学教育協議会（数教協）**」や「**仮説実験授業**」があります。

　数教協では，教科内容構成の「一般から特殊へ」の原則が再評価され，「量の指導体系」や「水道方式の計算指導体系」の開発がおこなわれ，理論的・実践的にも一定の成果をあげています。また仮説実験授業では，科学史の研究と子どもの認識発達の研究の成果を踏まえ，子どもの常識的な考え方や見方をくつがえして科学の概念や法則を感動的に学ぶことができる一連の問題群を「授業書」とよばれるものにまとめています。授業書の作成にあたっては現場での幾度もの実践的な検討がおこなわれました。「問題→予想・仮説→討論→実験」という仮説実験授業独自の手続きを踏まえれば，どの教師が授業をおこなっても子どもが科学的な法則をつかむ授業が，さまざまな単元で実現可能となる多数の授業書が開発されてきました。

　「教育の現代化」の時期に各教科領域で活性化した民間の教育研究団体が目指したことは，自然科学や社会科学のもっとも基本的な概念や原理・法則を中心にした教科内容の構造・体系を樹立することであり，そうした構造・体系に即した授業の展開を理論化することでした。

▷1　全国授業研究協議会（全授研）
⇒XIV-7 参照。

▷2　教育の現代化
⇒XIII-4 参照。

▷3　数学教育協議会（数教協）
⇒XIV-5 参照。

▷4　仮説実験授業
⇒XIV-6 参照。

② 教育技術の法則化運動

1980年代に生まれた一つの注目すべき教育動向として「**教育技術の法則化運動**」があります。向山洋一を代表とするこの運動は若手教師たちの間に瞬く間に広がり、「跳び箱は誰でも跳ばせられる」という向山の主張を発端として、「誰もがプロになれる教育技術」の共有化と追試可能化を目指す新たな教育文化が創られていきました。「授業を最も有効に展開する教材とその配列や指示・発問とその配列」としての教育技術は「知識」という形で「分かち伝えられる」ものであり、したがって授業の「追試」が可能になることが強調されました。

「法則化」とは「教育技術を集め、検討し、追試し、修正し、広める」こととといわれています。全国の教室が交信しあうことによって、有益な情報が誰でも入手できるツーウェイ型の情報文化を創りあげるために、実践記録論文（法則化論文）の文体が統一されました。実際の授業を丸ごと研究対象とし、そこに内在する目的・内容・方法の連関や法則性を解明することによってすぐれた授業の原則を見出し、系統的な指導法の確立を目指す「法則」の共有化は教科教育の教授学的研究として重要な方法です。この運動の展開にともなって、そうしたどの教室やどの教師にも普遍的な技術・原理が数多く開発されていきました。

③ 斎藤喜博の教授学と典型の創造

授業を教師と子どもによる一つの表現ととらえたとき、授業は、その教師と子どもによる一回性の、個性的、具体的な営みでありながらも、そのなかに貫かれる法則や原則が明らかにされ、そこに普遍性が見出されれば、それは一つの「典型」となります。1950年代半ば以降、教育現場の一つひとつの授業実践に即してすぐれた授業のなかから典型が創造され、そこに法則や原則を解明しようとする研究が、**斎藤喜博**が校長を務めた島小学校での実践的な授業研究を中心に展開されてきました。

斎藤は「授業は、教材のもっている本質とか矛盾とかと、教師の願っているものと、子どもたちの思考・感じ方・考え方との三つの緊張関係のなかに成立する」と論じています。こうした授業観に立ち、教授＝学習過程の解明と授業実践の向上・発展を目指した教授学研究が実践の事実に即しておこなわれていきました。ところが、斎藤は「教師を含めた学級全員でコミュニケーションを起こしながら、つぎつぎと新しい次元へと変革していくような追求的な創造的な授業は、それ自体が芸術的な性格を持っている」と述べ、授業展開の理論化・体系化を推進する一方で、授業の「芸術性」という授業観をもち、授業ごとにそのときどきの「典型」としての子どもの姿を見出す力量を高めていくことも、一人の人間としての教師に求めていったのでした。

（吉永紀子）

▷5　教育技術の法則化運動
⇒ⅩⅣ-9 参照。

▷6　斎藤喜博
⇒ⅩⅣ-8 も参照。

▷7　斎藤喜博『教育学のすすめ』筑摩書房、1969年。

XII 授業研究の方法

6 授業研究と教師教育

1 T-C型授業記録への批判

1960年代にはじまる教育現場への教育機器の導入，とりわけテープレコーダーの普及にともない，それまでの速記による記録よりも手軽に，また正確に授業記録がとれるようになりました。ただし，テープレコーダーで再現できる授業は音声のみの世界であり，しかも記録を起こしていく際に教師の発言をT，子どもの発言をCとして記述することから，T-C型の授業記録には次のような問題点が指摘されています。

まず①「授業とは要するに教師とこどもとの言葉のやりとりの過程である」という授業観が暗黙の前提としてあること。

②テープレコーダーから聴き取れる言葉（しかも再生したときに日本語として意味を確認できる言葉のみ）を忠実に文字に置き換えれば，授業は記録できる，という授業記録観が前提とされていること。

さらに，③「言葉を発すること以外の教師の行為は記録する必要はない」という授業記録観が前提とされているという点です。こうして，教師や子どもの非言語的行為や，行為以外の視覚的にしか確認できない事実や情報などが授業記録から脱落してしまうという限界が問題とされました。

2 ストップモーション方式による授業研究

T-C型授業記録の限界を克服するために，1980年代後半にかけて授業づくりネットワーク運動のなかから生まれた「ストップモーション方式による授業研究」とよばれるものがあります。これは，ビデオ撮影された授業を再生して見る際，ビデオを一時停止し，個々の場面における教師の教授行為や子どもの発言等について議論する方法です。授業を，全体的な感想やはっきりとした根拠の見えない意見で語るのではなく，教材と授業の文脈に即して授業を研究する手法といえます。

藤岡によれば，ストップモーション方式による授業研究のメリットは次の3点にあるといいます。第一に，議論が授業の事実に即してなされるという実証性のメリット，第二に問題を共有し定式化できるという生産性のメリット，そし第三に誰でも口出しができるという平等参加のメリットです。人間の記憶には限界がありますが，授業は秒単位で進行する出来事の集積です。したがって，

▷1　藤岡信勝『ストップモーション方式による授業研究の方法』学事出版，1991年。

ビデオを再生しながら、参観者・司会者が気になったところ、参観しているときに何かを考えさせられた場面で一時停止をかけ、その場面について語り、問題を共有することは授業を研究するうえで非常に重要です。ベテラン教師が授業の細部をよく記憶していて授業検討会の場で適切なコメントをする場合がありますが、新任教師のように授業のヤマ場のイメージを詳細に記憶していなくても、ビデオの再生によって記憶の不鮮明な部分が補われ、授業検討の土俵に誰でもが参加できる道を拓いた手法といえます。

③ カンファレンス（臨床研究）を軸にした教師教育

教師は授業実践の場面においてさまざまな意思決定をおこなっていきます。その一つひとつの選択や判断がどのような結果をもたらし、その結果のフィードバックを次の授業づくりにどのように生かしていくかという課題は、教師が授業者として発達していくうえで非常に重要な意味をもっています。この課題はまさに授業の現場において立ち上がってくるものであり、専門職としての教師の発達を考えるうえでこうした研究分野が注目されてきました。

稲垣忠彦が提唱した「授業のカンファレンス（臨床研究）」は、医者が患者の医療方針や医療行為を決定する際におこなうチーム検討会になぞらえたもので、教師の職場や自主サークルの場で授業ビデオを見あい、参加する教師のさまざまな角度からの見方を通して授業の事実をもとに集団で検討することを指します。専門職としての基礎知識となる概念や、専門職としての教師に求められる問題解決的な思考方法を具体的な事例を通して習得していくことが、現職教育の場合、非常に重要となります。

▶2 稲垣忠彦『授業研究の歩み――1960-1995年』評論社、1995年。

④ 教師の力量形成を支える校内研修

教師の発達を日常的に促していくうえでは、学校を基盤とした校内研修の活性化が重要となります。多くの教師たちの教職経験の語りを読み解いていくにつれ、個々の教師の発達をもたらす経験というのは、日常的な実践について同僚たちと語りあうなかで他者からの批評を受け、自身の実践を反省的にとらえるときであることがわかります。つまり具体的な授業の事実をもとに教師集団がかかわり合いながら実践的知識の獲得・向上を図るときなのです。

大学の教職課程において習得しておかなければならないこともたくさんありますが、学校現場に出てからしか学べないこともたくさんあります。先輩の授業を見て学ぶ機会や、自分の授業を見てもらって批評やアドバイスをもらうなかで、授業実践の事実を中核にした教師としての力量形成を遂げていくことができるのです。教師の同僚性を構築していくには、授業実践上の課題を共有し合う同僚間相互の日常的な授業研究を基盤とした教師間の連帯を深めていくことが重要です。

（吉永紀子）

XIII 授業づくりの遺産に学ぶ（外国編）

1 ペスタロッチの直観教授法

1 教授の基本的な手段──「数」「形」「語」

　スイスのチューリヒに生まれたペスタロッチ（Pestalozzi, J. H. 1746-1827）は，1789年のフランス革命前後の時代に，貧民学校を開設し孤児院や民衆のための学校経営に努め，あふれるばかりの教育愛と教育経験にもとづいた教育方法によって，自主独立の人間を育てることを通じて社会の改革を目指した人物です。彼の教授理論は，人間の直観をあらゆる認識の基礎として明確に位置づけたとして有名です。

　1801年に刊行されたペスタロッチの主著『ゲルトルート教育法』によって，彼の教授理論における直観の位置を紹介してみましょう。彼は，人間の認識は「混乱から明確へ，明確から明瞭へ，そして明瞭から明晰へと移っていきます」と述べ，その認識の原則として次の2点を示します。第一に「人間の認識の明瞭さは彼の感覚に触れる対象の遠近に左右される」ので，「真理の認識は，人間にあっては自分自身についての認識から出発する」という原則です。第二は，「私たちの認識はすべて数・形ならびに語から出発する」という考えから「教授の基本的な手段は数・形ならびに言語（語）である」という原則です。

▷1　ペスタロッチー, J. H. 著，前原寿・石橋哲成訳『ゲルトルート教育法・シュタンツ便り』玉川出版，1987年，85頁。

　ペスタロッチはこの「数・形・語」を次のように説明しています。「数・形ならびに言語（Sprache）はもともと教授の基本的な手段である。なぜなら，ある対象のあらゆる外面的な性質の総和は，その輪郭の範囲で，またその数に関係して統一され，言語を通して意識されるからだ。だから技術は，数・形ならびに言語（語）というこれら3つの基礎から出発し，以下のような諸点を目ざして努力することを，技術による陶冶の不変の原則にしなければならない，と。1．子どもたちに意識されるどんな対象でも，単位として，つまりその対象と結合して現れるいろんなことがらから切り離して把握するように，子どもたちに教えること。2．どんな対象でもその形が，つまりその大きさとその割合がわかるように，子どもたちに教えること。3．できるだけ早期に，子どもたちによく知られたあらゆる対象の語や名称をその全領域にわたって，彼らに教えること。」

▷2　同上書，199-200頁。

2 「数」「形」「語」の指導の方法

　ペスタロッチのいう「数」と「形」と「語」の指導の方法はどう具体化され

ていたのでしょうか。彼によれば「語」の指導は，「音声の指導」から「単語の指導」そして「言語の指導」と導き出されます。たとえば，「単語の指導」では，次のように指導の方法が示されます。「それぞれの母音のあとに子音をひとつずつbからzまで次々に付け加え，このようにして最初に単純でやさしい綴りab, ad, afなどを作り，次にこれらひとつひとつの単純な綴りのまえに，これらを言葉として使用するさい，実際に付け足さねばならない子音を付け加えていきました。」ここには，「もっとも単純なものから始めてこれを完成し，そしてひとつのものを完成してから，次の新しい練習を始める」，という教授の一般原理が読み取れるでしょう。

▷3 同上書，205頁。
▷4 同上書，209頁。

また，「形」の指導は「測定の技術」から「描画の技術」そして「字を書く技術」へと進められます。ペスタロッチは「測定の技術」で図33にある正方形を分割した図を用いることを提案し，この図を「直観のABC」とよんでいます。彼は正方形を分割し水平線，垂直線，平行線，斜線，直角，鋭角，鈍角，長方形，弧，円，半円等の幾何学的な図形をつくっています。子どもはまずこれらの幾何学的な図形の諸関係を教えられ，図形に命名するよう指導されます。次に子どもはこれらの図形を一人で応用したり利用することを求められ，最後に子どもはこの図を模写させられるのです。彼は「私の生涯になんらかの価値があるとすれば，それは私が正方形を，民衆が一度も受けたことのない直観教授のための基礎にまで高めたということです」と述べています。

▷5 同上書，89-90頁。

さらに，「数」の指導は子どもたちの指やえんどう豆や小石を利用して，1から10までの概念を子どもに直観させることから始められます。そして，分数計算を教える手段としては，図34にある「分数の直観表」が用いられました。この表の1行目をみると，1列目は分割されず，2列目の正方形は2等分され，3列目のそれは3等分され10列目の10等分まで続きます。2列目の2等分された正方形は，縦の行で見ると順に2，4，6，8，10, 12, 14, 16, 18, 20等分されていきます。

▷6 同上書，92, 259頁。

ペスタロッチが実際に用いた教授法や教材の成果はまだまだ原初的なものでした。しかしながら，彼が提案した「直観から概念へ」という方法原理は，自然と向き合った人間が直観から出発して対象としての自然を概念として把握することを意味し，近代の教授原理を確立した意義をもつとして高く評価されています。

（木原成一郎）

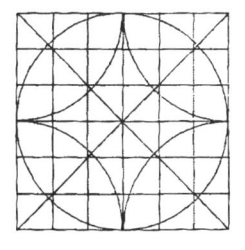

図33　直観のABC
出所：ペスタロッチー，1987年，90頁。

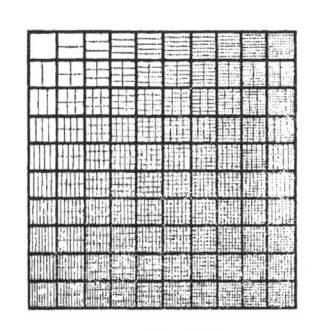

図34　分数計算のための直観法
出所：ペスタロッチー，1987年，92頁。

XIII　授業づくりの遺産に学ぶ（外国編）

2　ヘルバルト派の5段階教授論

1　ヘルバルトとヘルバルト派

　ドイツの教育学者ヘルバルト（Herbart, J. F. 1776-1841）は，教育の目的を倫理学に，方法を心理学に求めて科学的で実際的な教育学の体系を構築しようとしました。彼は，道徳性の涵養を教育の目的に置き，その教育目的を達成するために，「管理（Regierung）」「教授（Unterricht）」「訓練（Zucht）」という3種類の子どもへの働きかけを説きました。まず「管理」は，積極的な意味での子どもの教育ではなく，秩序を保つという消極的な性格をもつものです。次に「教授」は，生徒の経験と交際にもとづく先行活動を継続，拡充し，子どもの多面的な興味を引き起こし，そのことを通して道徳的品性を高めることを目的としています。「教授のない教育などというものの存在を認めないしまた逆に，……教育しないいかなる教授も認めない」と述べたヘルバルトの「教育的教授」の立場は，教育目的に結合しない知識や技能の伝達を認めないものとして有名です。最後に，「訓練」は教師と生徒の心情間の直接的働きとして成立する働きかけであり，生徒の陶冶を目的としている点は「教授」と同じですが，教材という第三者をはさまないという点で「教授」とは異なっています。

　ヘルバルトの「教授」においては，子どもの多面的な興味を喚起する過程を説明するために「専心」と「致思」という概念が用いられます。「専心」とは一つのことに心を集中することであり，「致思」はいくつかの「専心」の結果得られた内容をつなげて関係づけ，統一しようとして思いを致すこととされます。ヘルバルトは，この「専心」と「致思」を用いて「教授の4段階」を説明しました。

　「教授の4段階」は，1「静止的専心（明瞭）」，2「前進的専心（連合）」，3「静止的致思（系統）」，4「前進的致思（方法）」と提案されます。1「静止的専心（明瞭）」では教師が不要なものを取り除くため，子どもが「明瞭」に物を見るといいます。2「前進的専心（連合）」では，子どもは一つの「専心」から他の「専心」へつながりを発見し，新しい表象を獲得するのです。3「静止的致思（系統）」では，子どもが多数の物の関係を見て正しい秩序である「系統」を獲得します。4「前進的致思（方法）」では，子どもは「系統」を発展させ，新しい状況のなかで自己活動として再構成をし続けるとされています。一般に，この「教授の4段階」は，1「明瞭」，2「連合」，3「系統」，4

「方法」とよばれています。ヘルバルトのこの教授段階説は，ヘルバルト派とよばれるツィラー（Ziller, T. 1817-1882）やライン（Rein, W. 1847-1929）に受け継がれ，「教授の5段階」に具体化されるのです。

2 ヘルバルト派の5段階教授論

　ツィラーとラインの教授理論は，次のような特徴をもっています。1．教材の選択と配列においては，民族共同体，民族文化があらかじめ決められた価値基準として教育内容を決定している。2．教科や教材の結合において，主として心情の陶冶を中核として統合されている。3．こうした教育内容を前提として，その内容の教授の方式として形式的段階が位置づけられている。そして，2は1を3は2をその前提としているというのです。

　ラインの作成した教則案に見られる「国民文化」は，「プロイセンを中心とするドイツ帝国の立場からの歴史，伝統の構成に基づくものであり，ドイツ史における自由主義的，革命的発展を非ドイツ的なもの，ドイツの『国民精神』に背くものとして排除し，ドイツ帝国の形成を軸とした歴史記述の立場」といわれています。この例に見られるように，ツィラーとラインの提示した教育内容は，当時のプロシャの国家主義的「民族共同体」を原理とした歴史把握にもとづいて教材編成に具体化されたのです。

　図35は，ラインが著書の中で示した教科課程構造です。宗教教育と読・書・算という18世紀の教科課程に加え，自然科学や歴史的教科の内容教科が含まれている点が特徴といえます。ただし，これらの内容教科の知識は，あらかじめ決められた「民族共同体」という価値理念と結合して構造化されていました。

　ツィラーは，ヘルバルトの「教授の4段階」を継承して，1「分析」，2「総合」，3「連合」，4「系統」，5「方法」という「形式的段階」を提案し，ラインはツィラーの5段階を踏まえ，1「予備」，2「提示」，3「比較」，4「統轄」，5「応用」という「形式的段階」を提案しました。ただし，どちらの「形式的段階」も「民族共同体」を原理とした内容を前提として，それを教える方法の意味に限定されていたのです。さらに，ツィラーの5段階は，生徒の学習過程に即した区分ですが，ラインの5段階は，教授の手続きの区分へと転換しています。こうしてヘルバルトの「教授の4段階」にあった子どもの多面的な興味を喚起する過程という視点は後景に退き，ヘルバルト派の「形式的段階」は，教師による形式的な「教授の5段階」として普及していったのです。

（木原成一郎）

▷ 稲垣忠彦『明治教授理論史研究』評論社，1982年，407-408頁。

参考文献
三枝孝弘『ヘルバルト「一般教育学」入門』明治図書出版，1982年。

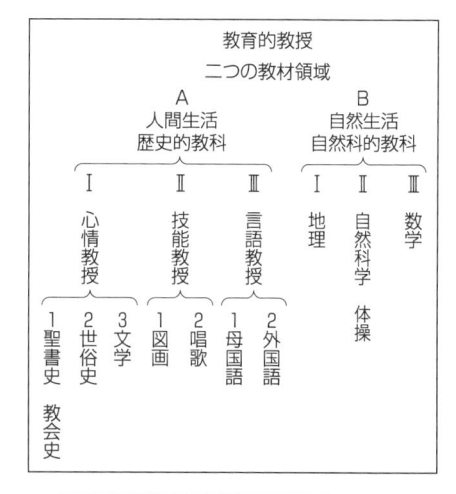

図35　ラインの示した教科課程構造

教育的教授
二つの教材領域

A 人間生活 歴史的教科			B 自然生活 自然科的教科		
Ⅰ 心情教授	Ⅱ 技能教授	Ⅲ 言語教授	Ⅰ 地理	Ⅱ 自然科学	Ⅲ 数学
1 聖書史 2 世俗史 3 文学 教会史	1 図画 2 唱歌	1 母国語 2 外国語			体操

出所：稲垣，1982年，410頁。

XIII　授業づくりの遺産に学ぶ（外国編）

3　デューイの経験主義学習論

1　経験主義の立場

デューイ（Dewey, J.）は、20世紀の最初の数十年間、アメリカにおいて科学と科学的方法にもとづいて教育を改造することが求められた時代の要請を受け、プラグマティズム哲学の立場から「経験主義」の教育理論を展開しました。デューイによれば、人間の生活は世界の一定の状況において環境と相互作用する行動的過程とされます。この環境との相互作用とは、経験の主体である人間が環境に対して何かを試みることを意味しています。人間はこの経験過程を通じて、能動的に環境を変革し、それを自己の目的達成の手段に変化させるのです。同時に人間は変化した環境から何ものかを受けとり、人間自身が変化し自己を更新していきます。この経験における相互作用の過程は学習過程であり、その学習の結果は経験主体の成長として次の新しい経験の状況にもちこされることになります。

デューイによれば、教育はこうした経験の連続的再構成という意味をもつとされ、経験の質をより高度化していくことになります。彼は、経験の連続によりいかなる経験も未来の経験のなかに生き続けるといいます。こうした経験によって、環境の変革と人間の成長が可能となるのです。そして教育活動は、行動的な経験を通じておこなわれ、学習と成長は経験を通じて成立するということから、教育の中心は子どもの自発的活動にあることになります。デューイは次のように述べて、子どもの自発的活動を指導により組織する重要性を述べています。

「子どもは、ある潜んでいる活動の萌芽を大人が漸次に引き出すために多大の注意を持って接近せねばならぬというような純粋に潜勢的な存在ではない。子どもはすでにはげしく活動的であり、教育の問題は子どものこの諸々の活動を捉え、この諸々の活動に指導を与えるという問題なのである。」

デューイは、自らの教育理念を実験するために設置したシカゴ大学附属小学校の実験を紹介した『学校と社会』を著しました。彼はそのなかで、人間が洞窟に住んでいた原始時代の話をしていた7歳の子どもが自発的に描いた「洞窟と木」（図36）が、樹木の綿密な観察を要求されることで、図37の「森」のようによく統制された自由な描画となった実例を紹介しています。

▷1　デューイ（Dewey, John 1859-1952）
アメリカの哲学者・教育哲学者。子どもと教科の対立を「活動的仕事（active occupation）」によって統合するという構想にもとづいた実験学校での実践を経て、実験主義的教育思想を確立。そこでは、学習主体である子どもと環境との相互作用である経験が重視され、問題解決学習がおこなわれた。彼の理論は、『学校と社会』（1986年）、『我々はいかに思考するか』（1910年）、『民主主義と教育』（1916年）、『経験と教育』（1938年）などで知られる。

▷2　デューイ, J. 著、宮原誠一訳『学校と社会』岩波文庫、1957年、47頁。

2 デューイの問題解決法
―― 反省経験の5段階

経験主義の立場に立てば、知識は問題解決の行動を通して、子ども自身の探究活動によって獲得されることになります。デューイの主張した学習の方法は「問題解決法」として有名です。ただし、教育者は子どもが直面する問題について次のことに留意しなければなりません。つまり、その問題が子どもの経験していることから生まれてきたものであり生徒の能力の範囲にあるということです。またその問題が子どもの意欲的な探求を引き起こすものであるということです。「問題解決法」は、通常以下に示した5段階に展開する構造をもっています。

図36 「洞窟と木」
出所：デューイ，1957年，48頁。

図37 「森」
出所：デューイ，1957年，48頁。

「(1)生徒は問題に直面して当惑。困難を感じる。彼は自らが従事している活動において妨げられていると感じているので、その活動の連続性を如何にして回復すべきかという問題が生じてくる。(2)このようにして一度問題が知覚されると、次にはその問題の何であるかが探索され、それができる限り明確に規定されなければならない。(3)問題的状況が徹底して調査され、分析された場合、そこには生徒が最初従事していた活動の連続性が如何にして回復されうるか、あるいは如何にしていっそう適切な形式へ再構成されるかということにかんしての暗示が生じてくる。それは暗示を通じて問題解決の予想を立てることでもある。(4)次いで生徒はこれらの暗示を推論し、問題解決に必要な情報を蒐集するのである。そして推敲された形での問題解決のための仮説を形成する。……(5)最後に、その仮説にもとづいた実験行動が、問題的状況の問題を解決するために、現実の状況に対して展開される。それは行動による問題的状況の変革を通じての問題の解決であり、仮説の検証である。」[3]

子どもは問題に直面することで初めて探求の行動を起こします。次に、感性的で分析的な観察により、問題を位置づけて記述します。そして、子どもは観察された素材を解釈し、次の実験を始めるために使用する観念を暗示として受け取るとともに、この観念をすでにもっている知識を用いて修正するのです。さらに、こうして得られた新しい観念により問題解決に至る仮説が構成されます。最後に、この仮説に従った実験的行動が展開され問題的状況の変革を通して問題が解決され、探求の結果が知識として確定されるのです。デューイによれば、単なる情報ではない知識は、実験的な試行錯誤のなかから生徒自身の探求の結果としてのみ勝ち取られるというのです。

（木原成一郎）

▷3　稲葉宏雄『実験的知性の教育』日本標準，1985年，111-112頁。

(参考文献)
デューイ，J. 著，松野安男訳『民主主義と教育（上）』岩波文庫，1975年。

XIII 授業づくりの遺産に学ぶ（外国編）

4 ブルーナーの発見学習

1 「発見学習」と「教育の現代化」

　1959年秋，ウッズ・ホール会議が全米科学アカデミーによって開催され，翌1960年会議の議長を務めたブルーナー（Bruner, J. S. 1915-）は，会議の報告書として『教育の過程』を出版しました。1957年ソビエトが世界最初の人工衛星スプートニクの発射を成功させ，その科学技術の水準を脅威に感じたアメリカは，国内の学校教育に対しその知的生産性の向上を緊急の課題としていました（**スプートニク・ショック**）。そこで，この会議には各学界における教育課程改訂作業の責任者である科学者と心理学者及び教育学者が参加し，現代科学の最新の成果に照らして教育課程を再検討することが課題となったのです。現代科学の最新の研究成果をその教育内容に反映しようとする教育課程の改革は「**教育の現代化**」とよばれ，物理，数学，生物学などのカリキュラムが次々につくられました。『教育の過程』で，ブルーナーは「どの教科でも，知的性格をそのままにたもって，発達のどの段階のどの子どもにも効果的に教えることができる」という有名な教育課程にかんする仮説を提案しました。

　ブルーナーは，教科の構造を強調し，学校の教育課程と教授方法はどの教科を教える場合でもその教科の基本的観念にかみ合うようにすべきであると主張しました。ブルーナーは教科の構造の例の一つに，数学の代数をあげています。彼によれば，代数は既知数と未知数を方程式に並べる方法であり，その作業に含まれる三つの原理は交換性，配分性，結合性であるといいます。生徒がこの三つの原理の観念を把握すれば，解かねばならない方程式はまったく新しいものではなく，すでに知っているテーマの変更にすぎないことがわかるようになるというのです。

　さらに，ブルーナーは教科の基本的諸観念を学ぶ方法として，「発見学習」（heuristic）を提案します。ブルーナーによれば，「発見」とは，「以前には気づかれなかった諸観念の持つ規則正しさと，諸観念の間の類似性を発見する」ことと説明されます。同時に，教科の基本的諸観念を習得することは，ただ一般的原理を把握するということにとどまらず，「学習と研究のための態度，推量と予測を立ててゆく態度，自分自身で問題を解決する可能性にむかう態度などを発達させることと関係がある」というのです。単なる知識の伝達ではなく，基本的諸観念の規則正しさや諸観念間の類似性を「発見」して初めて，物事を

▷1　スプートニク・ショック
⇒XI-3 参照。

▷2　教育の現代化
1960年代から70年代にかけて先進国を中心に展開されたカリキュラム改革運動で，急速な科学の進歩をうけ，現代科学の成果を初等・中等教育のカリキュラムへ反映させることを目指したもの。我が国でも1968-70年に学習指導要領が改訂されたが，子どもの実態に合わない「上からの現代化」であったため，多くの「落ちこぼれ」を生み出す結果となった。I-3 も参照。

▷3　ブルーナー，J. S. 著，鈴木祥蔵・佐藤三郎訳『教育の過程』岩波書店，1963年，42頁。

▷4　同上書，25頁。

▷5　同上。

探求し予測を立て問題解決に立ち向かう態度が養われるとブルーナーは主張したのです。物理を学ぶ生徒の場合であれば、その「発見」は物理学者が研究している態度と同じものであるとブルーナーはいうのです。

❷ 「発見学習」の日本への影響

日本でブルーナーの「発見学習」を精力的に紹介した教育学者は広岡亮蔵でした。彼は、ブルーナーの見解を踏まえて次のような「発見学習」の4段階を提案しました。「第1段　事実のあらましに触れて、学習意欲を持つ。第2段　予想ないし見通しを立てる。第3段　これを精錬して、理法や技法へたかめる。第4段　生きた能力へ転化する。」広岡によれば、第一段階では、図38の第一図にあるように、子どもたちは具体的事実にかんしてばらばらな断片的認知をもつことから、類似する具体的事実にかかわりをもたせるようになります。第二段階では、子どもたちは、教師の助言や子ども同士の話し合いにより、第二図にあるように全体終焉と部分文節をもった全体のイメージを直感思考により仮説としてもつようになります。第三段階では、論理思考による分析と総合の働きにより、子どもたちは第三図にあるように全体を要素に分析し、要素間を新たに総合する技法を身につけます。第四段階では、子どもたちは第三段階で用いた公式的な技法を柔軟でダイナミックな認知構造へと変容し、第四図にあるように全体の要素間の相互関連をより柔軟に捉えることができるようになるのです。

広岡は、具体的な教材に即して「発見学習」の実験授業をおこない、「発見学習」が適当である教科は、理科や数学、社会科、国語の読解分野であり、体育科や技術科、国語の文学分野や芸術教科は不適であると結論づけました。アメリカの「発見学習」は、科学史の追体験や帰納的な発見を主にした科学の探求というカリキュラム開発をともなったものでした。これに対して日本での「発見学習」は、広岡の例にあるように、1単元の学習指導法として理解され、算数や理科や社会科の学習過程の段階論として実践されたのです。

（木原成一郎）

▷6　広岡亮蔵『広岡亮蔵著作集Ⅱ　学習形態論』明治図書出版、1968年。

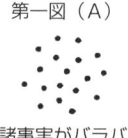

第一図（A）
諸事実がバラバラに並んでいる当初の認知

第一図（B）
やがて内部変化がおこり、いくつかの部分へ分かれはじめる

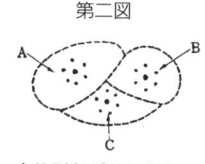

第二図
粗い全体形象がなりたち、そして内部変化が生じ始める

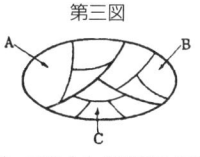

第三図
はっきりとした周縁と隔壁をもち、内部分化した全体形象

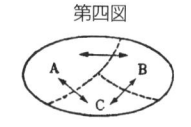

第四図
AとB、BとC、CとAとの間に相互関連が強まり、全体としての一体性と部分間の自由な組み直しが可能になる

図38　「発見学習」の4段階

出所：広岡, 1968年, 197, 199, 200頁。

XIII 授業づくりの遺産に学ぶ（外国編）

5 マスタリー・ラーニング（完全習得学習）

▷1 診断的評価，形成的評価
⇒Ⅷ-2 参照。

▷2 ブルームらは，教育目標を認知領域（知識の再生や再認，知的能力や知的技能の発達），情意領域（興味・態度・価値観の変容，鑑賞力や適応性の発達），精神運動領域（運動技能や操作技能）に分けて提案した。ブルーム他著，梶田叡一他訳『教育評価法ハンドブック』第一法規出版，1973年。

$$学習の程度 = f\left(\frac{学習のために現実に費やされた時間}{学習に必要な時間}\right)$$

図39 キャロル・モデル①

出所：稲葉宏雄『学力問題と到達度評価 下』あゆみ出版，1984年，56頁。

$$学習の程度 = f\begin{pmatrix}1.\ 許容される時間\quad 2.\ 学習持続性\\ 3.\ 適性\quad 4.\ 教授の質\\ 5.\ 教授を理解する能力\end{pmatrix}$$

図40 キャロル・モデル②

出所：稲葉，1984年，55頁。

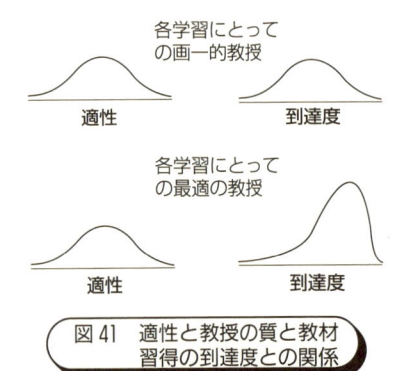

各学習にとっての画一的教授

適性　　　到達度

各学習にとっての最適の教授

適性　　　到達度

図41 適性と教授の質と教材習得の到達度との関係

出所：稲葉，1984年，58頁。

1 マスタリー・ラーニングの前提——キャロル・モデル

マスタリー・ラーニングは，1970年代初めにアメリカのブルーム（Bloom, B. S. 1913-1999）やブロック（Block, J. H.）らによって提唱された教授理論です。彼らは，その考え方の起源をキャロル（Carroll, J.）によって提唱された学習のモデルにもとめています。授業では同じ内容を教えても，それを自分のものにできる子どもとできない子どもが生まれてしまいます。キャロル・モデルは，もしおのおのの子どもがある到達水準まで学習するのに必要な時間を与えられ，生徒がその必要な時間を費やすならば，すべての子どもがそのレベルまで達成することが可能であろうと提案したのです。

キャロルは，図39のように子どもの学習の程度を学習の時間の関数と考えます。つまり，実際の授業ではすべての子どもに必要な時間が与えられるわけではありませんから，実際に費やされた時間が1時間と限定されていれば，2時間を必要とする子どもよりも3時間を必要とする子どもの方が学習の程度は小さくなるというわけです。さらに図40にあるように，キャロルは学習に費やされる時間を決める要因として，「1．許容される時間」と「2．学習持続性」をあげ，学習に必要な時間を決める要因として，「3．適性」「4．教授の質」「5．教授を理解する能力」をあげました。この5つのうち，「2．学習持続性」と「4．教授の質」と「5．教授を理解する能力」は教える内容や方法の工夫により教師が統制できる変数と考えられます。「3．適性」を学習の速度と考えれば，これらの変数を操作することで，子どもたちに求められる一定の「学習の到達度」にすべての子どもを到達させることができるとキャロルは考えたのです。

さらに，ブルームは，図41を示し次のように説明します。すべての子どもが教授の質と学習時間を同一に与えられれば，学習終了時の子どもたちの学習到達度（成績）は正規に分布する。しかし，教授の種類と質，許容される時間が各学習者の特性と要求に適切なものとなれば，大多数の子どもは教材の完全習得に到達する。つまり，ブルームは，「3．適性」

XIII-5 マスタリー・ラーニング（完全習得学習）

を学習の速度と考え，教授の質と学習に許容される時間をその速度に適合させるならば，到達すべき学習のレベルを自由に操作できると主張したのです。

❷ マスタリー・ラーニングの手続き
――目標分析，診断的評価と形成的評価

マスタリー・ラーニングの指導計画は次のように作成されます。まず教科書の教授目標の概要をつかみ，図42のような教科目標分析表を作成します。次にこの表より最終テストを作成し，完全習得の指標と考えられるこの試験での到達基準を設定します。この試験の到達基準の設定は，目標ごとの得点について設定するのが理想ですが，成績の優秀な生徒の最終テストの総合点を完全習得到達の基準とする簡便な方法も提案されています。

マスタリー・ラーニングでは，各単元で子どもたちの完全習得をめざすために，図43にあるように子どもの学習の困難を**診断的評価**と**形成的評価**によって把握し，困難を抱えた子どもたちに補充学習や回復学習を実施する授業モデルが提示されています。単元計画に不可欠のものとして，教師の指導改善に情報を提供する診断的評価と形成的評価が位置づけられているのです。

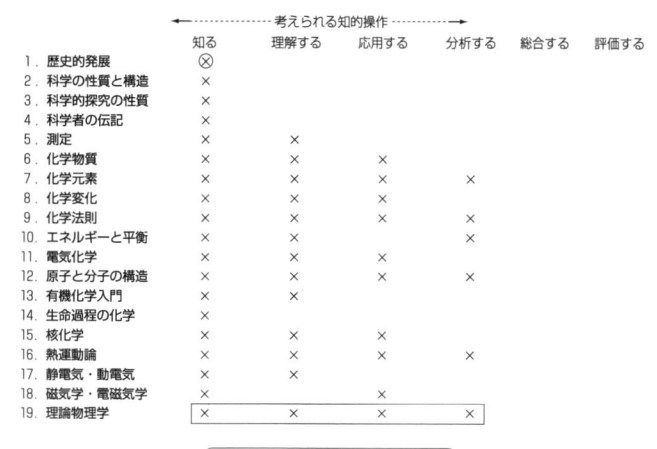

	考えられる知的操作					
	知る	理解する	応用する	分析する	総合する	評価する
1. 歴史的発展	⊗					
2. 科学の性質と構造	×					
3. 科学的探究の性質	×					
4. 科学者の伝記	×					
5. 測定	×	×				
6. 化学物質	×	×	×			
7. 化学元素	×	×	×			
8. 化学変化	×	×	×	×		
9. 化学法則	×	×	×	×		
10. エネルギーと平衡	×	×	×			
11. 電気化学	×	×	×			
12. 原子と分子の構造	×	×	×	×		
13. 有機化学入門	×	×				
14. 生命過程の化学	×					
15. 核化学	×	×	×			
16. 熱運動論	×	×	×	×		
17. 静電気・動電気	×	×				
18. 磁気学・電磁気学	×		×			
19. 理論物理学	×	×	×	×		

図42 教科目標分析表例

（注）⊗は生徒が歴史的発展の領域を「知ること」が期待されていることを示している。×──×は生徒が理論物理学を「知ること」「理解すること」「応用すること」「分析すること」を期待されていることを示している。

出所：Block, J. H. & Anderson, L. W. *Mastery Learning in Classroom Instruction*, Macmillan, 1975, p. 13.
稲葉，1984年，85頁より。

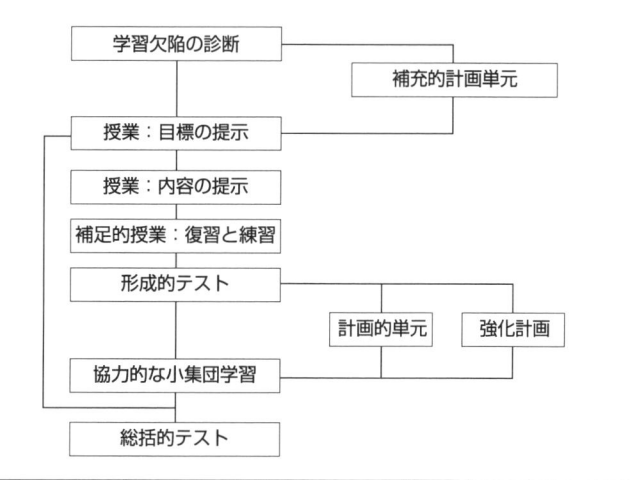

```
学習欠陥の診断
    ↓           → 補充的計画単元
授業：目標の提示
    ↓
授業：内容の提示
    ↓
補足的授業：復習と練習
    ↓
形成的テスト
    ↓           → 計画的単元  強化計画
協力的な小集団学習
    ↓
総括的テスト
```

図43 J. H. ブロックと金豪権（Hogwon Kim）による授業モデル

出所：Block, J. H. (ed.), *Mastery Learning―Theory and Practice*, Holt, Rinehart and Winston, 1971, p. 125.
稲葉，1984年，94頁より。

❸ マスタリー・ラーニングの課題

マスタリー・ラーニングにおいては，目標分析にかんして，ブルームの教育目標の分類学で示された「総合」や「評価」という高度な認知目標や，感情，情緒に関連する学力の構成要素である情意目標，さらには体験目標をどのように具体化するのかが課題として残されていました。また，理科や数学などの教育内容が系統的に編成される教科がモデルになっているために，教育内容が系統化されにくい他の教科で「目標分析」や「診断的評価，形成的評価」を具体化することが課題とされていました。

（木原成一郎）

参考文献

ブロック，J. H. 他著，稲葉宏雄他監訳『教科指導における完全習得学習』明治図書出版，1982年。

XIII 授業づくりの遺産に学ぶ（外国編）

6 フレネ教育

1 フレネ教育とは

　フランスに生まれたフレネ（Freinet, C. 1896-1966）は、第一次世界大戦に従軍して負傷し肺に障害を受けたため話すことに不自由な状態で、片田舎の公立小学校で教師としての仕事を始めました。フレネは、数分以上話すことのできない状況でやむなく生徒に自分の生活を語らせ、発見させ、質問をさせ、自由な作文を書かせる実践を始めました。フレネは、ルソー（Rousseau, J.-J.）やペスタロッチの著作に影響を受けるとともに当時の**新教育**運動に参加し、学級を自由な学校共同体として自由な規律を組織し、生徒自身のもつ自発的学習能力によって一人ひとりの子どもが個別に学習していけるような教育の技術を開

▷ 新教育
⇒ II-1 参照。

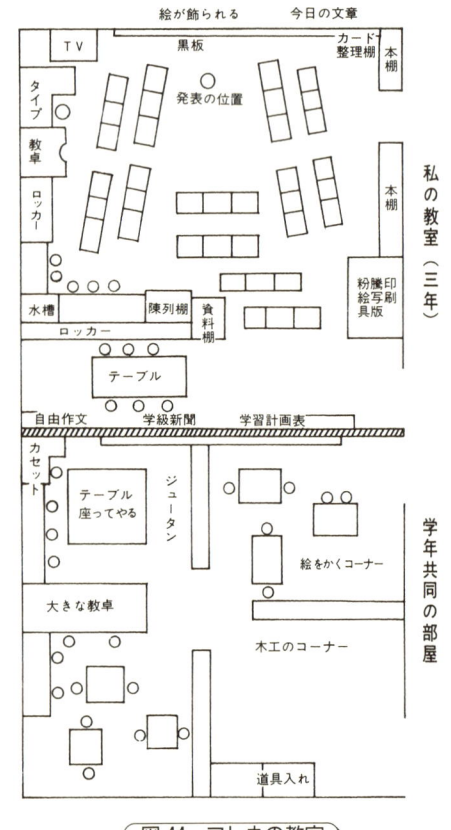

図44　フレネの教室

出所：フレネ教育研究会、1986年、168頁。

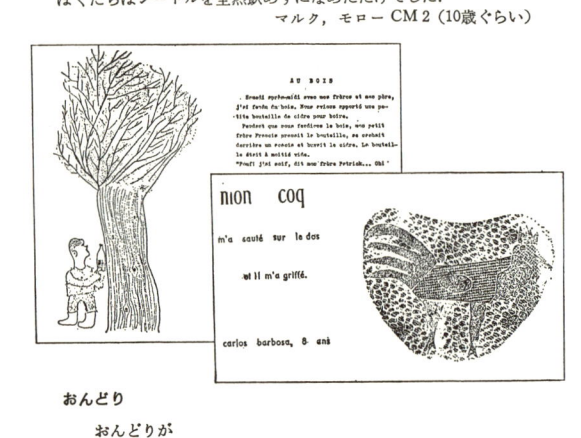

図45　自由作文の例

出所：フレネ、1979年、3頁。

発する課題を自覚することになります。

ただし彼の仕事の特徴は，貧しい片田舎の公立小学校の条件でこの課題に取り組んだことにあります。彼は，教室に小型の印刷機を持ち込み，生活について子どもたちの書いた「自由作文」のなかから投票で選ばれた作文を子どもたちに印刷させる「学校印刷機」の実践を始めるとともに，その印刷物を他校へ送る「学校間通信」の試みに着手します。さらに，子どもたちが熱中できる手仕事や活動が増えてくると，子どもたち自身で規律を守る必要が生まれてきました。そこでフレネは，子ども自身がお金の管理を含めてさまざまな活動について自己規律をつくっていく「学校協同組合」の実践を創り出しました。

また，フレネはさまざまな知識や算数の計算に子どもたちがつまずくのは当時の画一的な教科書に問題があると考え，いつでも子どもが利用できる子どもの個別化学習のための「協同的学習カード」をつくり上げました。さらに，多くの「学習カード」が集められ，「学習文庫」という教材・教具集として出版されたのです。当時の新教育運動のなかで，高価な教具を使用するモンテッソーリ（Montessori, M.）の実践などに比べて，貧困な公立の小学校で考案されたフレネ教育は幅広い支持を受けることになります。その後，保守的な人々による反対運動のためフレネは一時教職を追われ，第二次世界大戦下では収容所に入れられる弾圧も受けましたが，フレネ教育は彼らが創設した「非宗教教育協同組合」（C. E. L.）を中心に全世界へ普及していきました。

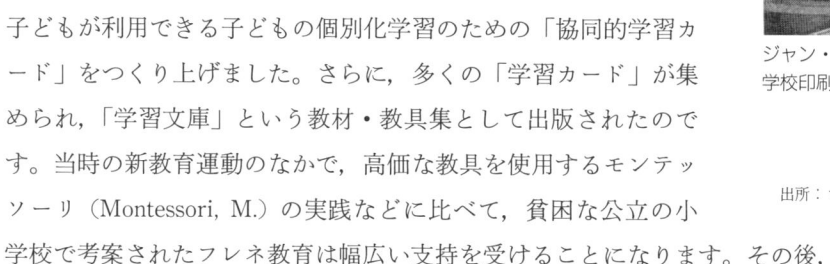

ジャン・ルイとアンドレ夫妻の小さな学校の学校印刷所と自由作文
（1977年名和道子氏撮影）

図46　学校印刷機

出所：フレネ，1979年，2頁。

2 「自由作文」と「学校印刷機」

フレネの学級は，図44にあるような机の自由な配置とタイプライター，さまざまなコーナーを特徴としています。ここで子どもの自発的活動により，図45にあるような子どもの自由作文が生み出されます。そして，子どもたちの手で図46にあるような学校印刷機を使って自由作文集にまとめられるのです。

3 個別学習の教材・教具――「学習カード」と「学習文庫」

現在では「学習カード」が数多く開発され，一人ひとりの個別の学習に使用する教材として「非宗教教育協同組合」（C. E. L.）から出版されています。また「学習文庫」は10歳以下が250種類，10歳から15歳向きが950種類，15歳以上が180種類つくられています。これらの教材・教具は，公立の小学校で算数や読み書きの学力を養成する個別学習の教材として普及しているのです。

（木原成一郎）

参考文献

フレネ, C. 著，宮ヶ谷徳三訳『仕事の教育』明治図書出版，1986年。

フレネ, C. 著，若狭蔵之助他訳『フランスの現代学校』明治図書出版，1979年。

フレネ教育研究会『フレネ教育法に学ぶ』黎明書房，1986年。

XIV 授業づくりの遺産に学ぶ（日本編）

1 木下竹次の合科学習

1 木下竹次と大正期自由主義教育

木下竹次（1872-1946）は，奈良，富山，鹿児島の師範学校教諭を歴任したのち，1919（大正8）年に奈良女子高等師範学校教授兼，附属小学校主事となりました。以後1941（昭和16）年まで，同校を舞台に教育改造運動の指導的役割を果たします。当時の教育界は，活動的な教育を主張し，子どもの個性を尊重することを目指した**大正自由主義教育（「新教育」）**[1]の流れのなかにありました。そのなかで，1923年の主著『学習原論』，そして奈良女子高師附小で実践された「合科学習」の考え方は大きな共感をよび，木下竹次は兵庫の明石女子高等師範学校主事の及川平治と並んで，実践的研究の第一人者として非常に大きな影響力をもちました。

2 合科学習について

○合科学習とは？

「合科学習」（「合科教授」）とは，一般的に，児童の興味や生活に即して設定した学習教材をもとに展開する活動のなかに，複数の教科内容を統合して教授・学習をおこなう方法を指します。

○なぜ合科学習を主張したのか（木下の学習理論）

木下竹次は，当時教育用語としてあまり使われていなかった「学習」という用語を前面に押し出し，彼の「学習理論（学習論）」を主張しました。木下によれば，学習とは，「学習者が生活から出発して，生活によって生活の向上を図るもの」であり，学習の目的は自己の生活の発展，向上であるとされます。したがって，それまで当たり前であった分科主義（教科を分ける考え方）を，未だ分化していない子どもの生活を「分断」してしまうものとして批判し，かわりに「生活単位」を学習の題材にする「合科学習」を主張したのです[2]。

また木下は，多様な学力，興味，生活をもつ生徒集団の教育的な意味を重視して，それらを等質化することなく，学習過程を子どもたちの相互補助による共同の学習過程としてとらえました[3]。このような点からも，「合科学習」は，それまでの画一的時間割や画一的教材，教師中心主義による教育のあり方を乗り越え，子どもが自律的に学習する学習組織をつくりだすものとしてその意義を主張されました。

▷1 **大正自由主義教育（新教育）**
大正自由教育とは，主として大正期（1912〜26）に展開された教育改造運動（新教育運動）が，その理想として「自由」を掲げたことから，「大正自由教育」とよばれるようになった。ルソー（Rousseau, J.-J.）やケイ（Key, E.）の影響に加え，日本国内における大正デモクラシー運動によって政治や文化においても民主的動向が強まったのを背景として，教育においても画一的強制や知識の注入を徹底的に排除し，個性の尊重を基本とした教育への改革運動が展開された。
II-1 も参照。

▷2 木下は，「渾一的学習」という用語を用いる場合もあった。

▷3 天野正輝『教育方法の探究』晃洋書房，1995年，178頁。なお，この共同学習過程は，自らの設定した課題を独自に追求する「独自学習」→その結果をもとに発表・批評をしあう「相互学習」→その結果不十分な部分をさらに追究したり，発展的学習をおこなう「独自学習」という学習過程のサイクルをもっている。

表23 大・中・小合科学習の内容

大合科	生活単位を学習題材にして進めていく
中合科	文科・理科・技術のように領域を定め，その中で系統立てて生活単位を選定していく
小合科	従来の各教科のそれぞれの領域のなかで生活単位を定め，その中で系統を立てていく

出所：木下，1972年より筆者が表にした。

○ 合科学習の実践

ここで一つ実践例を紹介しましょう。低学年でおこなわれた「朝顔」の実践です。「子どもは学校園の朝顔を写生した。批評鑑賞した。朝顔の特徴について種々の疑問を起した。朝顔について算術の学習も理科の学習も出来た。子どもは朝顔の写生の時にもはや歌を作つて謡うて居た。朝顔の説明も画紙の裏にかいた。童謡も出来た。朝顔の花が欲しいと云ふものがあつて修身談もできた。」[4]

このように「朝顔」という生活単位を用いることによって，道徳的な内容から理科的，数学的な内容，表現的な内容までもが学習できるということです。

また木下は，理論的には小学校全学年における合科学習を提唱し，低学年向きの大合科学習，中学年向きの中合科学習，高学年向きの小合科学習を設定しました（表23参照）。この枠組みによって，「生活単位」を中心とする合科学習と，従来の教科での基礎的学習内容の徹底を両立させることをめざしました。

3 木下の「合科学習」のその後の展開

生活のなかから題材や教材を選びとらせ，教科の枠をこえる「合科学習」は，当時の国定の教育内容と法規に反することから，文部省からの批判，干渉を受けるようになりました。また，学校教育の重要な役割の一つである，各教科が担ってきた基礎的な学習内容の徹底が軽視されているという批判もおこなわれました。この課題については木下自身も重要視していたものの，当時十分に深められませんでした。このような背景から，大正デモクラシーの退潮とともに，木下の「合科学習」は十分に発展を遂げることができないままとなりました。

けれども，木下，そして附属小の理論と実践は，大正自由主義教育の流れのなかで，全国的に注目を集め，多くの共感を得ました。そして，画一的な学校教育から子どもを解放し，子どもの学習意欲を引き出し，自律的学習を進展させた点では，大きな成果をおさめたといえるでしょう。また，この「合科学習」の考え方が教育界に与えた影響の一つとして，1941（昭和16）年の国民学校令では，第一学年においては教科の分科的な取り扱いを廃止する「綜合教授」を認めたということがあげられます[5]。現在でも，木下の理論・実践は奈良女子大学附属小学校に引き継がれ，今日の「生活科」にも結びついています。

（赤沢真世）

▷4 木下竹次『学習原論』目黒書店，1923年。（復刻版）中野光編，世界教育学選集64，明治図書出版，1972年。

▷5 細谷俊夫『教育方法 第4版』岩波書店，1996年，107頁。

参考文献

木下竹次『学習原論』1923年。（復刻版）中野光編，世界教育学選集64，明治図書出版，1972年。

中野光『大正自由教育の研究』黎明書房，1968年。

XIV 授業づくりの遺産に学ぶ（日本編）

2 及川平治と「分団式動的教育法」

① 及川平治と明石女子高等師範附属小のあゆみ

及川平治（1875-1938）は，1907（明治40）年，兵庫県明石女子高等師範学校教諭兼附属小学校主事に着任し，1936年に退職するまでの約30年間，教師中心・画一的一斉教授を打破し，児童の個性や自発性を重んじる児童中心の教育の実現に尽力しました。もともとアメリカの**プラグマティズム**▷1の教育理論に深い理解をもっていた及川は，欧米教育視察を機に，従来の日本の国定「教育課程」を前提とするカリキュラム改革の流れを批判し，子どもの生活経験を尊重した「児童本位の教育」を提唱しました。1912年に出版された『分団式動的教育法』の理念や明石女子附小での実践は，その後高揚した**大正自由主義教育**▷2の先駆的実践として大きな影響力をもちました。

② 「分団式動的教育法」の理念

○個別教育の必要性

及川が明石女子師範附小に着任した年，成績不良のために進級できない子どもが13名もいたそうです。このことが契機となり，及川は「劣等児」を救済することを実践的な課題として，子どもの多様な興味，能力，生活に対応する個別教育のあり方を探究することとなりました。▷3

○「動的教育法」と「分団式教育」

及川が常に意識していたのは，「為すことによって学習せしむる」というように，子どもの「学習意欲」「学習動機」を引き出し，実際に「為すこと」によって生活に価値のあるものを学びとらせようとするプラグマティズムの思想でした。したがって及川は，子どもの生活経験や直接的な経験を重視して題材を生活化すること，そして子ども自らが題材を構成する力を獲得できるよう，子ども自身の判断と自主的・自律的活動に重きをおくことを教育基本としました。

▷1 **プラグマティズム**
プラグマティズム（pragmatism）は，プラグマ（事物・出来事・行為・活動・実行・実務）の立場に立つ哲学的思想を指す。プラグマティズムは，とりわけデューイ（Dewey, J.）によって教育の実践の場面へと適用された。教育を行為（doing）のこととしらえて，環境や社会と児童との間の相互作用によって，創造的な人格を形成するという思想を展開した。そしてこの思想にたつ問題解決学習，生活中心カリキュラムなどは，従来の教育の概念や実践のあり方を大きく変える影響力をもった。

▷2 **大正自由主義教育**
⇒ XIV-1 参照。

▷3 及川平治『分団式動的教育法』弘学館書店，1912年。（復刻版）中野光編，世界教育学選集69，明治図書出版，1972年。

表24 従来の教育と及川のめざす教育の対比

従来の教育	及川のめざす教育
画一的・形式的教育「静的教育」	子どもの自主的・自律的活動「動的教育」
学級団でおこなわれる一斉教授	集団を分団することによる「分団式」教育

表25 学年ごとの生活単位の例

学年	教科	第一時
尋一	生活単位	電車遊び
尋二	生活単位	わが明石市の名所めぐり
尋三	生活単位	明石公園
尋四	生活単位	明石港
尋五	修身	腹のたったときには
尋六	国史	我が国に於けるキリスト教の今昔

このように，子どもの学習動機を引き出し，個々の子どもの生活経験を尊重する教育とは，従来の画一的・一斉教授による「静的教育」ではなく，まさしく「動的教育」であると及川はいいます。そして，さらに子どもの多様性・個別性を求める「動的教育」には，その多様性・個別性に応じて集団を分団する「分団式」教育が妥当だとしたのです。

3 及川平治の実践──カリキュラムの具体例

及川は，「カリキュラム」を児童の生活経験の総体として考え，教科の枠にとらわれない「生活単位（life unit）」にもとづいた学習・生活指導論を展開しました。表25に紹介するのは，明石女子附小で1933（昭和8）年に「第一回新カリキュラムの精神に基づく実際教育の公開」で公開された教育内容の一部です。児童の生活にしたがって，「生活単位」を配列させていることがわかります。

また及川は，1935（昭和10）年に，「小学校カリキュラムの改革案」を提案し，以下の試案を出しました。この試案には，及川が国定の教育課程や教科枠を押しすすめる時代背景に合わせてなお，自身のかかげる動的教育法を実現しようとする考えがあらわれています。

▷4 神戸大学教育学部附属明石小学校『明石附小八十年のあゆみ』1984年。

```
大 単 位 案──尋一，尋二　……教科別を廃止した生活大単位案
教科別単位案──尋三以上　　……教科の枠内で生活単位的構成をおこなう
```

4 及川平治の理論・実践のその後の展開

及川平治の「分団式動的教育法」や明石女子師範附小での実践は，1935年以降，教育のファシズム化が進行する時代背景において国定の教育課程や教科枠を超えるものとして行政の干渉・弾圧を受けることとなりました。

けれども及川が，子どもは生活のなかで興味や欲求を発展させていく能動的存在であり個性的存在であるということを強調したこと，そしてカリキュラムや教育方法はそういった子どもの興味や欲求に即して再編・構想されるべきだということを主張したことは，大正期の教育改造運動で大きな影響力をもった結果から見ても，大変意義のあることだったといえるでしょう。（赤沢真世）

参考文献

及川平治『分団式動的教育法』弘学館，1912年。（復刻版）中野光編，世界教育学選集69，明治図書出版，1972年。

及川平治『分団式各科動的教育法』弘学館，1915年。

神戸大学教育学部附属明石小学校『明石附小八十年のあゆみ』1984年。

中野光『大正自由教育の研究』黎明書房，1968年。

XIV 授業づくりの遺産に学ぶ（日本編）

3 生活単元学習と問題解決学習

▷1 学習指導要領
⇒Ⅳ-2 参照。

▷2 デューイ
(Dewey, J.)
⇒XIII-3 参照。

▷3 反省的思考
(reflective thinking)
アメリカの教育哲学者であるデューイが提唱した進歩主義教育を代表する教授―学習方法であり、問題解決学習の方法、実験的思考の方法、反省的知性の方法などともよばれる。真の知識は具体的な問題状況のなかで生じた疑問を解決し、その状況を変容した結果得られるとする、行動的・実践的な思考方法を指す。

▷4 コア・カリキュラム連盟（コア連）
梅根悟らを中心に、1948（昭和23）年発足。のち日本生活教育連盟（日生連）と改称し、現在にいたる。1950（昭和25）年、私立和光学園を実験校として、1951（昭和26）年8月新潟での合宿研究集会において三層四領域論を発表。これは、学習場面としての日常生活課程、中心課程、系統課程の三層と、学習内容としての健康、経済（自然）、社会、文化（教養・娯楽）の四領域とから構成されるカリキュラム構造論である。機関誌に『カリキュラム』がある。

1 生活単元学習から問題解決学習へ

第二次世界大戦後、日本では戦前の教育に対する反省とアメリカの教育理論の強い影響を受けて、大規模な教育改革が進められました。この戦後新教育の時期に展開されることになったのが、生活単元を基盤とする生活単元学習です。

生活単元学習は、1947（昭和22）年の**学習指導要領**で初めて登場し、アメリカで発達した単元論の導入により誕生した、修身、国史、地理を統合する教科である社会科を中心に展開されました。しかしながら、生活単元をもとに教科を構成すると、社会科以外の理科や算数科においても、たとえば「住居」や「電話ごっこ」といった単元が構成されることになり、異なった教科間における単元の重複が起こりました。また、教育現場からは生活単元学習に対して、科学的な知識の系統性を無視したものであり、学力低下につながると批判され始めました。このような批判をうけて、生活単元学習の実践と理論の究明は、問題解決学習へと引き継がれていくことになりました。

2 問題解決学習の成立と発展

問題解決学習は、問題状況を観察し、それと関連する経験や知識を想起し、主体的に解決する学習形態をさします。**デューイ（Dewey, J.）**の**反省的思考（reflective thinking）**の流れをくむアメリカの経験主義を背景に登場しました。

問題解決学習の普及には、1948（昭和23）年に発足した**コア・カリキュラム連盟（以下、コア連）**によって展開された、コア・カリキュラム運動がその一端を担っています。コア連は、生活経験に根ざした経験カリキュラムの編成をめざし、カリキュラム構造という点から、生活単元学習への批判を乗り越えようとしたといえるでしょう。その実践の一例を表26に示しておきます。

しかしながら、1950年代後半以降、基礎・基本的な知識の獲得が困難であるという批判が高まり、教育内容の系統的指導を重視する施策が強められました。それは、1958（昭和33）年の学習指導要領で、系統的な学習に重点をおいて改訂されたことからも明らかです。

このような動向に対抗して結成されたのが、**社会科の初志をつらぬく会**（以下、**初志の会**）です。初志の会は、問題解決学習を単なる学習形態ではなく、子どもや教師の生き方につながるものとしてとらえました。つまり、社会科が

表26　新潟県赤塚小学校教諭，樋浦辰治による4年生の単元「用心溜」の実践例

段落	研究法	児童の問題意識	学習活動	時間	指導上の留意点	備考
導入		火事は恐ろしい	●防火週間はじまる ○防火週間のポスターをかく…貼示 ○近代的消火施設の写真…貼示 ○火の用心の夜巡りの反省・学級児童会 ○火事の映写をみる	3		
学習活動の展開	自然科学的研究方法（今）現場調査面接実験等の直接経験	赤塚村から火事をなくしたい	(1) 火事の経験を話し合う (2) 火事の損害をしらべる 　○国・県・郡・村 (3) 火事の原因についてしらべる 　○原因別件数表 　○時刻別 　○月別 　　を作り考える（話合う）		①本能的恐怖 ②損害（窮乏）に対する恐怖 ○火事をなくするためには原因をしらべること ○損害を最小限度にくいとめるためには消火施設をよくすることが大切であることに気づかせる	年鑑 県勢便覧 地方事務所統計
		今どうなっているか	(1) 村の消火施設をしらべる 　○消防団の組織 　○隣接区村との相互応援組織 　○消火施設 　　○火の見やぐら—視野 　　○ポンプの配置機能 　　○用心溜 　　　①分布 　　　②構造	15	消防団の幹部を招いて話をきく 自然科学的実験的研究 　○燃焼 　○火を消す手段の自然科学的原理 　○熱発火 　○火と空気、強風で乾燥した時にはさほど効力がないのではないかという疑心をもたせる	
		これで大丈夫か	(1) このような施設がどれほどの効力があるかしらべる 　○ポンプで用心溜の水の届く範囲 　○何分でポンプの水がつきるか 　○次の用心溜から水を射出するまで何分かかるか			
	歴史的研究（昔）	実際どのように役立ったか事例をしらべよう	(1) 町の大火事の歴史と用心溜の構造・分布・改善した事項 　○昭和23年の坂田の火事 　○昭和11年の新町火事 　○大正10年の本町火事 　○明治前期の坂下大火事 　○江戸末期の仲町火事 　○その前の舟江町の火事 　○その前は	10	○児童がいっている坂田火事を逆年代にしらべるようにする ○そのときの村の人々の失意決起協力の姿をまざまざとよみとるようにする	村の沿革誌 古老のお話
	歴史的現在および将来地理的公民的研究法	どうすればよいか	(1) 進んだ消火法と耐火建築 　○消火設備 　○各地の消火法 (2) 対策を考える 　○消火用水路の掘さく 　○用心溜を鉄管でつなぐ 　○家のたて方 　○ガソリンポンプを購入する	16	大都市の防空空地帯についてもしらべる 村の地図に予定図をかき込む	「学習年鑑」 「火の歴史」 「家のたて方」
終末		私たちでできることをしよう	(1) 消防署一助役を招いて研究結果を伝えておねがいする (1) 防火協カ一火の用心施設保護		作製したものを陳列しておく	

（注）木造家屋と火災の損害，消火施設の貧困（社会の状況），過半数の児童が火事を経験した家に住み，実際に火事を経験した児童もいるが，用心溜の意義を理解していない児童の状態から，「用心溜」の単元を設定した。
出所：大村榮・久保田浩・馬場四郎「四年単元『用心溜』の検討」『カリキュラム』第35号，1951年11月，54-55頁をもとに筆者作成。

発足当初めざしていた，「子どもが生活の中で直面する切実な問題をとりあげ，それを主体的に追究していく学習活動」を守っていこうとしたのです。

③ 今日的課題

このように，経験主義と児童中心主義に立つ新教育運動のなかで展開された問題解決学習に対しては，伝統的な文化遺産を系統的に教えることを軽視したという批判が生じるようになりました。そこから，問題解決学習か系統学習か，という論争が繰り広げられることになります。

1998（平成10）年の学習指導要領においては，「総合的な学習の時間」の設定にともない，「問題解決的な学習」という名称で，問題解決学習が再評価されています。すでにみたような問題点をふまえたうえで，それを克服し，教科学習や総合的な学習において効果的に機能させる可能性について，カリキュラム全体を視野にいれた議論を進める必要があるでしょう。　　（森（柴本）枝美）

▷5　社会科の初志をつらぬく会（初志の会）
1958（昭和33）年，学習指導要領の改訂によって経験主義が否定され，系統性重視へと移行したこと，そして，「道徳」が特設されたことに対して，戦後初期の社会科の理念を守るため長坂端午，重松鷹泰，上田薫，大野連太郎のよびかけで発足した。知識注入型の学習を批判し，子どもにとって「切実さ」をもつ課題を問題として設定した問題解決学習を主張する立場をとる。機関誌『考える子ども』は隔月刊行。研究対象が社会科以外にも拡大していったため，1986（昭和61）年から「個を育てる教師のつどい」という別称を設けている。

▷6　社会科の初志をつらぬく会編『問題解決学習の継承と革新』明治図書出版，1997年，17頁。

▷7　目賀田八郎・中野重人『総合的な学習は学力崩壊か・学校再生か』東洋館出版社，2000年参照。

参考文献

社会科の初志をつらぬく会編『問題解決学習の展開』明治図書出版，1970年。
社会科の初志をつらぬく会編『問題解決学習の継承と革新』明治図書出版，1997年。
梅根悟『問題解決学習』新光社，1954年。

XIV 授業づくりの遺産に学ぶ（日本編）

4 生活綴方

1 「生活綴方」とは？

　生活綴方とは，狭義では「子どもが自らの生活を書いた作文」のことを指しますが，一般的には，大正時代から昭和初めにかけて展開された，子どもに作文を書かせることを軸におこなわれる教育運動やその運動で生み出された教育上のさまざまな成果（作品）をすべて含んだものをいいます。国語科における綴方は文章の作法や表現技術の指導にとどまっていましたが，生活綴方は，子どもたちが自分の生活とその内面の世界をリアルに見つめ，それをありのままに素直に書くこと，そしてその作品を学級集団で読みあうことを通して，彼らの考え方・感じ方がより深化し，共同化されることを重視します。教育における「生活」の重要性を主張した運動として大きな意味をもつものといえます。

2 生活綴方運動のあゆみ

　1918（大正7）年，作家鈴木三重吉が児童芸術雑誌『赤い鳥』を創刊しました。そこでは子どもの綴方や詩が募集・掲載され，表現が「生き生き」していること，事物がリアルに描写されていることが賞賛されました。この『赤い鳥』を契機に，子どもの生活と作文を結びつけることが主張されたのです。1929（昭和4）年には，『赤い鳥』のような都市の小市民的生活を対象とするのではなく，東北の農村生活に生きる子どもによる綴方雑誌『綴方生活』が小砂丘忠義によって発刊されました。そして，東北の貧しい農村生活を基盤としたこの綴方運動は「北方性教育運動」とよばれ，生活綴方運動の主流となりました。1931（昭和6）年には，教師らの主張の交流場となる雑誌『教育・国語教育』が創刊され，運動は盛り上がりを見せます。

　戦前期にいたると，生活綴方運動は思想統制の激化のなかで一時中断を余儀なくされました。しかしながら戦後，1951（昭和26）年，山形県の中学校教師無着成恭によって『山びこ学校』が編纂され，戦前期には見られない成果が生み出されました。そして再び，作文教育運動・生活記録運動が復活し，戦後初期の主要な民間運動の一つとなりました。

3 生活綴方の特徴

○生活の重要性を主張

生活綴方（とくに北方性綴方）が想定している生活とは，都市の生活ではなく，貧困と因襲のなかに疲弊した社会状況にあった農村の子どもの生活でした。そうした生活を子どもに見つめさせ，ありのままに表現させることを通して，そうした現状から出発しようという思想が根底にありました。

○リアリズムを強調

生活の真実をリアルに書くということは，そのために意識的に自らの生活を見つめなおさなくてはなりません。そうして事実をありのままに観察し，それにもとづいて自らの考えを練ります。このように生活綴方は，子どもたちが1．生活を綴る，2．自らの生活を自覚し，そのなかにある生活意欲や要求などを掘り起こす，3．それらを実現するために必要な知識や態度を身につけ，より価値ある生活を建設する，という一連のねらいがあります。つまり最終的には，貧困で苦しむ農村生活の現状を変え，自治生活を樹立するという目的があるのです。また教師にとっても，子どもの作品を通してその地方の子どものリアルな生活を発見し，子どもとともに自己の生きる社会を理解していくことができるようになるのです。

○集団性

子どもによる生活の学びは，綴方に表現され，その作品が学級の交流の場にもち出されるとき，子どもの見方・考え方は明確になり，吟味され深化されます。集団によるこうした共同化の作業も，綴方の重要な特徴の一つです。

4 生活綴方運動のその後の展開――課題

生活を綴ることによって最終的により価値ある生活を建設していこうとする生活綴方運動の思想からは，それに必要とされる基本的な力として，生活を科学的に見るための科学教育の必要性が叫ばれるようになりました。

けれども生活綴方は，**教育内容の現代化**の流れにおいて，教科の枠組みを曖昧にする**経験主義**の誤りだと批判を受けるようになりました。その結果，戦後生活綴方運動を担っていた「日本作文の会」は，1962年，国語科において文章表現の指導を重視する方針に転換することとなりました。

こうして，大正より続いた生活綴方運動は，国語科を超える生活綴方としての意義はどういうものなのかという課題を残したまま，一つの区切りを迎えました。この課題は，現代の教育課程においても，生活綴方をどう位置付けるのかという課題につながっています。

（赤沢真世）

ぬか背負い　小笠原弘子

「ぬかしょってンげ」といわれて
かますにざっぶりつめて登って行った
おもだくてやすんだら
ぬかが サラ サラ と
首にはいった
つかつかして
おもだくて
なきたくなった

（一九四九年二月）

図47　子どもの綴方の一例

出所：無着，1995年，141頁。

▷1　教育の現代化
⇒XIII-4 参照。

▷2　経験主義
子どもの生活経験や興味，問題意識を基礎にして構成されたカリキュラムを経験カリキュラムとよび，それを核とする教育のあり方を経験主義と（しばしば批判的に）よぶ。我が国でも戦後の新教育として展開されたが，子どもの生活経験を重視するあまり学問（教科）の系統性や論理が軽視されるとして批判を受けた。
XIII-3 参照。

（参考文献）
小砂丘忠義『私の綴方生活』モナス，1938年。
無着成恭編『山びこ学校』岩波文庫，1995年。
日本作文の会編『講座・生活綴方』第1-5巻，百合出版，1961-63年。

XIV 授業づくりの遺産に学ぶ（日本編）

5 数学教育協議会と水道方式

1 水道方式のなりたち

1958（昭和33）年，学習指導要領の改訂にともない，**数学教育協議会**の**遠山啓**らは，小学校算数の教科書『みんなの算数』を編集することになりました。その際，計算の指導体系を日本や外国の教科書において検討したところ，従来の算数教科書における問題点が浮かび上がりました。それは，①暗算から筆算へという進め方，②特殊から一般へと展開していること，③十進構造の概念と計算が交互に登場していることでした。そこで，遠山らは，①筆算を中心とし，②一般から特殊へという原理をもとに，計算の指導体系を再編成することにしました。この数と計算の領域にかかわる指導体系が「水道方式」です。

2 水道方式の特徴

○素過程と複合過程

水道方式で重視する筆算と従来中心におかれていた暗算とは，同じ加法においても原理が異なります。暗算では数詞の読み方（命数法）に従って，上の位から足していくのに対し，筆算は位取り記数法にもとづいて，下の位から足していきます。つまり，筆算では一の位から十の位，百の位と位ごとに足し算をするため，大きな数でも一桁どうしの計算と位取りの原理ができれば，容易に計算することができるのです。

そこで，水道方式においては，筆算の計算過程を指導するにあたって，まず筆算の前提となる一桁どうしの計算と位取りの原理（素過程）の習得をめざします。そして，素過程の合成である，より複雑な計算過程（複合過程）を教えるのです。図48に示されるように，素過程から導かれる典型的複合過程を蓄積しておけば，より複雑で特殊な複合過程にも対応していけるとされます。

▷1 数学教育協議会（数教協）
1951（昭和26）年に設立された研究団体。生活単元学習の研究批判を展開。代表者としては遠山啓，銀林浩らの数学者があげられる。1955（昭和30）年以来，機関誌『数学教室』（月刊）を刊行しており，実践研究等を掲載。主な研究成果としては，水道方式，量の理論などがある。

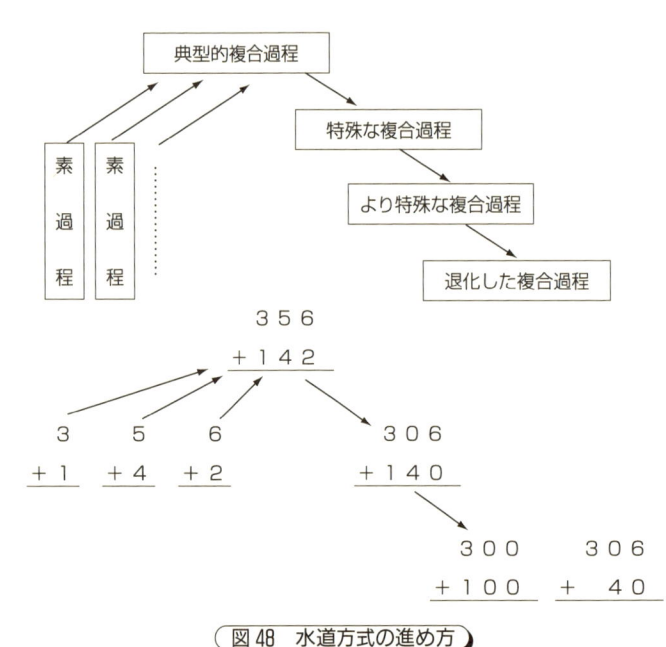

図48 水道方式の進め方

出所：銀林浩「『水道方式』の生い立ちとその後」日本数学教育学会編『20世紀数学教育思想の流れ（日数教 YEAR BOOK）』産業図書，1997年，172頁。

「水道方式」という名称は、この一連の進め方を、水源地に水をためておけば、重力によって鉄管を通り各家庭へと水が流れていくようすになぞらえて名付けられました。

さらに、このような一般から特殊へという水道方式の考え方は、計算だけではなく、量・図形・数量関係などの分野にも取り入れられています。

○ **タイルの使用**

水道方式によって計算指導をおこなう際には、位取り記数法の理解が前提となってきます。そのため、十進法と位取り法からなる算用数字の仕組みを理解することが重要になります。そこで、算用数字の仕組みを理解するために、水道方式においては、正方形のタイルが用いられます。たとえば、124をタイルで表すと、図49のようになります。

また、タイルは、子どもたちが数を量としてとらえるための媒体としても有効です。水道方式において、数を量でとらえることは、数学と生活とを結びつけることにつながると考えられていました。

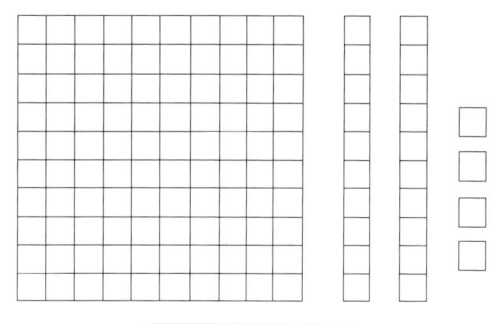

図49 タイルの使用

③ 水道方式の意義と今後の課題

遠山は、水道方式が教育全体に与えた影響として次の2点をあげています。それは、①従来支配的であった「特殊から一般へ」という考え方を打破し、「一般から特殊へ」という理論の可能性を打ち出したこと、②分析・統合という科学の基礎的な方法が、教育においても有効であることを立証したことです。このことから、遠山が所属していた数学教育協議会において水道方式は、数学教育の現代化であるととらえられていました。

水道方式の理論は、それまでの指導体系にもとづく実践と比較することによって、その有効性が示されています。とりわけ、小学校での乗法や除法の指導において顕著であるとされます。たとえば、3位数×1位数では、一般に繰り上がりの回数が増えるに従って正答率が低下します。しかしながら、水道方式にもとづいて指導すると、著しい低下はみられず、平均して約90％以上の正答率を確保できたといいます。

このように、水道方式は一定の成果をあげているといえます。しかしながら、水道方式は、科学的な数学教育の一端を担うものであり、科学的であるかぎり、絶対的な真理というわけではありません。したがって、改良の余地も残されています。遠山自身が述べているように素過程の指導法、たとえば0や十進法と順序数の関係を指導する方法を改良していくことによって、より科学的な数学教育を追究していくことができるでしょう。

（森（柴本）枝美）

▷2 遠山啓（1909-1979）
数学者、数学教育研究者。東京工業大学名誉教授。数学教育協議会を設立し、数学教育の改革運動を開始した。1970年代には、ゲーム等を取り入れた「たのしい授業」を提唱した。晩年、競争原理に根ざした序列主義を排する教育論を主張した。『遠山啓著作集』全29巻、太郎次郎社、1979-83年がある。

▷3 遠山啓『遠山啓著作集 数学教育論シリーズ4 水道方式をめぐって』太郎次郎社、1981年、53-57頁。

▷4 日本数学教育学会編『20世紀数学教育思想の流れ（日数教 YEAR BOOK）』産業図書、1997年、174頁。

(参考文献)

遠山啓・銀林浩『増補 水道方式による計算体系』明治図書出版、1971年。

遠山啓『遠山啓著作集 数学教育論シリーズ4 水道方式をめぐって』太郎次郎社、1981年。

XIV 授業づくりの遺産に学ぶ（日本編）

6 仮説実験授業と授業書

1 仮説実験授業のなりたちとその特徴

仮説実験授業は，1963（昭和38）年，科学上のもっとも普遍的あるいは一般的な概念や法則を子どもたちに理解させようと，**板倉聖宣**が現場の教師たちと協力してつくりだしたものです。板倉の専門領域は，科学史や認識論の研究であり，自らの研究成果をもとに，力学の教育体系をつくりかえたいと考えていました。板倉の科学教育の改革プランが雑誌の連載で提起されると，現場の教師に向けた講演依頼が増えてきました。そのなかで，上廻昭や庄司和晃をはじめとする研究協力者を得たことによって，仮説実験授業は誕生したのです。

板倉は，まず「ふりこ」についての授業プランをつくることから仮説実験授業を始めました。そこでは，「問題―予想―討論―実験」という一連の過程をくり返すことによって子どもたちのなかに仮説が生みだされ，この仮説をさまざまな実験で検証することによって科学的認識が成立すると考えられています。板倉の考えた授業プランを研究協力者である教師が実際に授業してみたところ，子どもたちに大好評でした。それをうけて板倉は，本格的な授業プランの作成に力を注ぐことになります。こうしてつくられたのが「授業書」とよばれるテキストです。

2 「授業書」に即した授業運営

○「授業書」とは

「授業書」は，「教科書兼ノート兼読み物」としてまとめられており，「問題」を中心にして，「質問」「研究問題」「練習問題」「原理・法則（の説明）」「読み物」などから構成されています。

「授業書」のはじめには，通常「質問」がおかれます。次に配置される「問題」は表27に示したとおり，「問題文」「予想」「討論」「実験」から構成されています。この「問題」は，かつて偉大な科学者たちが重要な発見に至った過程と，子どもたちが科学における原理や法則を学習する過程との間の共通性をふまえたものです。「問題」の一部として予想の選択肢が示されていることで，子どもたちは問題の意味を正確に読みとり，主体的に問題にとりくむことができるのです。こうして子どもたち一人ひとりが予想をたてたうえで，討論に参加します。そして，真理の基準として最後に実験が位置づけられています。こ

▷1 板倉聖宣（1930-）
1930（昭和5）年，東京に生まれる。東京大学大学院数物系研究科博士課程修了後，国立教育研究所を経て，「仮説実験授業」を提唱。月刊教育雑誌『たのしい授業』（仮説社）を創刊し，編集代表をつとめる。国立教育研究所を定年退職後，私立板倉研究室を設立。著書に，『日本理科教育史』（第一法規出版，1981年），『科学と方法』（季節社，1986年），『仮説実験授業』（仮説社，1974年），『模倣の時代』（仮説社，1988年）などがある。

表27 授業書における問題の例

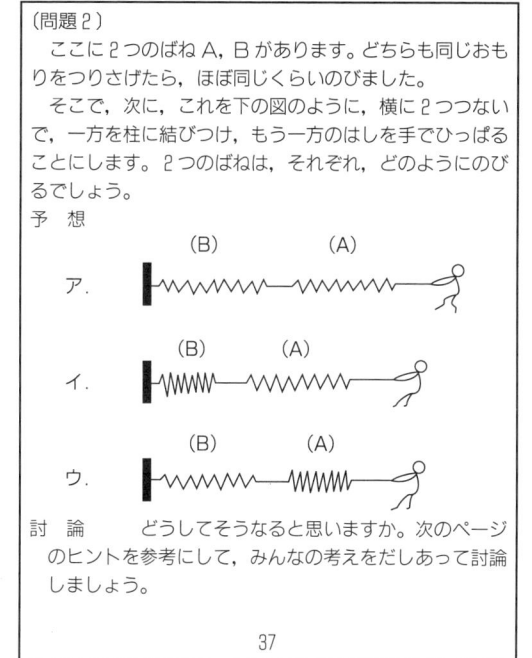

(問題2)
　ここに2つのばねA，Bがあります。どちらも同じおもりをつりさげたら，ほぼ同じくらいのびました。
　そこで，次に，これを下の図のように，横に2つつないで，一方を柱に結びつけ，もう一方のはしを手でひっぱることにします。2つのばねは，それぞれ，どのようにのびるでしょう。

予　想
ア．(B)(A)
イ．(B)(A)
ウ．(B)(A)

討　論　どうしてそうなると思いますか。次のページのヒントを参考にして，みんなの考えをだしあって討論しましょう。

ヒント
　Aのばねの左はしには，どんな力が加わっているでしょう。
　Bのばねの両はじには，どんな力が加わっているでしょう。
　ひとがAのばねをひっぱる力を，①の力の矢じるしであらわすとして
　②Aのばねを，Bのばねがひっぱる力
　③Bのばねを，Aのばねがひっぱる力
　④Bのばねを，杭がひっぱる力
を書きいれて，考えてみましょう。

実　験　ばねの強さがちがったら，順序をいれかえて実験しましょう。
　どういう考えが正しいといえそうですか。

出所：板倉，1974年，158-159頁。

の「授業書」にもとづいて，仮説実験授業は展開されるのです。

○教師の役割

　仮説実験授業における教師の役割は，子どもたちが予想をもとに討論する際，司会すること，あるいは円滑に進めるために支援することのみであり，子どもたちを正しい予想へと導く必要はないし，するべきではないとされています。そこには，科学の論理と子どもの「直観的な判断」との衝突を通じて，子どもたち自らが科学の楽しさや有効性を知ることを期待していることがうかがえるでしょう。

③ 仮説実験授業に対する批判

　このように仮説実験授業は，「授業書」に即して授業を展開することによって，「だれがやっても少なくとも最低限の成果をあげられる」ことをめざしていました。しかしながら，単元ごとに「授業書」を作成していることから，教材の系統性や子どもの認識にそった教育課程としての配列が無視されるのではないか，また，科学的認識の社会的歴史的側面を無視または軽視しているのではないか，といった批判も見られます。これに対して板倉は，ここに示された論点は，仮説実験授業において自覚的に取り組んできていると答えています。

　「授業書」は現在も，**仮説実験授業研究会**を中心として作成あるいは改訂されています。これらの批判をうけとめたうえで，「授業書」を検討していくことが期待されます。

(森(柴本)枝美)

▷2　板倉聖宣・上廻昭編『仮説実験授業入門』明治図書出版，1966年，50頁。

▷3　たとえば，荒牧輝「『仮説実験授業』を聞き，読み，実践してみて」『理科教室』1966年1月号，戸石四郎「生物教育現代化諸プランの実験観批判」『理科教室』1970年7月号など。

▷4　仮説実験授業研究会　1956（昭和31）年設立。板倉聖宣が仮説実験授業の研究運動のためにつくった組織。1964（昭和39）年以来，授業研究を通して授業書づくりを続けている。1974（昭和49）年7月から『仮説実験授業研究』（仮説社）を機関誌として刊行している。

参考文献
　板倉聖宣・上廻昭編『仮説実験授業入門』明治図書出版，1966年。
　板倉聖宣『仮説実験授業——〈ばねと力〉によるその具体化』仮説社，1974年。

XIV 授業づくりの遺産に学ぶ（日本編）

7 全国授業研究協議会の成果

1 全国授業研究協議会の成立

　1963（昭和38）年9月，「科学的・技術的・美術的にすぐれた教材を子どもたちに定着させ，同時に子どもたちの集団思考を練りあげる授業を創造し分析することによって，教師の力量をみんなのものとする」[*1] 授業研究運動を展開することを目標として，全国授業研究協議会（以下，全授研）が設立されました。全授研は，5大学（広島大学，神戸大学，名古屋大学，東京大学，北海道大学）の教育方法学研究者と，現場教育実践者から組織されています。

　5大学による共同授業研究は，全授研結成の前年から始められ，各地で結成された全授研サークルと協力しながら，それぞれの現場において同一の教材を用いた授業を観察し，研究を進めていきました。その際，授業を構成するさまざまな要素とそれらのはたらきの質をつきとめることを共通の視点としました。この共同研究をふまえて発足した全授研は，①教育内容（教材）の選択，②学習過程における認識の発展，③認識過程が必然的に相互作用を要請する集団思考と学習集団の問題を研究の基本におきました。全授研では授業を認識過程と集団過程が相互に作用するものであるととらえ，一方で授業における認識過程の研究を小・中学校の各教科についておこない，他方では各教科の授業における集団過程の研究を進めています。

2 集団思考と学習集団づくり

　全授研は，認識過程と集団過程の相互作用を促進するための，理論や方法を追究していきます。そこで，集団思考と学習集団づくりが重要な役割を果たすことが指摘され，研究の中心におかれました。授業過程において，集団思考と学習集団づくりには，双方向的な作用があるという共通理解のうえで，どちらかの方向性に重点をおいて，それぞれ研究が進められています。

○集団思考

　集団思考に着目したのは，**砂沢喜代次**[*2] を中心とする北海道大学のグループです。そこでは，授業における認識過程と集団過程の相互作用を促進する媒体として集団思考が位置づけられています。つまり，「特定の教材ないし課題を媒介として，ひとりひとりの思考をある一定の授業の方向へすりあわせていくエネルギー」[*3] である集団思考によって，学習集団づくりが可能となり，また，一

▷1　砂沢喜代次「全国授業研究協議会の動向」『現代教育科学』第20巻第8号，1977年6月，293頁。

▷2　砂沢喜代次（1910-）
1910（明治43）年，鳥取市に生まれる。広島理科大学教育学科卒業。教育思想史および教授学専攻。全授研の設立後，静岡大学附属島田中学校と共著で『中学校の思想過程』（明治図書出版，1963年），『矛盾の克服をめざす授業』（明治図書出版，1967年）などを出版。このほか主著に『現代教授学の基礎』（明治図書出版，1975年），『集団思考の方法』（明治図書出版，1979年）などがある。

▷3　砂沢喜代次編『学習集団の思想と方法』明治図書出版，1976年，20頁。

方では共通の学習課題が教師と子どもたちに認識され，活発な教授・学習活動が展開される学習集団が土台となって，集団思考が促進されるという側面もあるというのです。

砂沢は，授業における集団思考は，「課題解決の機能（認識過程）と集団の形成・維持・発展の機能（集団過程ないし組織過程）とが，互いに他を触発し，促進させる関係におかれている」場合に成立すると主張します。つまり，砂沢は，子どもの認識能力を育むために，授業において密接に関連している認識過程と集団過程とを，いったん区別して授業の実際を見ることによって，そこから集団思考を浮かび上がらせようとします。そのうえで，教育内容構成（教材の吟味，選択，配列）や教育課程構成と結びつけた集団思考過程の研究を進める必要があると主張しています。

▷4 同上書，23頁。

○ 学習集団づくり

一方，学習集団づくりに主眼をおいたのは，吉本均を中心とする広島大学のグループでした。吉本は，学校教育活動全領域における陶冶（知識・認識・技術を形成する側面）と訓育（意志・情動・行動・性格・世界観を形成する側面）の統一によって，真の人間形成が実現できるという立場をとり，教科と教科外という二つの主領域の両方で達成されることがめざされるべきだと主張します。とりわけ吉本は，教科活動における統一を重視し，「授業の目標＝内容次元」と「授業の展開次元」における陶冶と訓育の統一をめざしていきます。

▷5 吉本均（1924-1996）
1924（大正13）年に生まれる。広島文理科大学教育学科卒業。教育方法学・教育思想史を専攻。教育学博士。主著に，『授業と集団の理論』（明治図書出版，1966年），『訓育的教授の理論』（明治図書出版，1974年），『発問と集団思考の理論』（明治図書出版，1977年）など。編著に，『学習集団とは何か』（明治図書出版，1976年），『講座 現代教授学』（福村出版，1977年）などがある。

前者の次元においては，教材内容の質が問題とされています。吉本は，科学的，系統的な教材の選択，配列をおこなうことによって，子どもたちの知的意欲，認識的情動をかりたてることができると考えていたからです。一方，後者においては，「学習集団」として授業を改造することをめざします。そのためには，①自治＝共同の学習規律をつくりあげることを指導する過程，②発問によって集団思考を組織し，指導する過程があげられています。吉本は，学級を学習集団に高めていく授業指導の仮説を提示しながら，学習主体としての子どもの能動性を確保する授業の創造をめざしていたといえるでしょう。

▷6 吉本均「授業における陶冶過程と訓育過程の統一——二つの機能の統一をめぐって」『現代教育科学』第15巻第5号，1972年5月，33-39頁。

3 成果と課題

全授研のとりくみは，集団思考と学習集団づくりを中心に，理論を研究するだけではなく，現場の教師と共同研究することによって，授業を観察，分析するなかで，授業を改造することを目的とし，教材の選択や発問の吟味といった具体的な方略を提示しようとしていました。このことは，大学の研究者たちが本格的に授業研究に力を注ぎ始めた1960年代において，実践者と研究者とが連携した授業研究が拡大していく契機となったとされています。全国規模でこのような授業研究を進めた研究組織として，全授研がもたらした影響は大きかったといえるでしょう。

（森（柴本）枝美）

参考文献
砂沢喜代次編『学習集団の思想と方法』明治図書出版，1976年。
吉本均『訓育的教授の理論』明治図書出版，1974年。

XIV 授業づくりの遺産に学ぶ（日本編）

8 斎藤喜博の授業づくり論

1 斎藤喜博の略歴

　斎藤喜博（1911-1981）は，群馬県佐波郡に生まれ，群馬師範学校を経て同郡玉村尋常高等小学校へ赴任しました。以降，いくつかの転任の後，1949（昭和24）年に県教組常任執行委員を務めます。任期満了後の1952（昭和27）年，佐波郡島村の島小学校長となり，この島小学校において通称「島小の実践」とよばれる学校づくり・授業づくりを展開しました。島小の実践は実践的な授業研究をおこなっているものとして全国的に大きな影響を与えました。1963（昭和38）年に堺町東小学校長，翌年から境小学校長を歴任し，1969（昭和44）年に退職しました。その後，宮城教育大学教授となり教授学研究の会などを組織しました。また斎藤はアララギ派の歌人としても有名であり，そうした芸術的な洞察力が斎藤の学校づくり，授業づくりの土台であったともいえます。

2 斎藤喜博の授業観

　斎藤喜博の学校づくり，授業づくりの根幹には，「授業」を学校教育の中核としてとらえるという思想がありました。斎藤は独自の語り口で次のように述べています。

　　「教師は子どもの将来になど責任を負わなくもよいのである。責任を負うのは一時間一時間の授業においてである。一時間一時間の授業のなかで，教師は必死になって教材や子どもと格闘し，どんな小さいことでもよいから，ひとりひとりの子どものなかに実現していくことである。子どもの持っているものを表に引き出し，子どもを生き生きとさせていくことである」[1]。

　このように，「子どもを変革させる授業」こそが学校教育のもっとも重要な要素だとし，そのような授業づくりをおこなうこと，「授業を演出すること」が教師の責任だというのです。

　斎藤は以上のような思想を踏まえて，学校教育の中核である「授業」のみではなく，その母体となる学校づくりの面でも手腕を振るいました。斎藤は，教師のみではなく保護者，学者，文化人その他の人々が協力して学校・授業を創造すべきだという思想をもって，公開研究会，校内研修，授業研究会などを積極的に組織しました。このような学校づくりを通して，授業をおこなう教師一人ひとりの力量が伸ばされ，支えられることが目指されたのです[2]。

▷1　斎藤喜博『私の授業観』明治図書出版，1973年，31-32頁。

▷2　斎藤喜博が校長として組織した島小に代表される実践の内容は，『未来につながる学力——島小の授業』国土社，1970年を参照。

③ 授業成立の基本的条件

斎藤は、「授業」が成立するための条件として、表28の9項目をあげています。このすべての項目を満たして初めて、「子どもを変革させる授業」が生まれると斎藤はいいます。

表28 授業が成立するための9つの条件

1. 授業は教材の持つ本質と、教師の願っているものと、子どもたちの思考・感じ方・考え方との3つの緊張関係の中に成立する。
2. 質の高いものをわかりやすく教える。
3. 相手と対応できる力。
4. 展開のある授業。
5. 展開の角度のある授業。
6. みえるということ。
7. 的確な指導方法。
8. 最高の内容を最高の形式に盛る。
9. 集中のある授業。

出所：斎藤喜博『教育学のすすめ』筑摩書房，1969年。

表29 子どものつまずきの例

$$2.6+3=2.9 \quad \begin{array}{r} 2.6 \\ +3 \\ \hline 2.9 \end{array}$$

④ 授業づくりに関するその他の主要キーワード

○「○○ちゃん式まちがい」

学級で、ある一つの問題を追求している際、子どもたちには多様な解釈やまちがいが生まれます。たとえば小数の計算で、表29のようなまちがいは多く見られるものです。

こういった子どもの「つまずき」を教師は「Aちゃんのまちがい」として学級全体の場にもち出して、なぜそのようなまちがいが起きたのかという論理の筋道をみんなで解明していきます。誤りやすい道筋を「Aちゃん式まちがい」として学級で共有することによって、まちがいを特定の子どもから引き離し、客観化しながら、正しい論理の筋道を学級で共有することができるようになります。

このように、斎藤は正答主義では否定されてしまう子どもの「つまずき」を、授業づくりの重要な柱として意義づけています。

○「ゆさぶり」

「ゆさぶり」とは、授業において、子どもの発言や表現をわざと否定したり、反駁したりする教師の働きかけのことをいいます。斎藤はこの「ゆさぶり」を、すでに身につけた知識や論理、感覚をゆるがし、新しいものを子ども一人ひとりや学級全体のなかから生み出す契機として、積極的に授業展開に位置づけました。なお、この「ゆさぶり」の一例として斎藤があげた**「出口」の指導場面**▶3 をめぐって、斎藤と宇佐美寛の一連の論争がおこなわれ、「ゆさぶり論争」「出口論争」として有名です。▶4

⑤ 斎藤喜博の授業論のその後の展開（「教授学研究の会」）

斎藤は小学校教育の現場を離れたのち、授業実践そのものに即して、優れた授業を典型としてそのなかに見える法則や原則を解明していこうという授業研究のあり方を提唱しました。この研究方針は、斎藤が組織した「教授学研究の会」や、現在の教授学研究における主な研究動向の一つとしても引き継がれています。

（赤沢真世）

▶3 「出口」実践
これは国語科において、「森の出口まで来ました。」という文の「森の出口」をめぐって、森と外との境目を示す「でるくち」をさすと解釈した子どもたちに対し、斎藤はより広い「出口」のとらえ方を提示した。そうして、子どもたちが当然とみなしてきた解釈をゆるがし、「出口」という語についての新たな概念を得られるようになったという実践のこと。

▶4 「特集 『出口』論争10周年――何が残ったか」『現代教育科学』第371号、明治図書出版、1987年10月。

参考文献
『斎藤喜博全集』（全18巻）国土社、1969-71年。
『第二期斎藤喜博全集』（全12巻）国土社、1983-84年 など。

XIV 授業づくりの遺産に学ぶ（日本編）

9 教育技術の法則化運動

▷1 向山洋一（1943-）
1943（昭和18）年生まれ。東京学芸大学社会科卒業。教育技術法則化運動（TOSS: Teacher's Organization of Skill Sharing）代表。教育ポータルサイトTOSS LAND主宰。エネルギー教育全国協議会座長。全国都市づくり教育研究会座長。子どもチャレンジランキング連盟副代表。日本言語技術教育学会副会長。日本教育技術学会会長などをつとめ多方面にわたって活動している。

1 向山洋一と教育技術の法則化運動

　教育技術の法則化運動（以下，法則化運動）は，1985（昭和60）年，東京の小学校教師，**向山洋一**のよびかけによって始まった民間教育研究運動です。21世紀の到来とともに，法則化運動は，TOSS（Teacher's Organization of Skill Sharing）と名称を変えて現在に至ります。

　法則化運動は，向山の「跳び箱を全員跳ばせられることが教師の常識とならなかったのはなぜか」という問いから始まったといえるでしょう。向山がその実践を高く評価する**斎藤喜博**は，「15分で完全にとべるようにしてみせる」といいます。しかしながら，向山が指摘しているように，斎藤の著作においては，跳ばせる技術についてほとんどふれられていません。そのため，跳び箱を跳ばせる技術が教師たちの共有財産にはならなかった，という点を向山は問題視し，実践研究のあり方をめぐる論点として提起していくのです。

　そこで向山は，跳び箱を全員跳ばせることは，誰でもできることだと主張し，跳ばせるための技術を公開することによって，共有しようとします。向山の技術を実際に用いた10名の教師からの実践報告では，跳び箱を跳べなかった子どものうち95.7％が跳び箱を跳べるようになったという成果が示されています。このように向山は，すぐれた教育技術や教育方法を集め，教師たちが共有化することの意義を主張していくのです。

2 教育技術の法則化運動

　向山は，①「すばらしい実践」を支えているいくつかの方法・技術を明らかにし，②方法・技術を他人が真似できるように文章化することを通じて，すぐれた方法・技術を教師の共有財産とすることを目的として，法則化

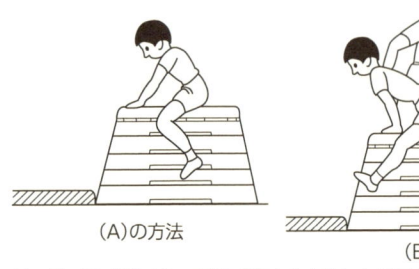

(A)の方法　　　(B)の方法

(1) 跳び箱が跳べない子は「腕を支点とした体重の移動」ができないためである。
　それは，自転車に乗れない子が，乗っている感覚がわからないのと似ている。自転車の荷台をつかまえて走らせるのと同じように，腕を支点とした体重の移動を体感させればよい。
(2) 私は体重移動の体感を，次の二つの方法で行う。
(A) 跳び箱をまたいですわらせ，腕に体重をかけさせて跳び降りさせる。「跳び箱を跳ぶというのは，このように両腕に体重がかかることなんだよ」と説明する。通例五，六回である（いすにすわらせる形をとり入れてもいい）。
(B) 跳び箱の横に立ち，走ってくる子の腕に片手でつかみ，おしりを支えても良い。段々跳べそうになるのが，手の平にかかる体重が軽くなることでわかる。通例七，八回である。
(3) (A)の方法ができない子は，つまり両腕で体重を支えられない子は跳べない。筋力の発達がそれ以前の段階だからである。但し相当の肥満児でもできる。私は虚弱児一例の経験がある。

　図50　跳び箱を跳ばせる技術

出所：向山，1982年，86頁。

運動を展開しています。

　法則化運動の会則には，20世紀の教育技術・方法の集大成を目的として，「集める」「検討する」「追試する」「修正する」「広める」（以上をまとめて法則化とよぶ）ための諸活動をおこなう，と記されています。基本理念は以下の通りです。

```
基本理念
①教育技術はさまざまある。できるだけ多くの方法をとりあげる（多様性の原則）
②完成された教育技術は存在しない。常に検討・修正の対象とされる
　　　　　　　　　　　　　　　　　　　　　　　　　　　　（連続性の原則）
③主張は教材・発問・指示・留意点・結果を明示した記録を根拠とする
　　　　　　　　　　　　　　　　　　　　　　　　　　　　（実証性の原則）
④多くの技術から，自分の学級に適した方法を選択するのは教師自身である
　　　　　　　　　　　　　　　　　　　　　　　　　　　　（主体性の原則）
```

　この理念にもとづいて向山は，教師の技量をあげる方法として，①教育技術（定跡・定石）を学ぶこと，②教育技術を使ってみること，③自分の実践を「発問」「指示」「留意事項」という観点から文章化すること，の三つをあげています。そして，教育技術の定跡（定石）を学ぶには，まず定跡（定石）を知らねばなりません。埋もれた教育技術を発掘し，教育技術を追試・修正することによって法則化し，そのうえで教育技術を広め共有財産化することを目的として，法則化運動では投稿論文の募集を始めました。全国各地から寄せられた論文から，すぐれた実践をとりあげ，それを「教育技術の法則化」シリーズとして出版することによって，共有化をはかろうとしていくのです。

❸ 「追試」の問題

　法則化運動における教育技術は，共有化することにとどまらず，基本理念の2点目に示されているように，検討・修正することが求められます。そのために，「追試」がおこなわれるのです。「追試」とは，すぐれた実践をまねすることによって，そこから自らの実践を検討する視点を得ること，そして，その実践を論文にまとめ，発表していくという一連の流れをもつものです。その際，基本理念の3点目に示されているように，「発問・指示」「留意点」を明確に示すことが求められます。「追試」することによって，教師の子どもの見方が変わったり，子どもを動かす発問を発見したりすることができるといいます。

　ただし，「追試」については，子どもの個性を無視していることになるのではないか，「追試」がうまくいかなかった場合の原因をどこに求めるのか，といった問題点も指摘されています。この点については，法則化運動の理念をふまえたうえで，議論が進められる必要があるでしょう。

（森（柴本）枝美）

▷2　斎藤喜博
⇒XIV-8 参照。

▷3　向山洋一『跳び箱は誰でも跳ばせられる』明治図書出版，1982年，1頁。

▷4　向山洋一『続　授業の腕をあげる法則』明治図書出版，1986年，135-137頁。

▷5　向山洋一『授業の腕をあげる法則』明治図書出版，1985年，159頁。

参考文献
　向山洋一『跳び箱は誰でも飛ばせられる』明治図書出版，1982年。
　向山洋一『授業の腕をあげる法則』明治図書出版，1985年。
　向山洋一『続　授業の腕をあげる法則』明治図書出版，1986年。
　明石要一『「追試」で若い教師は成長する』明治図書出版，1987年。

XV 授業づくりをめぐる現代的課題

1 日本型高学力の問題と学びからの逃走

1 日本の子どもたちの学力実態

　国内では，子どもたちの「学力低下」が話題になっていますが，世界的にみると日本の子どもたちの学力は，どのような水準にあるのでしょうか。国際的な学力調査として国際教育到達度評価学会（IEA）による TIMSS（Third International Mathmatics and Science Study）と経済協力開発機構（OECD）による PISA（Programme for International Student Assessment）があります[1]。文化，社会，経済的背景や教育制度が違う国々の間で学力を比較することは難しいのですが，TIMSS は概念や用語が世界中でほぼ共通であり，カリキュラムも共通部分が多い数学と理科を中心に，PISA では「生きるための知識と技能」を独自に設定し，国際比較調査をおこなってきました。

　これまでの調査結果をみてみると，2003年と2006年に実施された PISA の読解力分野の得点が，低かったことを除けば，日本の子どもたちの学力は，世界でもトップクラスであることがわかります。

▷1　最新の調査結果については，国立教育政策研究所編『TIMSS2011理科教育の国際比較──国際数学・理科教育動向調査の2011年調査報告書』『TIMSS2011算数・数学教育の国際比較──国際数学・理科教育動向調査の2011年調査報告書』明石書店，2013年および国立教育政策研究所編『生きるための知識と技能5──OECD 生徒の学習到達度調査（PISA）2012年調査国際結果報告書』明石書店，2013年を参照。

2 日本型高学力の特徴

　しかし，高い水準を維持している日本の子どもたちの学力に問題がないわけではありません。国際学力調査で用いられた各問題の正答率をみていくと，日本の子どもたちは計算問題や事実の暗記によって答えられる問題では素晴らしい成績を収めていますが，資料やグラフを読みとり自らの考えを表現しなければならない問題では正答率が低くなっています。

　同様のことが，我が国の文部科学省が2001年度に実施した「教育課程実施状況調査」からも伺われます。

表30　TIMSS および PISA の結果

IEA の調査（TIMSS）にみる日本の国際順位の変化

算数・数学の成績	小学校（4年生対象）	中学校（2年生対象）
1964年（第1回）	実施していない	2位／12国
1981年（第2回）	実施していない	1位／20国
1995年（第3回）	3位／26国	3位／41国
1999年（第3回追調査）	実施していない	5位／38国
2003年（第4回）	3位／25国	5位／46国
2007年（第5回）	4位／36国	5位／49国
2011年（第6回）	5位／50国	5位／42国

OECD による PISA の結果（平均得点）

	PISA 2000				PISA 2003				PISA 2006				PISA 2009				PISA 2012			
	読解力		数学的リテラシー		読解力		数学的リテラシー		読解力		数学的リテラシー		読解力		数学的リテラシー		読解力		数学的リテラシー	
第1位	フィンランド	546	日本	557	フィンランド	543	香港	550	韓国	556	台湾	549	上海	556	上海	600	上海	570	上海	613
第2位	カナダ	534	韓国	547	韓国	534	フィンランド	544	フィンランド	547	フィンランド	548	韓国	539	シンガポール	562	香港	545	シンガポール	573
第3位	ニュージーランド	529	ニュージーランド	537	カナダ	528	韓国	542	香港	536	香港	547	フィンランド	536	香港	555	シンガポール	542	香港	561
	日本（8位）	522			日本（14位）	498	日本（6位）	534	日本（15位）	498	日本（10位）	523	日本（8位）	520	日本（9位）	529	日本（4位）	538	日本（7位）	536

出所：文部科学省『読解力向上に関する指導資料』2005年等を参考に筆者が作成した。

そこでも計算問題や事実の暗記，公式の応用によって解ける問題では高得点を収めていますが，社会科でグラフや資料の意味を読み解く問題や，国語で自分の考えを表現する問題などでは，正答率が下がります。つまり，事実や公式の暗記によって対処できる問題には強いのですが，示された事実から問題解決的な思考を働かせたり，自分の考えを表現する課題に日本の子どもたちは弱いという特徴をもっているわけです。

3 学びからの逃走

こうした日本型高学力の特徴と問題点に加え，近年では，より深刻な事態として「学びからの逃走」という子どもの危機が指摘されています。TIMSS や PISA では，学力到達度に加え，数学や理科の好き嫌い，それらを学ぶことの意義など，教科学習に対して子どもたちがどのような感情や意識を抱いているかも調査されています。その結果は，驚くべきものでした。

TIMSS2011によると，算数・数学を勉強することの楽しさについて尋ねられた項目において，日本の子どもたちは次のように回答しています。小学校4年生では，「強くそう思う」が29.2％／57.8％，「そう思う」が44.1％／26.4％，「そう思わない」が19.1％／8.8％，「まったくそう思わない」が7.7％／6.9％という割合でした（日本の子どもたちの割合／調査参加国の平均値：以下同様）。中学校2年生では，「強くそう思う」が13.3％／33.1％，「そう思う」が34.3％／37.6％，「そう思わない」が36.4％／17.2％，「まったくそう思わない」が16.0％／12.1％という割合でした。算数・数学の勉強に対する自信を尋ねられた項目に関しては，小学校4年生では「算数に自信がある」が9％／34％，「算数にやや自信がある」が43％／46％，「算数に自信がない」が48％／21％，中学校2年生では，「数学に自信がある」が2％／14％，「数学にやや自信がある」が24％／45％，「数学に自信がない」が73％／41％という割合でした。

PISA2012では，算数・数学学習にどのような意義を見いだしているのかが調査されています。「将来の仕事の可能性を広げてくれるから，数学は学びがいがある」に対して肯定的な回答をした日本の子どもたちは51.6％と，参加国の平均値78.2％を大きく下回っていました。これらの調査結果は，世界でも有数の学力をもっているにもかかわらず，日本の子どもたちは，学びに対する意義づけや動機づけが低いことを明らかにするものでした。

「学ぶ意欲の低下」や「学びからの逃走」が，なぜ起こっているのか。学力調査の点数や順位に一喜一憂するのではなく，日本の子どもたちがおかれている状況を多角的に分析し，子どもたちの学びの現状を丁寧に把握していくことが，今求められています。

（二宮衆一）

表31 日本の子どもたちが苦手な問題の一例

J9. 太郎さんと花子さんは，ほかの惑星にいくとどんなようすかを話し合っていました。理科の先生が，地球と想像上の惑星「プロトー」についてのデータをくれました。次の表はそのデータを示しています。

	地球	プロトー
太陽のような恒星からの距離	148 640 000 km	902 546 000 km
惑星の大気圧	101 325 パスカル	100 パスカル
大気の状態 ・気体の成分 ・オゾン層の有無 ・雲の有無	酸素：21％ 二酸化炭素：0.03％ 窒素 78％ 有り 有り	酸素：5％ 二酸化炭素：5％ 窒素：90％ 無し 無し

もし，プロトーが存在するならば，人間にとってプロトーで生きることがむずかしいのはなぜですか。その理由を一つ書きなさい。
（注）この問題では，日本は 38 カ国中 20 番目の成績だった。
出所：国立教育政策研究所，2001 年，109 頁より抜粋。

▷2 国立教育政策研究所教育課程研究センター『平成13年度 小中学校教育課程実施状況調査報告書（小学校）』東洋館出版社，2003年。中学校の調査は同タイトルで，ぎょうせいより出版されている。

▷3 たとえば，PISA の「読解力」では，①テキストの中の〈情報の取り出し〉，②書かれた情報から推論してテキストの意味を理解する〈テキストの解釈〉，③書かれた情報を自らの知識や経験に関連づける〈熟考・評価〉という三つの力を対象に調査が行われた。出題された問題は，まさに日本の子どもたちが不得手とする問題の典型であったと考えられる。

▷4 こうした「学びからの逃走」については，佐藤学『「学び」から逃走する子どもたち』岩波ブックレット，2000年において詳しく述べられている。

参考文献

田中耕治編著『新しい学力テストを読み解く』日本標準，2008年。

XV 授業づくりをめぐる現代的課題

2 学力低下とゆとり教育・新学力観

1 学力低下論の背景と特徴

一流大学に通う大学生の2割が分数の計算ができない，この衝撃的な調査結果報告が『分数ができない大学生』と銘打って出版されたのは1999年でした。これを発端に，「学力低下」論争が始まりました。その後，マスメディアを通じて論争は発展し，「大学生の学力低下」から「小学生，中学生，高校生の学力低下」へと論争の焦点は移っていきました。そして，「学力低下」問題の矛先は文部科学省の推進してきた学校週5日制や教育課程3割削減といった「ゆとり教育」，そして「知識・理解」よりも「関心・意欲・態度」を重視する「新学力観」へと向かっていきました。

2 学力低下の実態

議論の発端となった「大学生の学力低下」は，多くの大学教員が実感しており，また実施されたいくつかの調査によっても低下の事実が認められました。

小中高の学力低下についてもいくつかの調査が実施されました。2002年に関東都市圏で実施された耳塚寛明の調査では，小学生5,307人を対象とした1982年の調査と同じ問題を7,998人の子どもに出題したところ，全ての学年で得点の低下が認められました。また，苅谷剛彦を中心とするグループが，関西都市圏で小学5年生921人と中学2年生1,281人を対象に2001年に行った調査でも学力低下が認められました。同一問題を出題した1989年の池田寛の調査と比較したところ，小学算数では52問中45問，小学国語では31問中19問，中学数学では33問中25問，中学国語では43問中26問で，正答率が3点以上低下しており，いずれの学年でも両教科ともに得点率が下がっていることが確認されました。

「学力低下」論争の一つの焦点は，こうした結果を「学力低下」と見なすべきなのかどうかという点でした。たとえば，耳塚の調査結果では，教科書の記述量が減ったり，例題が省略されたりしている設問で学力低下が起こっていることが示されています。したがって，「学力低下」といわれているものは，子どもたちの学力が低下したというよりも，むしろ学校で教える内容の質や量が変化したことのあらわれとも考えられるわけです。

実際，「知識」よりも「関心・意欲・態度」を重視する「新学力観」を提唱してきた人たちからは，「学力低下」は認められないとの主張が提出されまし

▷1 岡部恒治・戸瀬信之・西村和雄『分数ができない大学生——21世紀の日本が危ない』東洋経済新報社，1999年。

▷2 新学力観
⇒ II-4 参照。

▷3 尾木直樹『「学力低下」をどうみるか』NHKブックス，2002年，83-86頁。

▷4 苅谷剛彦・志水宏吉・清水睦美・諸田裕子『調査報告「学力低下」の実態』岩波ブックレット，2002年。

▷5 尾木，前掲書，84頁。

た。たとえば，文部科学省は2001年度に実施した「教育課程実施状況調査」の結論として子どもたちの学習状況を「おおむね良好」と発表しました。「学力」そのもののとらえ方が論者によって異なること，さらに学力の変化を長期的に体系だてて明らかにしてきた信頼できる調査が非常に乏しいこともあり，「学力低下」そのものが事実なのかどうか，意見は大きくわかれました。

③ 学力格差・学力構造の問題

けれども，実施された調査から明らかになったこともあります。一つめは，学力格差の進行です。苅谷は調査結果から，新学力観にもとづくカリキュラムや授業によって学力格差が拡大する可能性を指摘しています。「知識・理解」に劣る子どもは，「関心・意欲・態度」を重視する新学力観にもとづく「調べ学習」や「グループ学習」などにも消極的な傾向が強く，その結果「できない子ども」は，いっそうできなくなっていくというのです。しかも，この学力格差は，親の職業といった文化的環境と密接な関連があることも示されました。文化的階層が低い家庭出身の子どもたちは，体験的な学習や調べ学習などの新学力観にもとづく授業に対しても積極的にかかわろうとしていなかったのです。

二つめは，学力構造の問題です。たとえば分数の設問では，計算問題よりも概念を問う問題の正答率が低下しています。「計算はできるけれども，概念や意味はわかっていない」という問題は，算数の学力問題として長い間指摘されてきたことです。「わかること」と「できること」が乖離していると，学んだことがしっかりと定着せず，「学力の剝落」がおこります。新学力観にもとづく授業では，こうした学力構造の問題も，さらに進展している可能性があるのです。

2002年，文部科学省は「確かな学力」の向上を政策的スローガンとして掲げました。それ以降，学力向上のための試みが各地の学校で繰り広げられています。学力低下を防ぐため，単にドリル学習や宿題を増やすだけでは，その背後に隠された学力格差・学力構造の問題を見落とし，「学びからの逃走」を一層進行させるだけです。学力が低下したかどうかに単に一喜一憂し，「ゆとり」か「詰め込み」かを揺れ動くのではなく，子どもたちの「学力」や学習の実態をみつめ，日本の子どもたちが抱える問題を正確に分析することが今求められています。

（二宮衆一）

表32　教科書の説明が簡素化された設問の正答率の変化

設問内容と履修学年	2002年	1982年	差
量と測定（1年）	58.9	70.3	▲11.4
量と測定（3年）	86.2	90.0	▲3.8
量と測定（3年）	85.8	89.1	▲3.3
図　形（3年）	68.1	76.6	▲8.5
図　形（3年）	63.6	71.4	▲7.8
数量関係（3年）	67.0	78.3	▲11.3
数量関係（3年）	66.6	76.5	▲9.9
数量関係（3年）	54.6	63.1	▲8.5
数量関係（3年）	52.7	60.9	▲8.2
計　算（4年）	73.7	87.5	▲13.8
図　形（5年）	57.9	49.6	8.3
図　形（5年）	46.4	51.7	▲5.3
量と測定（6年）	85.1	84.6	0.5
量と測定（6年）	48.5	56.8	▲8.3
量と測定（6年）	69.8	75.9	▲6.1

出所：尾木，2002年，84頁より抜粋。

▶6　国立教育政策研究所教育課程研究センター『平成13年度　小中学校教育課程実施状況調査報告書』東洋館出版社，2003年。

▶7　学力問題については，田中耕治『学力と評価の"今"を読みとく──学力保障のための評価論入門』日本標準，2004年が参考になる。

XV 授業づくりをめぐる現代的課題

3 総合的な学習と「学び」の授業づくり

1 「勉強」から「学び」へ

　私たちは，これまで「学び」や「学習」よりも「勉強」ということばを日常使ってきました。漢字の祖国，中国では，このことばは「無理をすること」「もともと無理があること」を表すそうで，「学習」という意味はないそうです。これまでの日本の教育は，まさに受験競争を勝ち抜くために子どもたちに「無理がある」学習をさせてきたのではないでしょうか。

　だとすれば，過去の「勉強」にもう一度子どもたちを追いやることはできません。なぜなら，「勉強」こそが，「『できる』と『わかる』の乖離」，その派生的結果としての「学力の剥落」といった学力問題を引き起こし，子どもたちから学ぶ意味や喜びを奪ってきたからです。

　したがって「学びからの逃走」として語られる危機は，実は「勉強からの逃走」に他なりません。この危機を脱するためには，「勉強」から「学び」へと教育の質を転換させ，子どもたちが「学び」の意味と喜びを取り戻す必要があります。この転換がはかられないならば，子どもたちは，いつまでも「勉強」文化のなかに取り残され，学ぶ意味を見失い，学ぶ意欲を失い，その結果よりいっそう学力は低下していくことになるでしょう。

2 個別的な「学び」から協同的な「学び」へ

　これまで学校の教室では「教える」側に教師が，「学ぶ」側に子どもたちがいるという関係のもと，前者から後者へと一方的に知識が伝達される授業がおこなわれてきました。そして，教師が説明する教科書の内容と黒板の記述をひたすらノートに書き取り，頭のなかに詰め込んでいく「座学」が教室での「学び」の実態でした。

　しかし，全ての教室がこうだったわけではありません。教師と子ども，子ども同士が「対話」を交わし，知識が伝達されるのではなく，知識が深められていくような多くの優れた教育実践もありました。そこでは，教師は子どもたちに教えるだけでなく，たえず子どもから学び，子どもも教師から学ぶだけでなく，自らの知識を他の子どもに伝え，分かちあう関係が存在していました。

　「勉強」から「学び」への転換を実現するためには，教師と子ども，子どもと子どもの関係を「教える」側と「学ぶ」側という二分法によって捉える図式

から脱却し，共に教えあい・学びあう互恵的な関係として捉え，築いていく必要があります。

つまずいた子どもの「わからない」という発言や間違いから，つまずきが共有され，それに応える協同の探求が築きあげられる場面は，数多くの授業実践で見られる現象です。そこでは，できない子どもができる子どもから学ぶだけでなく，できる子どもができない子どもに応答するなかで，より確かな深い学びが達成されています。こうした共に教えあい・学びあう互恵的な関係は，「対話」を媒介にしてのみ形成されます。「対話」は，「聴きあうかかわり」を基盤として成立します。他者の声に耳を傾ける活動から始まるコミュニケーションこそが「対話」であり，教室において「対話」が成立するとき，創造的で探究的な学習がダイナミックに協同で展開されることになります。

知識や技能を個別に獲得する個別的な「学び」から，知識や技能を表現し吟味し共有しあう協同の「学び」への転換が，「学び」を復権させる道筋なのです。

3 総合的な学習の可能性

2002年に導入された**総合的な学習**では，教師と子どもが同じ地平に立ち，探究活動や問題の解決にむけて協同でとりくむ姿勢が必要であるといわれています。そして，実際の学習活動においては，観察・見学等の経験から自ら課題を見つけ，その解決に向けて調査や観察・見学等を積み重ねるといった「直接経験・体験」が重視されています。また，学習活動の節々に交流会が設けられ，最終的には成果を発表する場が設けられる点も大きな特徴です。

このように総合的な学習は，「モノ」や「人」との出会いと対話による活動的な学習を目指す点において，子どもたちの「学び」を前面に押し出した授業づくりを提案しています。その意味で，総合的な学習は「勉強」を「学び」へと転換する一つの契機といえます。

その一方で，私たちは，**新教育**という名の下に子どもたちの「直接経験」や「体験」を重視した戦後初期の教育が，その後「はいまわる経験主義」との批判を呼び込んだ苦い経験をもっています。また，この間の学力調査のなかには，安易な「調べ学習」や「グループ学習」は子どもたちの学力格差と階層間格差を増加させることにもつながりかねないとの指摘もあります。

「対話」による協同的な「学び」を佐藤学は「モノ（対象世界）との出会いと対話による〈世界づくり〉と，他者との出会いと対話による〈仲間づくり〉と，自分自身との出会いによる〈自分づくり〉」の三つの次元から捉えています。総合的な学習を協同的な「学び」として実現するためには，この三つの次元で「対話」が成立しているかを絶えず確認する必要があります。総合的な学習が導入されて，まだ数年しか経っていません。総合的な学習を成熟させるためには，もう少し時を待たなければならないでしょう。　　　　（二宮衆一）

▷1　そうした実践例として，今泉博『指名しなくてもどの子も発言したくなる授業』学陽書房，2005年がある。

▷2　「はい，はい」と活発に意見が発表されている授業は，一見すると「対話」が成立しているように見えるが，「聴きあうかかわり」を土台にしていないと，それはモノローグ（独白）に終始してしまうことが指摘されている。

▷3　協同的な学びづくりのとりくみについては，たとえば佐藤学『学校の挑戦――学びの共同体をつくる』小学館，2006年などが参考になる。

▷4　総合的な学習
⇒ⅩⅠ-12 参照。

▷5　新教育
⇒Ⅱ-1 参照。

▷6　ⅩⅤ-2 を参照。

▷7　佐藤学『「学び」から逃走する子どもたち』岩波ブックレット，2000年。また，「学び」の見直しについては，佐伯胖・藤田英典・佐藤学『学びへの誘い』東京大学出版会，1995年および同『学び合う共同体』東京大学出版会，1996年が参考になる。

▷8　2004年末，学力低下に歯止めをかけるため，国語・数学などの主要教科の授業時間を確保し，体験重視の総合的な学習の時間を削減したいという発言が中山文部科学大臣から発せられた。

XV 授業づくりをめぐる現代的課題

4 教職の揺らぎとバーンアウト

1 教師のバーンアウト

　現在，教職に就いている者の数は百万人を超え，資格を必要とする専門職業の第一位となっています。その一方で，病気で休職を余儀なくされる教師，とくに精神性疾患のために休職する教師の数が年々増加しています。2003年度の病気休職者数は6,017人，その半分強の3,194人が精神性疾患による休職でした。そうした教師たちが抱える心の病はさまざまですが，それらは教職によってもたらされるさまざまなストレスが原因と考えられています。

　「バーンアウト（Burnout）」とは，「燃え尽き症候群」とよばれ，1970年代アメリカで医師や看護師といった保健医療専門職のメンタルヘルス問題として注目され，その後，教師やソーシャルワーカーといった対人サービス全般に認められる問題として認知されてきたものです。バーンアウトとは，具体的には，対人サービスという職業に固有の構造から発生するストレスを原因として，従事者が陥る極度の心身疲労や感情枯渇といった状態を指します。

　その特徴としては，次のような3点が一般的に指摘されています。①仕事によって疲れ果てた，力尽きたという「情緒的消耗感」。②クライアントに対して否定的で人間性を欠くような対応をしてしまう「脱人格化」。③仕事の達成感あるいは有意味性の知覚がもてなくなる「個人的達成感の減退」です。教師のバーンアウトの場合も，心身疲労や感情枯渇をはじめとして，教職意欲の減退，対人恐怖症や引きこもり，欠勤といった症状を示します。そして，そうした症状が続くと，離職にまで至るのです。[1]

2 教師のバーンアウトの諸要因

　教師のバーンアウトに影響を与えている諸要因を分析した調査によると，バーンアウトに陥る教師は，いわゆる「サラリーマン教師」ではなく，むしろ子どもたちや父母と積極的にかかわり，その期待に応えようとする熱意ある教師たちです（表33参照）。熱意のある良心的な教師が，学校や子どもの現実に深くかかわり，その期待に応えようとすればするだけ，仕事量が増えていき，教師は心身共に疲労していくという逆説的な悲劇が教師のバーンアウトの実態なのです。[2]

　このように教師のバーンアウトは，教職がもつ特性と大きく関連しています。もっともよく指摘されるのは，教職の役割の不明瞭性です。さまざまな子ども

▷1　教師のバーンアウトについては新井肇『「教師」崩壊──バーンアウト症候群克服のために』すずさわ書店，1999年が詳しい。

▷2　大前哲彦「教師と健康」日本教師教育学会編『教師として生きる』学文社，2002年を参照。

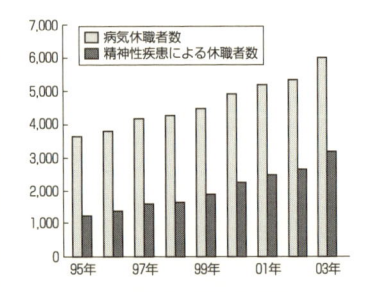

図51　病気休職者数，精神性疾患による休職者数の推移

出所：文部科学省『学校基本調査報告書』2004年版および朝日新聞（2004年12月11日）で報道された数値にもとづき筆者が作成した。

や親を相手にする教師は，授業をおこなうだけでなく，躾や生活指導，ときには家庭問題や地域の問題にまでかかわらざるをえません。そのため，教師に期待される役割は多種多様を極め，仕事の境界が曖昧になるのです。加えて，教職は対人サービス特有の「不確実性」という要素ももっています。ある子どもに効果があった方法が別の子どもにも効果があるとは限らないように，個々の子どもに適したかかわり方をしなければ，効果をあげることはできません。しかも，その効果や成果もすぐに出るわけではなく，また量的な変化として把握することも難しいため，達成感もえられにくいという特徴ももちます。教職のもつ「不明瞭性」や「不確実性」が，教師の仕事の範囲と責任を際限なく拡張し，ストレスの源泉となっているのです。

こうした教職の特性に加え，教師の多忙化が教師のバーンアウトに拍車をかけています。2001年に国立教育政策研究所が全国の公立小学校の教員を対象に調査したところ，「学校で仕事をする平均時間は9時間42分」「自宅に戻ってからの採点や授業の準備といった持ち帰りの仕事が1時間17分」となっており，合わせると実質的な勤務時間は11時間と，教師の生活にゆとりが失われてきていることが明らかにされました。

３ バーンアウトを予防するために

職場の内外でさまざまなサポートを受けることができれば，教師はバーンアウトを回避できる，あるいは軽症ですむということが，多くの研究で指摘されています。現代の教師の仕事における自律性は，孤独感と孤立感と表裏一体です。最近では，**ティーム・ティーチング**などの導入もありますが，授業を協同でおこなったりすることは希です。また，職員室で同僚と語らうことも，ますます多忙を極める教育状況のなかでは難しくなっており，教師の仕事は，基本的には個の仕事である場合が多く，そのことが否定的な意味に転化すると，孤独や孤立を招くことになります。

教師のバーンアウトを防ぐためには，教師が陥りやすいこうした孤立を乗り越えられるサポート体制が重要です。困った問題が生じた時に相談できる人，助けてくれる人が職場内に存在することが，バーンアウトを抑止する上で大きな力になるのです。具体的には，管理職や経験豊かな教師を中心とした相談体制や問題を抱えた子どもをチームで支援していく体制づくり，事例にもとづく校内外での研修会などが有効な方法として提案されています。また，最近では，教師のライフコースという観点から，教師が職場で直面する問題を教師の専門的力量を発達させる契機として積極的に捉える動きもあります。バーンアウトを予防するだけでなく，教師の専門的力量やアイデンティティ形成という観点からも，職場でのサポート体制づくりが求められているといえるでしょう。

（二宮衆一）

**表33 小学校教師の
バーンアウト要因**

順位	項目
1	健康状態
2	教職はやり甲斐がある
3	対応できずに悔やんだ体験
4	保護者からの注文・期待
5	仕事が大変

出所：大前，2002年，141頁。

▷3　教職の持つ特徴については，佐藤学『教師というアポリア』世織書房，1997年を参照。

▷4　国立教育政策研究所『「学校・学級経営の実態に関する調査」報告書』2001年を参照。

▷5　ティーム・ティーチング
⇒Ⅶ-8　Ⅹ-5　参照。

▷6　ソーシャルサポートやピアサポートなどの具体的なサポート体制づくりについては新井，前掲書を参照。

▷7　山崎準二『教師という仕事・生き方』日本標準，2005年を参照。

XV 授業づくりをめぐる現代的課題

5 生き悩む子どもたち

1 相次ぐ少年事件

　表34の事件は，どれも近年マスコミで大きく取り上げられ，世間に大きな衝撃をもたらした青少年事件です。ここ数年の間に大人たちの予測を超える少年少女の事件が次々に起こったといえるでしょう。ただし，このことをもって青少年犯罪が激増したとか，凶悪化したと考えることは早計です。図52のように，1960(昭和35)年のピーク時には今の4倍以上の青少年犯罪が起こっており，もっとも凶悪な殺人事件に至っては現在の7倍近くの件数が毎年起こっていました。

　しかし，近年の事件を考えるとき，次の2点には注意が必要です。一つめは，神戸児童連続殺傷事件に代表されるように，事件後に語られる少年や少女の動機や言動が，既成の観念ではつかみにくい点です。二つめは，「オヤジ狩り」や「援助交際」，「覚醒剤」に象徴されるように，大きな事件の背後に広がっている「非行の一般化」と呼ばれる現象です。非行と縁がなかったような子が，金や商品欲しさに簡単に犯罪へと走ってしまう点に最近の特徴があります。▷1

　2000年の少年法改正に示されるように，現在の政府は，青少年犯罪に対して厳罰主義の方向へと動いています。▷2　その是非はひとまずおいておくとして，こうした対処を大人が取ってしまう背景には，マスコミの過剰な報道も手伝って，青少年の文化や行為そのものが薄気味悪いブラックボックスになっているという事実があります。この闇に隠されてしまった青少年の文化や生活を私たち大人が，しっかりと理解することが青少年問題を解き明かす第一歩であり，そうしない限り，おそらく事件が止むことはないでしょう。

▷1　強盗件数の推移は，このことを表している。殺人や放火といった犯罪が，この10年間でほぼ変わらないのに対して，強盗件数は1993年の726件が，2003年には1,800件にまで急上昇している。

表34　近年，マスコミで大きく取り上げられた青少年犯罪

1993年	山形県明倫中マット死事件
1994年	愛知県西尾中いじめ事件
1997年	神戸児童連続殺傷事件
1998年	栃木県黒磯中教師刺殺事件
2000年	名古屋中学生5,000万円恐喝事件
2000年	佐賀県バスハイジャック事件
2003年	大阪府少年家族殺傷事件
2004年	長崎県佐世保市少女同級生殺害事件

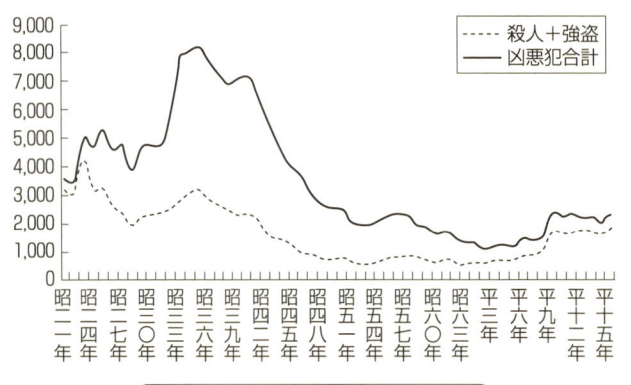

図52　青少年犯罪の検挙人数の推移

（注）統計に示されている「凶悪犯合計」とは，殺人，強盗，強姦および放火の総件数を表します。
出所：法務省法務総合研究所編『犯罪白書』国立印刷局，2005年に掲載されているデータを参考に筆者が作図した。

2 子どもたちの生活の揺らぎ

　現在の日本社会では，大人と子どもはまる

で違う文化に生きています。大人と子どもの文化は、もともと違うのですが、ここでの違いとは、今の大人が大人になってきた過程と、今の子どもたちが大人になっていく過程が違っていることを指します。

まず、第一に、子どもたちは現在先行き不透明な社会に生きているということが指摘できます。バブル崩壊後、日本の社会は急速に不安定な社会へと進んでいきました。失業率の上昇に正規雇用率の低下、新規学卒者の就職難の進行など、どれをとってもこれから社会に出て行こうとしている青少年たちにとって明るいニュースはありません。こうした社会的な閉塞感が、将来を不透明にし、今の子どもたちの生活を揺るがしています。

第二に、子どもたちの成長過程そのものの変化があります。これまで子どもたちの生活は、家庭（および地域）と学校との間を振り子のように往復して成長していく「振り子型成長」でした。近年では、それらに加え、消費文化世界という新たな生活圏が加わり、その三つを行き来する「トライアングル型成長」へと変化しました。

こうした変化の中で注目すべきは、消費文化世界の影響力です。テレビにコミック、ゲーム、ウォークマン、携帯電話などは、今や子どもたちの「生活必需品」となっています。子どもたちの日常生活をリアルに見つめれば、消費文化が提供するさまざまな商品が時間の上でも中身の上でも大きな位置を占めていることがわかります。先ほどの「非行の一般化」の背景に、こうした消費文化の浸透が深く関係していることは、想像に難くありません。

重要なのは、思春期を迎え、親から離れ、自前の世界を子どもたちが築くことと消費文化世界へと参加していくことが、一体化しているという事実です。思春期への参入は、今や消費文化を生きる感覚や感性を身につけることと切っても切り離せない関係にあるのです。今やコミックやファッション雑誌を読み、流行をはずさないようにすること、高校生にもなれば男女問わず肌パックや整髪グッズを利用し身だしなみを整えるといったことは、子どもたちにとっては当たり前のことです。大人にとっては余計なことにみえるのですが、こうした行動が、仲間をつくり、自分をつくる成長過程の必然的な環の中に組み込まれている以上、現在の子どもたちにとって、これは存亡の問題であり、まさにアイデンティティ形成の問題なのです。

そうだとすれば、禁止措置などによって子どもたちと消費文化世界を外側から縛るやり方は、おそらく何の解決にもならないどころか、子どもたちをよりいっそう閉塞状況へと追いやることになるでしょう。現在の子どもたちの成長環境にしっかりと根付いている消費文化世界に目を向け、そのあり方を問題にしていくこと。つまり、その世界で子どもたちがよりよく生きられるような手だてを考えていく必要があるのではないでしょうか。

（二宮衆一）

▷2 改正少年法については第一東京弁護士会少年法委員会編『Q＆A少年非行と少年法』明石書店、1998年や少年犯罪被害者支援弁護士ネットワーク編『少年犯罪と被害者の人権──改正少年法をめぐって』明石書店、2001年などを参照。

▷3 中西新太郎『思春期の危機を生きる子どもたち』はるか書房、2001年。

▷4 消費文化、とくにサブカルチャーの若者への影響力については中西新太郎『子どもたちのサブカルチャー大研究』労働旬報社、1997年が詳しい。また、子どもたちの成長と消費文化の関係については同『若者たちに何が起こっているのか』花伝社、2004年が参考になる。

さくいん

あ行

IRE　45
アイスナー（Eisner, E. W.）　19, 112
アスペルガー症候群　140
新しい絵の会　155
アップル（Apple, M. W.）　22
アトキン（Atkin, J. M.）　112
暗黙知　91
板倉聖宣　8, 202
「一学級一教師」制　106
一斉教授　76, 120
一斉授業　98
一般から特殊へ　200
インクルージョン　137
インテグレーション　136
英語科　152
AET　106
ADHD（注意欠陥/多動性障害）　140
エスノグラフィー　175
LD（学習障害）　138
及川平治　194
大西忠治　102
オーラル・インタラクション　152
オーラル・イントロダクション　152
小川太郎　13
音楽科　156

か行

開放制　20
学業遅進児　142
学業不振児　142
学習科学　37
学習規律　126
学習参加　107
学習時間のブロック化　105
学習指導案　72
学習指導要領　48, 142, 196
学習集団　204
学習集団づくり　205
学習の個性化　15
学籍簿　108
学年制　123
学問中心カリキュラム　6
学力　24
学力格差　213
学力構造　213
学力水準　25
学力低下批判　34
学力低下論　212
学力評価　108
学力モデル　26
仮説実験授業　8, 149, 176, 202
仮説実験授業研究会　203
学級　120
学級王国　106
学級集団づくり　125
学級制　14
学級開き　124
学級編成　122
学級崩壊　128
学校知のイデオロギー性　22
勝田守一の学力モデル　27
活動システム　41
課程主義　14
上廻昭　202
カリキュラム　46
カルテ　113, 172
鑑識眼（connoisseurship）　112
観点　118
観点別学習状況　109
観点別学習状況の評価　33
カンファレンス（臨床研究）　179
机間指導　77, 98
技術化　18
技術・家庭科　160
技術主義　17
技術知　170
基礎学力　28
基礎学力論争　29
基礎・基本　28
木下竹次　191
キミ子方式　155
キャロル・モデル　188
教育　2
教育課程　112
教育課程審議会　34, 108
教育課程のポリティックス　22
教育技術の法則化運動　177, 208
教育的教授　12
教育的タクト　19
教育内容　62
教育内容の現代化　85
教育内容の自主編成　48
教育の現代化　160, 186
教育評価　17, 108
教育ボランティア　107
教育目標　16, 52
教科研（教育科学研究会）　145
教科書　66
教具　17, 63, 103
教材　62
教材開発　65
教材・教具　16
教師間の協力体制　107
教室環境　68
教室の雰囲気　101
教師の居方　101
教授行為・学習形態　17
協同学習　15, 80, 98
共有の目標化　61
ギンタス（Gintis, H.）　22
訓育　205
経験主義　4, 85, 184, 199
芸術化　19
形成　2
形成的評価　111
系統主義　4, 6
研究授業　169
検討会（conference）　115
コア・カリキュラム連盟（コア連）　5, 196
合科学習　191
工学的アプローチ　20, 112
高機能自閉症　132, 140
構成主義の学習観　114
構築主義　38
広汎性発達障害　140
ゴール・フリー評価　112
国語科　144
個人内評価　109

さくいん

5段階教授　186
言葉が届く　95
子どもの集中　104
個別化　14
個別学習　98
個別指導　98
個別の教育支援計画　135
コミュニカティブ・アプローチ　153
コメニウス（Comenius, J. A.）　68

さ行

再生産論　45
斎藤喜博　114, 177, 206, 208
酒井式描画法　155
座席表　113
算数・数学科　146
Jasperプロジェクト　37
CAI　71
CAL　71
ジェンダー　45
時間をかける　104
児言研（児童言語研究会）　145
指示　94
システム　170
視聴覚教育メディア　70
実践共同体　40
実践記録　172
指導と評価の一体化　108
指導要録　32, 108, 110, 118
島小方式　173
指名なし討論　83
社会科　150
社会科の初志をつらぬく会　151, 196
社会的構成主義　39
尺度　117
習熟度別学級編成　130
習熟度別指導　79, 107
集団思考　82, 103, 204
集中　93
授業案（指導案）　113
授業記録　172
授業研究　168
授業書　202
授業のドラマ性　104
授業の「ヤマ場」　93
状況　147
状況論　37

庄司和晃　202
定跡（定石）　209
少年事件　218
情報処理的アプローチ　36
助教法　76
助言　94
事例研究　171
新学力観　26, 32
新教育　24
真正性　116
「真正の評価」論　116
身体的表現　100
診断的評価　111
水道方式　200, 201
数学教育協議会　7, 176, 200
数学的問題解決の図式　146
数学的リテラシー　146
ストップモーション方式　178
砂沢喜代次　204
スプートニク・ショック　149
図面工作・美術科　154
生活科　164
生活単元学習　196
生活綴方　5, 172, 198
正統的周辺参加　40
性別役割分業　160
絶対評価　108
説明　94
説明責任　119
全国授業研究協議会　169, 176, 204
総括的評価　111
総合的な学習　26, 166, 214
総合評定　118
創造美術協会　154
相対評価　108, 142
素朴概念　38, 114

た行

体育科　158
体育の子　158
対応理論　22
体験学習　90
大正自由主義教育　192
態度主義　13, 27
タイラー（Tyler, R. W.）　52
タイル　201
対話　97
竹内敏晴　95
たのしい授業　8

単位時間　104
段階説　31
探究的な学習　84
単元　50
単元時間　104
短冊　103
男女共修　161
知育偏重・徳育軽視　12
中央教育審議会　26
長期的ルーブリック　118
直観教授　180
追試　209
通級による指導　135
通知表　118
T-C型授業記録　173
ティーム・ティーチング　106, 137, 217
TIMSS　25, 210
適性処遇交互作用　78
適切性（relevance）　7
デューイ（Dewey, J.）　4, 184, 196
動機づけ　42
等級制　14
到達度評価　30, 110
到達目標　55
動的教育法　194
道徳　162
導入―展開―終結（整理）　92
陶冶　205
遠山啓　8, 200
特殊教育　132
特別支援学級　134
特別支援学校　133
特別支援教育　132
特別支援教育コーディネーター　135
特別な教育的ニーズ　133
ドラマとしての授業　92

な行

中内敏夫　30
認定評価　108
年齢主義　14
ノート指導　99
ノートの機能　99

は行

バーンアウト（Burnout）　216
ハイハイ授業　82
発見学習　84, 186

さくいん

発言ルール　126
発問　94, 96
パフォーマンス課題　111, 116
パフォーマンス評価　116
板書　102
板書計画　103
板書の構造化　103
反省的思考（reflective thinking）　86, 196
ハンドサイン　127
PSSC 物理　149
BSCS 生物　149
非言語的（ノンバーバル）コミュニケーション　100
PISA　25, 146, 210
PISA ショック　35
批評（criticism）　112
100マス計算　29
表現　100
表現活動　88
表現と表出　100
評語　117
評定　109
評点　117
広岡亮蔵　13
広岡亮蔵の学力モデル　26
フィードバック　111
フランダース（Franders, N. A.）の相互作用分析　174
ブルーナー（Bruner, J.）　6, 186
ブルーム（Bloom, B. S.）　111
フレネ教育　190
プログラム学習　78
文化資本　45
文芸研（文芸教育研究協議会）　145
分団式教育　194
並行説　31
閉鎖制　20
ペスタロッチ（Pestalozzi, J. H.）　180
ペスタロッチ主義　168
ヘルバルト（Herbart, J. F.）　182
ヘルバルト主義　168
方向目標　54
ボウルズ（Bowles, S.）　22
ポートフォリオ　119

ま行

マスタリー・ラーニング　15, 78, 111, 188
○○ちゃん式まちがい　114, 207
宮坂哲文　13
三つのC　147
向山洋一　208
メタ認知　39
目標に準拠した評価　108, 142
目標にとらわれない評価（goal-free evaluation）　112
目標の共有化　61
モジュラー・スケジューリング　105
問題解決学習　5, 86, 196
問題解決学習論争　5

や行

安井俊夫　8
ゆさぶり　207
ゆさぶり発問　97
ユネスコ「学習権」宣言　35
吉本均　205
欲求　42

ら行

羅生門的アプローチ　20, 112
リアリズム　199
理科　148
リフレクション　43
良妻賢母　160
ルーブリック（rubric：評価指標）　117
路上算数　40

わ行

ワークショップ　91

222

執筆者紹介 （氏名／よみがな／生年／現職／授業論を学ぶ読者へのメッセージ） ＊執筆担当は本文末に明記

田中耕治（たなか こうじ／1952年生まれ） 
佛教大学教育学部教授
京都大学名誉教授
『教育評価の未来を拓く』（編著・ミネルヴァ書房）『よくわかる教育評価』（編著・ミネルヴァ書房）
本書は、いつでも、どこでも、だれでもが利用できる、教育の入門書です。多くの人たちに読んでいただけることを心より期待しています。

赤沢真世（あかざわ まさよ／1979年生まれ） 
佛教大学教育学部准教授
『時代を拓いた教師たちⅡ』（共著・日本標準）『初等外国語教育』（共著・ミネルヴァ書房）
子どもの記憶に残るような授業をつくることができるように、これまでの知見から学び、日々試行錯誤していく積み重ねが大切だと思います。

石井英真（いしい てるまさ／1977年生まれ） 
京都大学大学院教育学研究科准教授
『授業づくりの深め方』（単著・ミネルヴァ書房）『未来の学校』（単著・日本標準）
教師自身が、一人の学び手として子どもたちとともに教材と対決し、時に子どもの意見に心ゆさぶられながら教材を学び深める場。それが授業だと思います。

柏木 正（かしわぎ ただし／1952年生まれ） 
大阪経済大学名誉教授
『子どもに学ぶ教育学』（共著・ミネルヴァ書房）『教育方法学の再構築』（共著・あゆみ出版）
学ぶことの意味をもういちど、ゆっくり見つめなおしてみませんか？

木原成一郎（きはら せいいちろう／1958年生まれ） 
広島大学大学院人間社会科学研究科教授
『教師教育の改革』（単著・創文企画）『教師になること，教師であり続けること』（共著・勁草書房）
若いということはそれ自体が武器になります。あなたの人生を開く鍵を握っているのはあなた自身です。

窪田知子（くぼた ともこ／1979年生まれ） 
滋賀大学教育学部准教授
『時代を拓いた教師たち』（共著・日本標準）『よくわかる教育課程』（共著・ミネルヴァ書房）
大学で学びたいものが見つかった人もそうでない人も、この本を通してなにか新しい世界に出会えますように。

築山 崇（つきやま たかし／1953年生まれ） 
京都府立大学名誉教授
『子どもの権利が生きる地域・学校づくり』（共編著・京都法政出版）『放課後の遊びと生活づくり』（共編著・萌文社）
たしかな人間的信頼関係の上に、教育の方法・技術を生かすことが何より大切と考えます。

西岡加名恵（にしおか かなえ／1970年生まれ） 
京都大学大学院教育学研究科教授
『教科と総合学習のカリキュラム設計』（単著・図書文化）『「資質・能力」を育てるパフォーマンス評価』（編著・明治図書）
子どもの実態、学習の到達点と課題を把握する教育評価の営みは、より良い授業作りに必要不可欠です。

二宮衆一（にのみや しゅういち／1974年生まれ） 
和歌山大学教育学部准教授
『時代を拓いた教師たち』（共著・日本標準）『教育評価の未来を拓く』（共著・ミネルヴァ書房）
この本が、子どもたちの「今」を理解し、一人ひとりの子どもとしっかり向き合える教育の創造の一助となれば、幸いです。

鋒山泰弘（ほこやま やすひろ／1958年生まれ） 
追手門学院大学心理学部教授
『学びのためのカリキュラム論』（共著・勁草書房）
子どもにとって、学力を獲得することに、意味の広がりが感じられるような授業づくりを探究したい。

執筆者紹介 (氏名／よみがな／生年／現職／授業論を学ぶ読者へのメッセージ)　　＊執筆担当は本文末に明記

松下佳代（まつした　かよ／1960年生まれ）

京都大学高等教育研究開発推進センター教授
『対話型論証による学びのデザイン』（単著・勁草書房）『ディープ・アクティブラーニング』（編著・勁草書房）
学びの場は授業・学校だけじゃない。人はどのように学んできたか。そこから授業・学校をとらえ直そう。

森　枝美（もり　えみ／1977年生まれ）

京都橘大学発達教育学部准教授
子どもたちが考えていることは，大人が思うよりはるかに多様性に富んでいて驚かされることばかりです。そんな子どもたちと一緒に授業をつくることについて，私自身しっかり考えていきたいと思っています。

山崎雄介（やまざき　ゆうすけ／1964年生まれ）

群馬大学大学院教育学研究科教授
『教師になること，教師であり続けること』（共著・勁草書房）『学びのための教師論』（共著・勁草書房）
怪しげな「改革」提案が乱発される昨今，なにが本当に子どものためになるのか，落ちついて考えましょう。

吉永紀子（よしなが　のりこ／1975年生まれ）

同志社女子大学現代社会学部准教授
『教師になること，教師であり続けること』（共著・勁草書房）『教師の言葉とコミュニケーション』（共著・教育開発研究所）
授業という世界で子どもがどんな学びを経験しているのか，その質を読み解く眼が求められています。授業における出来事の意味や背景をとらえる眼を鍛えていきましょう。

渡辺貴裕（わたなべ　たかひろ／1977年生まれ）

東京学芸大学教職大学院准教授
『授業づくりの考え方』（単著・くろしお出版）『なってみる学び』（共著・時事通信出版局）
本から学ぶことも大事ですが，本では学べないこともいっぱいあります。是非，たくさんの授業，学校内外での子どもの様子を自分の目で見てください！

やわらかアカデミズム・〈わかる〉シリーズ
よくわかる授業論

| 2007年3月20日 | 初版第1刷発行 | 〈検印省略〉 |
| 2022年1月20日 | 初版第13刷発行 | |

定価はカバーに表示しています

編　者	田　中　耕　治
発行者	杉　田　啓　三
印刷者	田　中　雅　博

発行所　株式会社　ミネルヴァ書房
〒607-8494　京都市山科区日ノ岡堤谷町1
電話代表　(075) 581-5191
振替口座　01020-0-8076

©田中耕治他, 2007　　創栄図書印刷・新生製本

ISBN 978-4-623-04332-3
Printed in Japan

やわらかアカデミズム・〈わかる〉シリーズ

教育・保育

よくわかる学びの技法
　　田中共子編　本体 2200円

よくわかる卒論の書き方
　　白井利明・髙橋一郎著　本体 2500円

よくわかる教育評価
　　田中耕治編　本体 2800円

よくわかる教育課程
　　田中耕治編　本体 2600円

よくわかる教育原理
　　汐見稔幸・伊東　毅・髙田文子
　　東　宏行・増田修治編著　本体 2800円

新版　よくわかる教育学原論
　　安彦忠彦・藤井千春・田中博之編著　本体 2800円

よくわかる生徒指導・キャリア教育
　　小泉令三編著　本体 2400円

よくわかる教育相談
　　春日井敏之・伊藤美奈子編　本体 2400円

よくわかる障害児教育
　　石部元雄・上田征三・高橋　実・柳本雄次編　本体 2400円

よくわかる特別支援教育
　　湯浅恭正編　本体 2500円

よくわかる肢体不自由教育
　　安藤隆男・藤田継道編著　本体 2500円

よくわかる障害児保育
　　尾崎康子・小林　真・水内豊和・阿部美穂子編　本体 2500円

よくわかる保育原理
　　子どもと保育総合研究所
　　森上史朗・大豆生田啓友編　本体 2200円

よくわかる家庭支援論
　　橋本真紀・山縣文治編　本体 2400円

よくわかる社会的養護
　　山縣文治・林　浩康編　本体 2500円

よくわかる社会的養護内容
　　小木曽宏・宮本秀樹・鈴木崇之編　本体 2400円

新版　よくわかる子どもの保健
　　丸尾良浩・竹内義博編著　本体 2200円

よくわかる発達障害
　　小野次朗・上野一彦・藤田継道編　本体 2200円

よくわかる子どもの精神保健
　　本城秀次編　本体 2400円

よくわかる環境教育
　　水山光春編著　本体 2800円

福祉

よくわかる社会保障
　　坂口正之・岡田忠克編　本体 2600円

よくわかる社会福祉
　　山縣文治・岡田忠克編　本体 2500円

よくわかる社会福祉の歴史
　　清水教惠・朴　光駿編著　本体 2600円

新版　よくわかる子ども家庭福祉
　　吉田幸恵・山縣文治編著　本体 2400円

新版　よくわかる地域福祉
　　上野谷加代子・松端克文・永田祐編著　本体 2400円

よくわかる家族福祉
　　畠中宗一編　本体 2200円

よくわかるスクールソーシャルワーク
　　山野則子・野田正人・半羽利美佳編著　本体 2800円

よくわかる高齢者福祉
　　直井道子・中野いく子編　本体 2500円

よくわかる障害者福祉
　　小澤　温編　本体 2500円

よくわかる障害学
　　小川喜道・杉野昭博編著　本体 2400円

心理

よくわかる心理学実験実習
　　村上香奈・山崎浩一編著　本体 2400円

よくわかる心理学
　　無藤　隆・森　敏昭・池上知子・福丸由佳編　本体 3000円

よくわかる心理統計
　　山田剛史・村井潤一郎著　本体 2800円

よくわかる保育心理学
　　鯨岡　峻・鯨岡和子著　本体 2400円

よくわかる臨床心理学　改訂新版
　　下山晴彦編　本体 3000円

よくわかる臨床発達心理学
　　麻生　武・浜田寿美男編　本体 2800円

よくわかるコミュニティ心理学
　　植村勝彦・高畠克子・箕口雅博
　　原　裕視・久田　満編　本体 2500円

よくわかる発達心理学
　　無藤　隆・岡本祐子・大坪治彦編　本体 2500円

よくわかる乳幼児心理学
　　内田伸子編　本体 2400円

よくわかる青年心理学
　　白井利明編　本体 2500円

よくわかる学校教育心理学
　　森　敏昭・青木多寿子・淵上克義編　本体 2600円

よくわかる学校心理学
　　水野治久・石隈利紀・田村節子
　　田村修一・飯田順子編著　本体 2400円

よくわかる社会心理学
　　山田一成・北村英哉・結城雅樹編著　本体 2500円

よくわかる家族心理学
　　柏木惠子編著　本体 2600円

よくわかる言語発達　改訂新版
　　岩立志津夫・小椋たみ子編　本体 2400円

よくわかる認知科学
　　乾　敏郎・吉川左紀子・川口　潤編　本体 2500円

よくわかる認知発達とその支援
　　子安増生編　本体 2400円

よくわかる情動発達
　　遠藤利彦・石井佑可子・佐久間路子編著　本体 2500円

よくわかるスポーツ心理学
　　中込四郎・伊藤豊彦・山本裕二編著　本体 2400円

よくわかる健康心理学
　　森　和代・石川利江・茂木俊彦編　本体 2400円

―― ミネルヴァ書房 ――
https://www.minervashobo.co.jp/